독일 스포츠 디스커버리

김미숙 金美淑 Kim, Misuk

한국체육대학교 학사와 석사과정을 거쳐, 독일쾰른체육대학교에서 체육사 전공으로 철학박사 학위를 취득했다. 현재 한국스포츠과학원 스포츠정책연구실 수석연구위원으로 과거의 역사적 지혜를 발판삼아 미래의 정책을 구현하기 위해 노력 중이다.

임호연 林虎衍 Lim, Hoyeon

고려대학교 체육교육과를 졸업했으며, 독일쾰른체육대학교에서 국제스포츠 개발 및 정치학 전공으로 석사학위를 받았다. 스포츠 정책, 스포츠클럽, 국제스포츠이벤트, 그리고 스포츠의 도구적 활용에 관심을 가지고 현재 스포츠 정책 컨설팅 전문기관인 더브릿지컨설팅에서 근무하며 스포츠 관련 프로젝트에 참여하고 있다.

장유경 張有景 Jang, Yukyoung

용인대학교 무용학과 댄스스포츠를 전공하고, 동대학교 교육대학원 체육교육과를 졸업하여 독일쾰른체육대학교에서 체육학 박사학위를 수료하였다. 스포츠교육 및 스포츠심리학에 관심을 가지고 현재 경희대학교 국제캠퍼스 체육과학연구소에서 연구 중이다.

주성순 周成順 Ju, Sungsoon

이화여자대학교 체육대학 사회체육학과를 졸업했으며, 독일쾰른체육대학교에서 스포츠교육학과 스포츠심리학 전공으로 체육학 박사학위를 받았다. 스포츠교육, 스포츠 다문화교육, 초등체육교육에 관심을 가지고 연구 중이다. 현재 서울교육대학교에 출강 중이다.

최주현 崔周鉉 Choi, Joohyun

한국체육대학교에서 사회체육학과 학사와 스포츠산업경영학과 석사를 졸업하였으며, 독일쾰른체육대학교에서 올림픽학 석사와 스포츠정책(레저스포츠) 전공으로 박사학위를 받았다. 스포츠 정책, 스포츠 사회학, 스포츠 역사 및 문화 등 스포츠 인문사회 분야에 관심을 가지고 연구하고 있으며, 현재 동서대학교 스포츠레저학과 교수로 재직하고 있다.

디스커버리 스포츠 독일

김미숙
임호연
장유경
주성순
최주현

민속원

머리말

독일 스포츠 디스커버리는 독일 스포츠를 발견한다는 뜻입니다. 단순히 우연히 발견하는 것을 넘어, 숨겨져 있던 것을 찾아내거나 가려져 있던 사실을 밝혀내려는 의미를 담고 있습니다. 이처럼 독일 스포츠의 중요한 가치를 되새기는 가운데 앙겔라 메르켈Angela Merkel은 "스포츠는 문화, 언어, 사회적 차이를 넘어서 강력한 힘과 결속의 원천"이라 언급하며, 스포츠가 단순히 신체 활동이나 경쟁을 넘어 사회통합의 중요한 매개체임을 강조한 바 있습니다. 독일 스포츠 시스템은 "요람에서 무덤까지"라는 수식어가 붙을 정도로 생애주기별로 잘 짜여 있습니다. 모든 국민이 일생 동안 스포츠에 참여할 수 있는 기회를 공평하게 보장함으로써 건강한 일상을 유지하고 삶의 질을 향상시키는 데 중점을 두고 있습니다. 이러한 시스템은 체육학 전공자는 물론 일반 대중에게도 선진 모델로 여겨지며 많은 국가의 벤치마킹 대상이 되어 왔습니다.

한국과 독일은 스포츠를 통해 깊은 인연을 맺어왔습니다. 1936년 베를린올림픽 스타디움에서의 손기정과 남승룡 선수의 기록을 시작으로 1970년대 차범근 선수가 독일 분데스리가Bundesliga에 진출하였습니다. 무엇보다 1981년 제24회 하계올림픽 개최지로 서울이 결정된 역사적인 순간 또한 독일의 바덴바덴Baden-Baden에서 이루어졌습니다. 이후 한국 스포츠계는 독일을 연구하며, 이를 적극 활용해 왔는데[1] 골든 플랜Golden

Plan[2]으로 체육시설을 구상하고, 트리밍 130Trimmin 130[3]과 스포츠배지Sportabzeichen로 국민체력 증진 운동을 전개했습니다. 또한 독일 스포츠클럽을 사례로 한국 공공스포츠클럽 설립 근거로 삼는 등 독일 스포츠의 철학과 제도는 한국 스포츠 변화에 지대한 영향을 끼쳐 왔습니다.

하지만, 이러한 오랜 논의와 교류에도 불구하고 독일 스포츠를 한눈에 조망할 수 있는 단행본이 부족하다는 아쉬움이 있었습니다. 이에 독일쾰른체육대학교 졸업생들을 주축으로 2023년 10월 첫 모임에서 독일 사회에서 스포츠가 갖는 의미와 가치를 정리해보자 다짐하였습니다. 그러나 방대한 용어를 통일하고, 그 사이 변경된 정부 명칭을 수정하며 특히 데이터의 신선함을 잃어버리면서 우리의 의지는 점차 약해졌습니다. 그러던 중 한 대형 서점에서 빈약한 스포츠 서적 코너를 본 순간 다시 한번 용기를 내며 이제야 마무리를 하게 되었습니다.

이 책은 한국 스포츠와의 비교를 용이하게 하기 위해 독일 스포츠를 네 가지 분야로 나누어 살펴보았습니다. 1장에서는 독일의 스포츠 행정과 정책에 대해 그리고 연방정부와 주정부, 독일올림픽체육회와 주체육회 등 주요 기관을 다루었습니다. 2장은 독일인 세 명중 한 명이 가입했을 정도로 활성화된 스포츠클럽을 중심으로 생활스포츠를 심층적으로 소개하였습니다. 3장은 선수 발굴 및 육성 시스템을 담은 전문스포츠에 대한 내용이며, 끝으로 4장에서는 학교 안에서 이루어지는 다양한 스포츠 사례들을 소개했습니다.

이 책에서는 다음과 같은 문제 의식을 갖고 독일 사회에서 스포츠의 가치와 힘을 조명하고자 했습니다. 독일 국민이 스포츠를 통해 어떻게 삶의 활력을 얻고 사회에 참여하는지, 스포츠클럽 회원이 어떻게 세계적인 선수로 성장하는지, 국가대표 선수

---

1 국민체육진흥공단, 『독일연방공화국의 체육』, 서울: 국민체육진흥공단, 1999.

2 체육부, 『서독의 체육정책(I) Der Goldene Plan』, 서울: 체육부, 1985a.

3 체육부, 『서독의 체육정책(II) Trimmung 130』, 서울: 체육부, 1985b.

들은 어떤 지원을 받으며 훈련하는지, 그리고 정부는 국정 철학을 어떻게 스포츠 정책으로 구현하였는지에 대해 기술하였습니다. 그럼에도 불구하고 방대한 자료를 수집하고, 정리하는 작업을 넘어 독일 스포츠라는 특수성과 복잡한 쟁점들을 낱낱이 풀어내지 못한 점 독자들의 너그러운 양해를 구합니다.

끝으로 역사학자 심승구 교수의 글을 인용하며 머리말을 마무리하렵니다. "우리들이 즐기는 스포츠는 단순한 놀이 이상의 것이다. 그것은 꿈들의 집합체이다. 옛날 곳곳의 스포츠 모두 하나하나가 즐거움의 시간이었으며, 우리들은 거기서 특별한 희망의 습관을 익혔다. 친구들과 함께 즐겼던 달리기, 수영, 축구, 스케이트, 자전거, 등산 등은 끝없는 희망, 오직 인생을 저마다의 작품으로 꿈꿀 수 있는 그러한 희망의 무대 지금도 그 꿈은 계속 이어져야 한다".

이 책이 운동을 즐기는 모든 분들, 그리고 이제 막 운동을 시작하려는 분들에게 작은 응원과 힘이 되기를 바랍니다. 또한, 정부가 국민을 위한 올바른 스포츠 정책을 수립하는 데에 길잡이가 되기를 희망합니다.

저자 대표 김미숙

차례

1

독일의 스포츠 행정과 조직

최주현

제1장

독일의 스포츠 행정과 조직

1. 독일의 행정 구조

독일의 공식 명칭은 '독일연방공화국Bundesrepublik Deutschland'이며, 영어로는 Federal Republic of Germany를 사용하고 있다. 이 명칭은 대한민국의 공식 영어 명칭인 'Republic of Korea'와 유사하면서도 다르다. 독일과 한국 모두 국민에게 주권이 있는 '공화국Republic'이라는 정치 체제를 유지하고 있다. 그러나 두 나라의 차이점은 한국과 달리 독일은 공화국이 아닌 '연방공화국'이라는 용어를 사용한다는 것이다. 공화국은 국가의 권력이 대통령이나 국민의 대표로 구성된 정부에 집중되는 정치 형태를 의미하며, 연방공화국은 국가의 권력이 중앙 정부와 주 정부에 분산되어 있는 형태를 나타낸다. 따라서 독일은 여러 권력구조가 결합하여 하나의 국가를 형성하는 복합 형태의 국가로 이해할 수 있다.

독일은 약 150년 전인 1871년 지금의 독일Germany로 국가 통합을 이루었고, 그 이전에는 약 50개의 연방국 형태(연방 회원국, 왕국, 대 공작령 등)로 존재하였다(유정희, 2001). 연방국의 특성은 독일이 단일 국가로 형성된 이후에도 계속해서 유지됐는데, 국가의 권력이 중앙 정부에 집중되지 않고 중앙 정부, 주 정부, 자치 정부의 형태로 분산된 형태이다.[1]

제2차 세계대전에서 패배한 독일은 1949년 서독과 동독으로 분리되었다. 당시 서독의 공식 명칭은 '독일연방공화국Federal Republic of Germany'이었고, 동독은 '독일민주공화국German Democratic Republic'이었다. 서독은 자유주의 진영의 체제에서 기존의 연방공화국 형태로, 동독은 공산주의 체제에서 중앙 집권적인 정부 형태로 변화하였다. 독일의 분단은 약 40년 동안 지속되었고, 1990년 10월 3일 동독이 서독에 흡수되어 통일되었다. 이 과정에서 독일의 공식 명칭은 서독이 사용하던 '독일연방공화국'으로 정착되었고, 그 이후 현재까지 독일은 중앙 정부와 지방정부로 권력이 분산된 연방공화국 체제를 유지하고 있다.

1949년 서독에서 기본법Grundgesetz이 제정된 이후, 독일은 지속해서 '사회적 시장 경제 체제Soziale Marktwirtschaftssystem'를 유지해 왔다. 이 체제는 원칙적으로 시장 경제를 추구하면서도 사회적인 공정성과 시장 질서유지를 위해 국가의 개입이 필요하다는 것을 전제로 하는 제도이다(한국행정연구원, 2017). 사회적 시장 경제 체제는 독일이 높은 세금을 부과하면서도 동시에 복지국가로서 자리를 잡을 수 있었던 배경이 되었다.

독일 연방정부는 연방 총리와 연방 장관들로 구성된 내각Kabinett으로 구성되어 있다. 독일 정부는 연방 총리에게 많은 권한을 부여하여 '총리 민주주의Kanzlerdemokratie'라고 불리기도 한다. 연방 총리는 대통령보다 정치적인 영향력이 크며 내각을 구성하는 권한을 갖고 있다. 또한, 연방 총리는 국무회의의 의장이기도 하며 내각을 지휘하고 연방 장관들을 임명하거나 해임할 수 있다(한국법제연구원, 2017).

독일의 연방 행정은 15개의 연방 부처와 이를 총괄하는 연방 장관, 그리고 2~5명의 연방 차관으로 구성되어 있다.[2] 부처는 국가 행정 분야에 따라 구분되어 있으며, 스포

---

1 예외적으로, 독일연방공화국의 체계는 1933년부터 1945년까지 나치 정권의 등장과 함께 권력이 중앙 정부에 집중되는 중앙집권제도의 형태를 나타냈다. 이후, 독일의 분단 시기인 1949년부터 1990년까지 동독은 중앙 집권적인 통치 체제인 공산주의를 추구하였다.

2 15개 연방 부처(2023년 기준): 경제기후보호부(Bundesministerium fur Wirtschaft und Klimaschutz, BMWK), 재무부(Bundesministerium der Finanzen, BMF), 내무향토부(Bundesministerium des Innern

츠 관련 업무는 주로 연방내무향토부Bundesministerium des Innern und für Heimat(BMI)에서 담당하고 있다(DB, 2023). 이처럼 독일은 내각을 중심으로 한 연방정부 체제를 유지하고 있으며, 이를 통해 정치적인 결정과 행정 업무를 조직적으로 이루어내고 있다.

독일의 기본적인 행정 구조는 연방 행정Bundesverwaltung, 주 행정Landesverwaltung, 지방자치 행정Kommunalverwaltung으로 구분된다. 연방 행정은 독일 전역을 담당하는 것이 아닌 연방정부의 권한이 부여된 범위 내에서만 행정을 수행하며, 국가의 주요 행정은 16개의 자치주에서 담당한다. 독일은 연방국의 특성상 중앙 정부의 직접적인 행정 역할은 제한적이며, 전반적인 행정은 주로 자치주에서 이루어진다.

주 행정은 연방 행정 아래에 위치하며, 정부관구Bezirksregierung라는 하위 수준의 행정 체제를 구축하고 있다. 독일은 나치 정권 시대의 중앙집권으로 인한 부작용의 문제점을 보완하기 위해 지방자치행정을 적극적으로 도입하고 주 행정의 자치권을 강화했다. 이를 통해 지방자치 체제의 자율성을 보장하고 주민들이 지방 사회를 직접 관리할 수 있도록 제도를 개편하고 유지하고 있다(한국법제연구원, 2017). 독일의 행정조직 구조는 분권적인 정치 문화를 반영하며, 지방자치 체제는 규제와 시민 참여를 조화롭게 조합한 체계적이고 효율적인 시스템으로 설계되었다. 이를 통해 독일은 지방자치 체제를 강화하여 지역 사회의 다양한 요구를 반영하고 효과적으로 관리하는 것을 목표로 하고 있다.

---

und fur Heimat, BMI), 외교부(Auswartiges Amt, AA), 법무부(Bundesministerium der Justiz, BMJ), 노동사회부(Bundesministerium fur Arbeit und Soziales, BMAS), 국방부(Bundesministerium der Verteidigung, BMVg), 식품농업부(Bundesministerium fur Ernahrung und Landwirtschaft, BMEL), 가족노인여성청소년부(Bundesministerium fur Familie, Senioren, Frauen und Jugend, BMFSFJ), 보건부(Bundesministerium fur Gesundheit, BMG), 디지털교통부(Bundesministerium fur Digitales und Verkehr, BMDV), 환경자연보호원자력안전소비자보호부(Bundesministerium fur Umwelt, Naturschutz, nukleare Sicherheit und Verbraucherschutz, BMUV), 교육연구부(Bundesministerium fur Bildung und Forschung, BMBF), 경제협력개발부(Bundesministerium fur wirtschaftliche Zusammenarbeit und Entwicklung, BMZ), 주택도시개발건설부(Bundesministerium fur Wohnen, Stadtentwicklung und Bauwesen, BMWSB).

표 1-1. 연방정부와 주 정부의 역할

구분	연방 정부	주 정부
입법권	• 독일 전역에 걸친 입법권	• 소수의 고유입법권(경찰, 문화, 지방자치) • 동의 및 이의 제기권
행정권	• 고유의 행정 능력을 갖추고 있지 않음 • 행정권 시행에 있어 주로 법률적 감독권 소유	• 주 전역에 걸친 행정권과 법의 집행권
사법권	• 최고 연방 법원	• 양적으로 절대다수의 주법과 주 법원에 의존

출처: 한국행정연구원(2017)

독일의 행정구역은 크게 독일연방Bund, 연방주Bundesländer, 자치시Kreisfreie Städte, 기초자치단체Gemeinden로 나뉜다. 독일은 한국과 같이 인구수에 따른 도, 시, 군, 구, 동과 같은 구분으로 행정구역을 나누지 않고 하나의 지역이 여러 자격을 동시에 가질 수가 있다는 특징이 있다. 따라서 독일의 행정구역을 한국과 구분하여 비교하는 데 어려움이 있다. 예를 들어, 베를린은 베를린연방주에 속하면서 동시에 베를린자치시와 베를린기초자치단체에도 속한다. 쾰른시 역시 쾰른자치시인 동시에 노르트라인-베스트팔렌주의 관구에 속한다. 독일의 행정구역의 수는 2023년 1분기 기준 연방주Bundesländer 16개, 관구행정Regierungsbezirke 19개, 자치시Kreisfreie Städte 106개, 기초자치단체Gemeinden 10,775개로 구분된다(Destatis, 2023). 각 연방주와 지자체는 자체적으로 의회와 집행부를 구성하고 있지만, 일부 지역은 의회 없이 집행부만을 구성하고 있다(정희나, 2018).

한국은 1995년부터 지방 단체장을 선출하기 위한 주민직선제도가 실시되면서 본격적인 지방자치제도를 마련하였고, 중앙 정부의 권력 분권화를 위해 노력해 왔다. 하지만 약 30년 가까이 지난 지금까지도 여전히 국가의 권력은 수직적이며 중앙 집권적인 정부 구조를 유지하고 있는 것이 현실이다. 이에 반해 독일은 연방공화국의 특성상 중앙 정부와 지방정부의 역할이 구분되어 있고, 권력이 수평적으로 유지되고 있다는 점이 특징이다.

그림 1-1. 독일 행정구역
출처: https://learn.opengeoedu.de/

독일 연방헌법 제30조는 "국가 권한의 행사와 과업의 수행은 이 법에서 별도로 규정하지 않은 한, 지방자치단체의 자치 권한이다."라는 내용을 명시하고 있다(BfJ, 2023). 이는 지방자치단체에 광범위한 자치 권한을 부여하고, 규정되지 않은 영역에서는 지방자치단체가 자유롭게 행동할 수 있다는 것을 의미한다. 즉, 독일에서는 중앙 정부의 권한이 한정되어 있으며, 법률에 규정이 없는 사항은 지방자치단체가 자유롭게 정책을 결정하고 시행할 수 있다는 원칙이 적용된다. 이를 통해 독일에서는 중앙 집권적인 국가 구조와는 달리, 권력이 상대적으로 수평적으로 분산된 연방제도가 유지되고 있다. 연방헌법에 기초하여 주 정부는 교육부, 노동부, 무부, 법무부, 문화부 등 여러 집행부를 구성하고 의회를 통해 자체적으로 정책을 제정하고 시행한다. 또한, 주 정부에서는 주 헌법과 지방자치법을 보유하고 있다.

한국의 스포츠 정책은 일반적으로 문화체육관광부와 대한체육회를 중심으로 수립되며, 이 정책은 지방자치단체에 전달되어 전국적으로 시행된다. 반면, 독일은 연방제도를 채택하고 있어서, 연방정부가 아닌 주 정부에서 자체적으로 스포츠 정책을 제정하고 시행한다. 이에 따라 독일의 주별 스포츠 정책은 큰 맥락에서는 유사하지만, 세부적으로는 차이가 있다.

독일 국가권력의 수평적인 분권화는 지방자치단체의 재정자립도와 직접적으로 연관이 있다. 한국의 경우 지난 10년간(2012~2022) 지방자치단체의 평균 재정자립도는 약 50% 수준이며, 이는 중앙 정부의 대한 높은 의존도를 나타낼 수밖에 없는 구조를 의미한다(통계청, 2023). 이에 반해 독일의 경우 2018년 기준 지방자치단체의 재정자립도는 82%로 EU 국가 평균인 64%보다도 높은 수준이었다(EU, 2020). 독일 지방자치단체는 약 80%의 예산을 조세 수입으로 충당하고, 연방정부의 보조금은 약 10% 수준이며, 이자 수입이나 행정 수입 등으로 나머지를 충당하고 있다(정희나, 2018). 이러한 독일 지방자치단체의 높은 재정자립도는 연방정부와 수직적 권력구조가 아닌 수평적 권력구조를 유지할 수 있는 기반이 되었다고 할 수 있다.

2. 독일의 스포츠 행정조직 및 재정

1) 구조와 기능

독일의 행정 시스템은 공적 행정과 자율적 행정의 이중 구조를 유지하고 있다. 이에 따라 연방정부는 주 정부를 포함한 지방정부에 재정적 지원을 제공하며, 주 정부 및 지방정부는 자체적으로 스포츠 사업을 운영하고 내부 규정을 통해 스포츠 발전 노력을 하고 있다. 이렇게 공적인 행정과 자율적인 행정이 상호작용 하며 스포츠를 관리하는 것이 독일의 행정 체계의 특징이다.

스포츠 관련 행정조직 역시 위와 같은 행정 체계를 바탕으로 연방정부와 지방정부 조직으로 구분할 수 있다. 연방정부의 연방내무향토부(BMI) 내에는 스포츠 부서가 있으며, 이 부서는 연방 차원에서의 스포츠 관련 정책을 수립하고 실행하는 역할을 맡고 있다. 지방정부의 스포츠 부처는 16개 주 정부와 지방자치단체 내에서 자체적으로 조직되어 있다. 주 정부는 연방정부와 유사한 행정조직 시스템을 갖추고 있으며, 주 정부의 내무부나 문화부 내에서 스포츠 담당 부서를 운영하고 있고, 자체적으로 스포츠 정책을 수립하고 실행한다. 또한 16개 주 정부 스포츠 장관 회의Sportministerkonferenz를 통해 스포츠 정책을 조율하고 상호작용 하며 발전하는 구조를 유지하고 있다. 각 주 정부는 스포츠 정책 형성에 관한 자치권을 인정받고 있어, 지역 스포츠 문제에 대해서는 독자적으로 권한을 행사할 수 있다(Hallmann & Petry, 2013). 이는 지역적인 특성과 요구에 맞게 스포츠 정책을 개발하고 시행할 수 있는 유연성을 보장받고 있다는 것을 의미한다.

독일의 스포츠 행정조직은 정부조직과 비정부조직으로 구분된다. 스포츠 정부 조직에는 한국의 문화체육관광부와 비슷한 수준의 부처로 연방내무향토부(BMI)가 있다. 연방내무향토부는 장관 이하 2명의 정무차관, 2명의 행정차관, 그리고 10국, 8부, 2팀으로 구성되어 있으며, 스포츠 정책을 비롯한 업무를 담당하고 있다. 구체적인 업무로는 국내 치안, 여권 및 각종 등록 업무, 공공 서비스, 공공 행정조직, 통계, 정보 기술 및 보안, 종교단체 담당 업무, 이주민 관리, 정치 교육, 스포츠 진흥 등이 포함된다. 연방내무향토부 스포츠국은 크게 다섯 가지 업무 분야(스포츠 재정, 도핑, 국제 스포츠 정책, 국제 스포츠대회를 위한 국가 전략, 성폭력 예방)를 담당하고 있으며, 연방내무향토부의 산하단체로는 한국의 한국스포츠과학원과 유사한 기능을 담당하는 독일연방스포츠연구소Bundesinstitut für Sportwissenschaft(BISp), 스포츠장비개발연구소Institut für Forschung und Entwicklung von Sportgeräten(FES), 응용트레이닝과학연구소Institut für Angewandte Trainingswissenschaft(IAT)가 있다.

독일은 연방내무향토부에서 스포츠를 담당하고 있다는 점이 다른 나라와 비교하여 독특한 점이라 할 수 있다. 연방내무향토부는 일반적으로 국가 내의 안전과 질서를 유지하기 위한 업무와 공공 행정에 관한 업무를 추진하는데, 스포츠를 연방내무향토부에 포함한 것은 다른 나라의 정부 구조와 차이가 있음을 알 수 있다. 대한민국의 경우 문화체육관광부에서 스포츠를 담당하고 있으며, 영국에서는 디지털, 문화, 미디어, 스포츠부(Department for Digital, Culture, Media & Sport)에서 스포츠 업무를 포함했으며, 일본에서는 교육과 문화, 과학을 담당하는 문부과학성(Ministry of Education, Culture, Sports, Science and

Technology-Japan)에서 스포츠를 담당하고 있다. 한국과 영국, 일본의 경우 문화와 스포츠를 유사한 분야로 취급한 것에 반해 독일은 스포츠를 국가 내의 안전과 질서를 유지하는 분야로 포함하였다는 것이 특징이다.

독일 내 비정부 스포츠 조직은 독일올림픽체육회Deutscher Olympischer Sportbund(DOSB), 지역(주) 체육회, 시군구 체육회, 지역(주) 경기종목단체, 시군 경기종목단체, 스포츠클럽으로 구성되어 있으며, 각 조직은 독자적인 역할과 책임을 맡아 독일 스포츠의 발전에 기여하고 있다. 독일올림픽체육회는 독일 스포츠의 중추적인 기구로서 독일체육회Deutschen Sportbundes(DSB)와 국가올림픽위원회Nationalen Olympischen Komitees(NOK)의 통합으로 2006년에 설립되었다. 이 조직은 독일 내 68개의 경기종목단체를 총괄하고 있으며, 각 경기종목단체는 다양한 종목의 스포츠 활동을 조직하고 관리한다. 68개 경기종목단체는 43개 올림픽 종목단체와 25개 비올림픽 종목단체로 구분된다. 독일올림픽체육회의 주요 역할은 경기종목단체를 지원하고 그들의 이익을 대변하기 위해 노력하며, 독일 대표팀의 올림픽 참가를 책임지는 것이다(Deutscher Bundestag, 2023).

지역(주) 체육회 및 시군 체육회는 독일 내 지역적인 스포츠 활동을 조직하고 관리한다. 지역체육회는 독일올림픽체육회에 소속된 다양한 스포츠클럽들의 행정 및 재정적 지원을 담당하고, 스포츠클럽 운영을 위한 다양한 임무를 수행한다. 지방 체육회는 지방정부와도 긴밀한 협력을 맺고 있어 지역의 스포츠 발전을 촉진하고 있다.

독일 내 비정부 스포츠 조직의 마지막 구성원은 스포츠클럽이다. 독일에는 약 9만 개의 스포츠클럽이 존재하며, 이 클럽은 지역 스포츠협회에 소속되어 다양한 스포츠 활동을 제공하고 있다. 스포츠클럽은 독일의 엘리트스포츠와 생활스포츠의 기반이 되는 조직으로, 시민들에게 스포츠 활동의 기회를 제공하고 지역 사회의 스포츠 문화를 이끌어가는 중추적 역할을 한다.

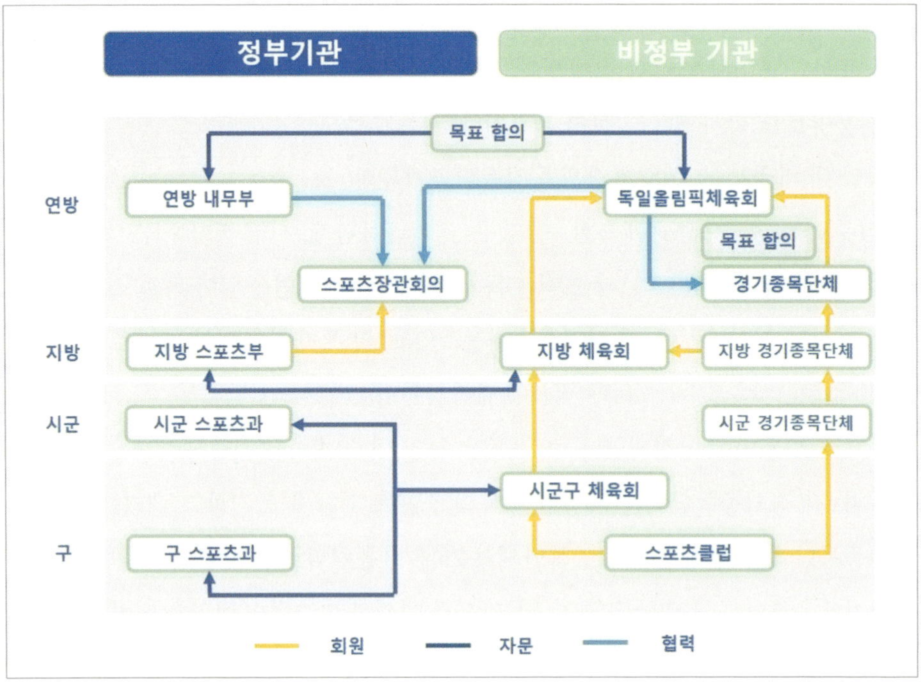

그림 1-2. 독일 스포츠 행정조직도
출처: Tokaski(2016)

2) 주요 업무

독일의 연방내무향토부의 스포츠 관련 주요 업무는 크게 네 가지이다. 첫째, 스포츠 재정 지원과 스포츠 정책 수립을 담당하고 있다. 재정은 스포츠 활동, 스포츠시설 인프라 구축, 스포츠 협회 지원, 연방 경찰소속 엘리트 선수 육성 등에 지원한다. 둘째, 도핑 예방과 관련된 업무를 수행한다. 국내 및 국제적으로 도핑 예방 활동을 주도하고, 관련 법규의 제정과 집행을 담당한다. 도핑 문제에 대해 엄중한 태도를 보이고 있으며 스포츠의 공정성을 유지를 위해 노력하고 있다. 셋째, 국제 스포츠 정책 개발과 관련된 임무를 수행한다. 이는 국제적 및 유럽 연합 수준에서의 스포츠 정책을 개발하고, 메가 스포츠 이벤트의 개최와 독일 대표팀의 성공적인 국제 대회 참가를 책임진다. 또한, 국제 대회 및 성적 향상을 위한 과학적 연구를 지원한다. 넷째, 스포츠 선수들의 인권 보호와 관련된 업무를 담당한다. 서열문화가 강한 한국에서는 주로 폭행과 폭언의 문제가 주요한 선수 인권 문제 중의 하나이지만, 서열문화가 낮은 독일은 구타보다는 성폭력과 관련된 선수 인권 문제를 중점적으로 다루고 있으며 특히 유소년 선수들의 성폭력 예방을 위한 다양한 프로그램을 운영하고 있다.

표 1-2. 연방내무향토부 내 스포츠국 및 담당 업무

<table>
<tr><th>스포츠국(1국 5과)</th><th>담당 업무</th></tr>
<tr><td>스포츠국(1국)
(Abteilung SP)
스포츠 부서장 대리
(Ständige Vertretung der Abteilungsleitung)</td><td rowspan="6">1. 스포츠 자금 관련 업무
- 재정 지원
- 스포츠 정책
- 연방 스포츠협회진흥
- 시설인프라 진흥
- 스포츠 협회 지원
- 연방경찰 소속 엘리트스포츠 진흥
- 엘리트 장애인 선수 진흥
2. 도핑 관련 업무
- 국가 차원에서 도핑 예방
- 국제 수준에서 도핑 예방
- 도핑 관련 법적 근거
3. 국제 스포츠 정책 관련 업무
- 국제 수준의 스포츠 정책
- 유럽 연합 수준의 스포츠 정책
- 올림픽과 국제 스포츠대회
4. 국제 스포츠대회를 위한 국가 전략 관련 업무
- 독일 내의 다양한 스포츠 행사를 지원하고 독일
- 국가대표팀의 국제 스포츠대회 성적 향상을 위한 전략 구상
5. 성폭력 예방 관련 업무
- 스포츠 선수들의 인권을 보호하기 위해 성적 폭력 및 학대예방 정책 담당</td></tr>
<tr><td>스포츠 정책 및 법무과(1과)
(Grundsatz-und Rechtsangelegenheiten)</td></tr>
<tr><td>국제 스포츠과(2과)
(Internationale Sportangelegenheiten)</td></tr>
<tr><td>스포츠 진흥부: 장애인스포츠과(3과)
(Sportförderung; Sport der Menschen mit Behinderung)</td></tr>
<tr><td>스포츠 빅이벤트과(4과)
(Sportgroßveranstaltungen)</td></tr>
<tr><td>도핑 방지: 스포츠 가치와 청렴과(5과)
(Dopingbekämpfung; Integrität und Werte im Sport)</td></tr>
</table>

출처: Bundesministerium des Innern und für Heimat(2023)

표 1-3. 연방 13개 정부 부처의 협력 현황 및 담당 업무

부처명	스포츠와 관련된 담당 업무
외교부 (Auswärtiges Amt. AA)	해외 문화 정책 분야에서 스포츠 홍보
연방재무부 (Bundesministerium der Finanzen, BMF)	스포츠 세금 업무 및 연방관세청 전문선수 양성
연방국방부 (Bundesministerium der Verteidigung, BMVg)	연방군인 전문선수 양성 및 군대 스포츠, 재활 스포츠 담당
연방경제기후보호부 (Bundesministerium für Wirtschaft und Klimaschutz, BMWK)	스포츠 경제성 담당
연방노동사회부 (Bundesministerium für Arbeit und Soziales, BMAS)	재활 측면에서 장애인스포츠 및 직장 스포츠 담당
연방교육연구부 (Bundesministerium für Bildung und Forschung BMBF)	스포츠 교육의 디지털화 및 이주민 스포츠 참여, 환경친화적 스포츠 장비 개발을 담당
연방가족노인여성청소년부 (Bundesministerium für Familie, Senioren, Frauen und Jugend, BMFSFJ)	가족 스포츠 및 노인, 여성, 청소년 스포츠 참여 장려 사업
연방보건부 (Bundesministerium für Gesundheit, BMG)	질병 예방을 위한 건강 스포츠 홍보
연방디지털교통부 (Bundesministerium für Digitales und Verkehr, BMDV)	연방철도청 전문선수 양성
연방환경자연보호원자력안전소비자보호부 (Bundesministerium für Umwelt, Naturschutz, nukleare Sicherheit und Verbraucherschutz, BMUV)	스포츠 관련 환경 보호 규정(스포츠시설 소음 등), 지속 가능한 스포츠 환경 개발
연방경제협력개발부 (Bundesministerium für wirtschaftliche Zusammenarbeit und Entwicklung, BMZ)	스포츠를 통한 경제 발전
연방법무부 (Bundesministerium des Innern und für Heimat, BMJ)	스포츠 도핑 방지 법적 기반 및 코로나와 같은 팬데믹 상황 시 스포츠 법적 기반
연방주택도시개발건설부(Bundesministerium für Wohnen, Stadtentwicklung und Bauwesen, BMWSB)	도시 개발 차원에서 스포츠시설 지원

출처: https://www.protokoll-inland.de/

독일에서는 연방내무향토부가 주도할 뿐만 아니라 13개 관련 정부 부처의 긴밀한 협력과 지원을 통해 정책을 계획, 실행하고 있다. 연방재무부는 스포츠 세금 업무 및 연방관세청 전문선수 양성을 담당하고, 국방부는 연방군인 전문선수의 양성과 재활 스포츠 및 군인들의 스포츠 활동을 담당한다. 연방디지털교통부는 연방철도청 소속 전문선수를 지원 및 양성하고 있다. 스포츠와 건강의 관계를 중시하는 연방보건부는 건강 스포츠를 통한 질병 예방과 건강 증진을 책임지고 있다. 이 외에도 연방가족노인여성청소년부는 여성과 청소년들의 스포츠 참여를 촉진하고 스포츠 활동을 통한 사회 참여와 통합을 지원하고 있다. 스포츠를 담당하는 연방 부처의 수는 11개였으나, 코로나 팬데믹 이후 연방법무부와 연방주택도시개발건축부가 스포츠 관련 업무에 참여하게 되어 총 13개의 부처가 스포츠 정책을 관여하고 있다.

3) 재정

스포츠 분야의 재정은 국가의 정책과 밀접하게 관련된다. 이는 스포츠에 대한 정부의 실제적인 관심과 정책적인 목표가 이루어질 수 있는 중요한 기준이기 때문이다. 독일의 총국가 예산을 살펴보면, 2023년 총예산은 약 4,452억 유로로, 한화 약 578조 원(1유로 1,300원 기준)의 규모이다. 한국의 2023년 국가 총예산이 약 638조 원인 것을 비교하면 인구와 경제력이 더 높은 독일이 국가 예산에서는 한국보다 낮다는 것이 이해되지 않을 수 있다(기획재정부, 2022). 독일이 한국보다 국가 총예산이 낮은 이유는 크게 두 가지가 있는데, 하나는 연방국의 특성상 중앙 정부의 권한과 비중이 작기 때문이고, 다른 하나는 16개 자치주의 예산 구성과 집행이 자체적으로 이루어지기 때문이다. 따라서 단순히 두 국가의 국가 예산을 비교하는 것은 적절하지 않다고 할 수 있다.

독일 연방정부의 스포츠 관련 업무는 주로 연방내무향토부에서 담당하고 있으며, 2023년 연방내무향토부 예산은 약 127억 유로(약 16조 5천억 원)로, 국가 예산의 약 2.8%에 해당한다. 구체적인 예산 내용을 살펴보면, 내부 보안에 약 63억 유로, 사회통합과 이

주민, 소수자, 난민에 약 16억 유로, 연방 네트워크, 디지털화, 사이버 보안에 약 15억 유로, 시민 보호 및 재난 구호에 약 5억 유로, 스포츠 분야에 약 3억 1백만 유로를 편성하고 있다. 스포츠 예산 약 3억 1백만 유로(약 3,900억 원)는 국가 총예산에서 0.06%의 비율을 차지하고 있다(Bundesministerium der Finanzen, 2023).

독일의 스포츠 예산을 한국과 비교해 보면, 한국의 문화체육관광부 예산은 국가 예산 대비 1.06%이며, 이 중에서 스포츠 예산은 약 0.3% 수준이다(대한체육회, 2023). 한국과 독일을 단순 비교할 경우, 독일 정부는 0.06%의 예산을 스포츠에 지출하고 있으며, 한국은 0.3%의 비율로 스포츠 예산을 사용하고 있어 한국이 스포츠에 더 많은 예산을 투입하고 있는 것으로 오해될 수 있다. 그러나 이러한 단순한 비교는 국가 총예산 비교와 마찬가지로 적절한 방법이 아니다. 이는 한국과 독일의 예산 분배 분야와 방식이 다르기 때문이다. 한국은 대부분의 스포츠 예산이 중앙 정부에서 지방정부로 분배되고 있고, 각 지방정부는 높은 정부의 재정의존도를 보인다. 지방정부는 이 예산을 바탕으로 전문스포츠와 생활스포츠 사업을 모두 담당하고 있다. 이에 반해 독일은 기본적으로 연방내무향토부 예산에서 스포츠 분야 예산을 사용하는데, 이 예산은 주로 전문스포츠 진흥과 독일연방 차원에서 스포츠 정책에 관한 예산을 위해 사용된다. 생활스포츠와 스포츠클럽 운영에 관한 예산은 주로 각 지방정부에서 자체적으로 조달하여 운영한다는 특징이 있다.

표 1-4. 연방 부처별 예산(2023년 기준)

구분	연방 부처	예산액(백만 유로)
1	연방 대통령 및 대통령실	44
2	독일 연방의회	1,107
3	연방위원회	39
4	연방 총리 및 연방 총리실	3,668
5	연방외무부	6,397

구분	연방 부처	예산액(백만 유로)
6	연방내무향토부 – 내부 보안 – 사회통합과 이주민, 소수자, 난민 – 연방 네트워크, 디지털화, IT, 사이버 보안 – 시민 보호, 재난 구호, 기술 지원 – 스포츠 – 기타	12,761 6,392 1,634 1,560 560 301 2,314
7	연방사법부	953
8	연방재무부	9,508
9	연방경제 및 기후 보호부	13,050
10	연방식품농업부	7,175
11	연방노동사회부	163,330
12	교통 및 통신부	35,041
13	국방부	50,104
14	연방보건부	22,062
15	연방환경자연보호원자력안전소비자보호부	2,436
16	연방가족노인여성청소년부	12,880
17	연방헌법재판소	40
18	연방감사원	186
19	연방데이터 보호 및 정보 자유 위원회	45
20	독립 통제 위원회	13
21	경제 협력 및 개발부	11,080
22	연방주택 및 도시 개발, 건설부	5,010
23	연방교육 및 연구부	20,571
24	연방부채	31,885
25	일반 재무 관리	35,823
26	총 계	445,221

출처: Bundesministerium der Finanzen(2023, pp. 89-90)

표 1-5. 직간접적 스포츠 분야 연방 기금(천 유로)

부처	2014	2015	2016	2017	합계
외무부(AA)	3.617	4.111	7.111	3.945	18.784
연방내무향토부(BMI)*	163.434	184.165	195.333	196.126	739.058
연방재무부(BMF)	2.755	3.229	3.289	2.467	11.740
연방노동사회부(BMAS)	755	639	570	509	2.473
연방국방부(BMVg)	60.462	65.980	60.322	62.906	249.670
연방보건부(BMG)	965	1.265	1.514	1.448	5.192
연방환경자연보호원자력안전소비자보호부(BMUV)	597	273	397	229	1.496
연방가족노인여성청소년부(BMFSFJ)	18.102	18.234	17.198	18.591	72.125
연방경제협력개발부(BMZ)	9.750	10.000	21.500	3.000	44.250
연방교육연구부(BMBF)	3.279	3.617	4.122	3.421	14.439
합계	263.716	291.513	311.356	292.642	1.159.227
*연방내무향토부(BMI) - 연방경찰 - 스포츠 과학 연구소	140.005 20.613 2.816	157.720 23.715 2.730	168.298 23.837 3.198	166.983 25.604 3.539	633.006 93.769 12.283
합계	163.434	184.165	195.333	196.126	739.058

출처: Deutscher Bundestag(2023, p. 22)

독일의 스포츠 분야는 주로 연방내무향토부에서 담당하고 있으며, 이 외에도 13개 부처에서 유관 업무를 추진하고 있고 이를 위한 스포츠 예산이 편성되어 있다. 연방정부는 전문스포츠 진흥을 위한 재정 지원을 높은 수준을 유지하고 있는데, 2014년부터 2017년까지 직간접적으로 약 11억 5,900만 유로(약 1조 5,067억 원, 1유로 1,300 기준)를 지원하였다. 이 중 가장 큰 비중을 차지하는 것은 연방내무향토부의 재정 지원이며 이는 약 7억 3,905만 유로(약 9,607억 원)였고, 여기에는 연방 경찰소속 엘리트 선수를 위한 재정 약 9,396만 유로(약 1,221억 원)와 스포츠 과학 연구소(BISp)의 재정 약 1,228만 유로(약 159억 원)가 포함되어 있다(Deutscher Bundestag, 2023).

연방정부의 연방내무향토부를 비롯하여 연방외무부, 연방재무부, 연방노동사회부, 국방부, 연방보건부, 연방환경자연보호원자력안전소비자보호부, 연방가족노인여성청소년부, 연방경제협력개발부, 연방교육연구부 등 다양한 부처에서 스포츠와 관련된 분야에 예산을 지원하고 있다. 이들 부처에서는 지역 사회의 스포츠 활성화를 위한 지원부터 선수나 코치 등의 교육 지원, 매년 열리는 대규모 스포츠 이벤트나 구단 등의 지원, 스포츠 연구기관의 재정 지원 등 여러 분야에서 예산을 편성하여 스포츠 분야를 지원하고 있다.

독일의 스포츠 재원은 다양한 방면에서 조달되는데, 그중 하나는 텔레비전복권인 '행운의 나선GlücksSpirale'이다. 이 복권은 1971년에 시작된 복권으로, 1972년 뮌헨 올림픽과 1974년 독일 월드컵의 재정 조달을 위해 만들어진 이후 지금까지 이어져 오고 있다. 행운의 나선 복권은 독일 로또Lotto와 함께 운영되는 복권 프로그램으로, 복권의 수익금은 주로 스포츠 분야에 투자되어 다양한 스포츠 프로젝트를 지원하는 데 사용된다. 예를 들어 스포츠시설 개발, 스포츠 단체나 운동선수 지원 등으로 사용되며, 독일의 스포츠 활동을 촉진하고 스포츠시설과 프로그램의 향상에 기여하고 있다. 2021년 행운의 나선 복권에서 스포츠 분야에 전달된 수익금은 약 1,590만 유로(약 206억 원)였다. 이러한 수익금은 독일올림픽체육회(DOSB)에 35%, 독일스포츠지원재단(DSH)에 25%, 독일 주 정부 스포츠 부처(LSB)에 40%의 비중으로 배분된다(Deutscher Bundestag, 2023).

3. 독일의 스포츠 주요 기관

1) 독일올림픽체육회

(1) 설립 배경

독일 스포츠 조직의 기원은 1811년 프리드리히 루드비히 얀Friedrich Ludwig Jahn이 설립한 체조 및 스포츠클럽Turn-und Sportvereine에서 비롯된 것으로 알려져 있다. 그는 '독일 스포츠클럽의 아버지'로 불리며, 당시 체조클럽은 단순한 신체 단련의 장을 넘어 회원들이 국내외 정치 현안에 대해 의견을 나누고 토론하는 정치적 성격의 모임으로도 기능했다. 이러한 특성을 가진 체조클럽은 전국적으로 확대되었으며, 1886년에는 독일 체조클럽의 연합 조직인 독일체조연맹Deutscher Turner-Bund이 최초로 설립되었다. 독일의 체조클럽은 단기간에 급성장하여 1869년 약 129,000명의 회원을 보유한 전 세계에서 가장 큰 스포츠클럽으로 확대되었다(Krüger, 2013). 이후 독일수영연맹Deutscher Schwimm-Verband가 1886년 설립되었으며, 독일축구 · 럭비협회Deutscher Fußball-und Rugby-Bund가 뒤를 이어 설립되었다(Naul & Hardman, 2002).

1896년 그리스 아테네에서 근대 올림픽이 부활하고, 독일 전역에서 스포츠협회가 설립되면서 독일에서는 최초로 독일제국상임올림픽위원회Deutsche Olympische Ausschuß (DOA)가 1904년에 설립되었다. 이 올림픽 위원회는 독일 대표팀의 올림픽 참가를 담당하는 역할을 하였으며, 이후 1917년 칼 딤Carl Diem에 의해 독일제국스포츠위원회 Deutschen Reichsbundes für Leibesübungen(DRL)로 개명되었다. 독일제국스포츠위원회는 1933년 나치 시대가 시작되기 전까지 독일의 스포츠 협회를 대표하는 위원회로 역할을 하였다. 나치 정권이 들어선 이후 독일의 모든 스포츠 협회는 법적으로 해체되어 자율성을 잃게 되었고, 새롭게 설립된 독일국가사회주의신체활동연합회Nationalsozialistischer Reichsbund für Leibesübungen(NSRL)에 의무적으로 가입해야 했다(Naul & Hardman, 2002).

1945년 제2차 세계대전이 종료된 이후 독일은 서독과 동독으로 분단되었으며, 양국에서는 새로운 스포츠 조직이 설립되었다. 서독지역에서는 1948년 독일스포츠단체Arbeitsgemeinschaft Deutscher Sport(ADS)가 설립되었고, 이 단체의 영향으로 1950년 하노버에서 독일체육회Deutschen Sportbundes(DSB)가 설립되어 서독의 스포츠 협회와 클럽을 위한 우산 조직으로 역할을 하였다. 또한 1949년에는 서독올림픽위원회Nationales Olympisches Komitee der Bundesrepublik Deutschland(NOK)가 재건되었다(WDR, 2015). 동독지역에서는 1948년 독일스포츠위원회Deutscher Sport Ausschuss(DSA)가 설립되었고, 이 위원회는

1957년에 독일체조 · 스포츠연맹Deutscher Turn-und Sportbund(DTSB)으로 명칭이 바뀌었다. 동독에서도 역시 1951년 동독올림픽위원회Nationales Olympisches Komitee für Ostdeutschland (DDR)가 설립되었는데, 동독의 국가올림픽위원회(DDR)는 서독의 국가올림픽위원회 (NOK)가 먼저 IOC에 의해 독일의 올림픽 위원회로 인정받았기 때문에 수년간 인정되지 못하다가 1955년 IOC 제50차 회의에서 독립단체로 인정받았다(Naul & Hardman, 2002). 독일의 분단은 서독과 동독지역에 두 개의 스포츠 연맹과 두 개의 올림픽 위원회를 설립하게 하였다. 이러한 분단의 영향으로 두 독일 국가 간에는 완전히 다른 스포츠 구조와 체계가 형성되었으며, 이는 1990년 독일이 통일될 때까지 지속되었다.

독일의 통일은 1990년 10월 동독이 서독으로 흡수되면서 하나의 국가 체계를 구축해 나갔다. 이 과정에서, 동독지역의 체육회는 서독의 체육회로 통합되었다(Naul & Hardman, 2002). 통일된 독일은 기존 서독의 스포츠 조직이었던, 독일체육회(DSB)와 독일국가올림픽위원회의 두 개의 조직으로 새롭게 운영되었다. 독일체육회는 스포츠 기관의 우산 조직 역할을 하였으며, 국가올림픽위원회는 독일 대표팀의 올림픽 참가를 대표하는 기관으로 각자의 역할을 하였다. 이러한 독일의 두 스포츠 조직은 2006년 하나의 새로운 조직이면서 독일의 유일한 스포츠 조직인 독일올림픽체육회Deutscher Olympischer Sportbund(DOSB)로 통합되었다.

두 조직의 통합배경에는 1996년 재정적 적자를 보이던 독일체육회가 흑자 운영을 하는 국가올림픽위원회에 통합을 제안하면서 시작되었다. 당시 국가올림픽위원회는 통합과 관련한 위원들의 투표를 진행하였으나, 투표 결과 통합 거절의 의견이 다수로 나와 합병은 무산되었다. 이후 2004년 아테네올림픽에서 독일이 6위의 부진한 성적을 거두자, 성적 부진의 이유로 두 조직의 통합문제가 다시 제기되었다. 결국, 2005년 쾰른시에서 진행된 두 기관의 통합은 투표로 결정되었으며, 2006년 5월 20일 '동반자적 협력원칙'하에 독일올림픽체육회가 출범하였다.

(2) 기능 및 구조

독일올림픽체육회는 독일체육회와 독일 국가올림픽위원회의 통합으로 이루어진 조직이며, 스포츠 조직의 최상위 기관으로 역할을 하면서 독일 국가대표팀의 올림픽위원회 기능을 수행한다(Krähe, 2015). 독일올림픽체육회는 2025년 기준 약 9만 개의 스포츠클럽과 약 2,700만 명 이상의 회원을 보유하고 있으며, 이는 독일 내에서 음악 클럽, 과학 클럽, 미술 클럽과 같은 다양한 분야의 클럽 활동 중에서도 가장 큰 조직으로 평가받는다. 독일올림픽체육회의 본부는 프랑크푸르트에 위치하며, 독일 스포츠의 정치적 이익을 대변하고 증진하기 위해 독일의 수도인 베를린과 벨기에의 수도인 브뤼셀에도 독일올림픽체육회의 사무소를 운영하고 있다. 독일올림픽체육회는 가맹단체에 직접적인 지침을 내릴 권한이 없으며, 가맹단체는 전문적, 재정적, 조직적 측면에서 독립적으로 운영되고 있다는 점이 특징이다. 이러한 독일올림픽체육회의 구성원에는 16개의 주체육회Landessportbund(LSB), 17개의 특별임무협회Verbände mit besonderen Aufgaben(VmbA), 68개의 회원종목단체Spitzenverbände, 그 외 10개의 제휴 기관을 포함한 총 111개의 회원 조직이 있다. 자체적으로 운영되는 다양한 하부 조직들은 서로 협력하여 독일 스포츠 발전을 추구하고 있다.

독일올림픽체육회는 다양한 자금 조달 방안을 통해 필요한 자금을 확보하고 있는데, 회원들로부터의 회비와 복권 수익, 그리고 마케팅 라이센스 등이 주요 자금 조달 경로이다. 또한, 연방정부의 제3자 기금으로부터도 지원받고 있어 독일올림픽체육회는 자체적인 자금을 조달하면서도 정부 지원을 통해 운영되고 있다. 특히 전문스포츠 예산은 연방정부를 중심으로 지원받고 있다(Deutscher Bundestag, 2023).

독일올림픽체육회는 회원 단체에 자문을 제공하면서 동시에 독일의 다양한 사회, 정치, 문화적 영역에서 스포츠 회원 단체의 이익을 옹호하고 지원하는 임무를 수행하고 있다. 독일올림픽체육회는 국제적 관계에서도 독일 스포츠의 이익을 대변하고 국제 스포츠 정책의 형성에 기여하고 있다(Deutscher Bundestag, 2023). 이를 통해 독일과 다른 국가들과의 스포츠 관련 협력과 교류를 촉진하며, 독일 스포츠계의 목소리를 국제무

대에 알릴 수 있는 기회를 제공하고 있다.

독일올림픽체육회의 국제 스포츠 외교에 관한 노력은 독일이 국제 스포츠 무대에서 큰 영향력을 발휘할 수 있는 바탕이 되었다. 2006년 독일올림픽체육회의 통합 당시 회장으로 임명되었던 인물은 전 IOC 회장인 토마스 바흐Thomas Bach이다. 토마스 바흐는 독일 스포츠 연맹 선수위원회 위원장(1979~1981), 독일 국가올림픽위원회 위원(1982~1991) 등을 거쳐 2006년부터 독일올림픽체육회의 회장을 역임하였다. 2013년 국제올림픽위원회(IOC)의 회장으로 선출되면서, 독일올림픽체육회의 보직을 내려놨고, 2021년에는 IOC 회장 재임에 성공하여 임무를 지속하고 있다(IOC, 2021). FIFA와 더불어 국제 스포츠 기구의 양대 기구인 IOC의 회장이 독일올림픽체육회의 회장 출신이었다는 점에서 독일올림픽체육회의 국제적 외교 능력은 상당한 수준이라는 것을 가늠해 볼 수 있다.

독일올림픽체육회는 전문스포츠 영역뿐만 아니라 대중을 위한 생활스포츠에도 주목할 정책을 추진해왔다. 생활스포츠의 중요성을 강조하기 위해 "스포츠는 클럽에서 하는 것이 가장 좋습니다Sport ist im Verein am schönsten" 또는 "스포츠는 독일에 좋습니다Sport tut Deutschland gut"와 같은 캠페인을 추진하였고 이는 여전히 독일인들에게 기억되고 있다. 더욱이, 1970년부터 시작된 트림 액션Trimm-Aktion은 많은 독일인이 스포츠에 참여하고 활동하도록 독려하며, 독일 생활스포츠에 참여하는 계기가 되었다(Deutscher Olympischer Sportbund, 2023a). 이러한 독일올림픽체육회의 다양한 지원과 정책은 독일 스포츠 커뮤니티에 긍정적인 영향을 미치고, 독일의 전문스포츠와 생활스포츠 분야에서 지속적인 성장을 끌어내고 있다.

독일올림픽체육회의 부서 조직은 이사회 의장과 4개의 이사회 부서, 그리고 그 하위 부서로 나뉜다. 구체적인 담당 업무를 살펴보면, 스포츠개발 부서에서는 스포츠시설과 환경, 지속가능성, 다양성, 양성평등, 포용, 통합 등의 업무를 담당한다. 스포츠의 사회적 순기능을 적극적으로 활용하기 위해 평등, 포용, 통합과 같은 업무부서를 구성하고 전문인력을 배치하였다는 점이 특별한 점이라 할 수 있다. 앞에서도 언급하였듯이 독일올림픽체육회는 전문스포츠를 중심으로 스포츠 정책을 추진한다. 따라서 대중스포츠는 스포츠개발 부서의 하위 분야로 속해있지만, 전문스포츠는 하나의 팀으로서 구성되어 있다. 이 부서는 엘리트 선수들의 훈련 및 학업과 진로 등 전반적인 관리를 담당하고 있다. 재무부에서는 일반적인 재무, 인사, IT, 법률 업무를 담당하고 있다. 독일올림픽체육회는 전문스포츠 부서와 더불어 청소년 스포츠 부서도 하나의 팀으로 구성하고 있는데, 이는 어린이와 청소년의 스포츠 활동을 중점적으로 관여하고 있다는 뜻으로 이해할 수 있다. 스포츠클럽에서 시작하여 국가대표에 이르는 일련의 과정에서 어린이와 청소년은 독일 스포츠의 뿌리라는 점을 중요하게 인식하고 있다.

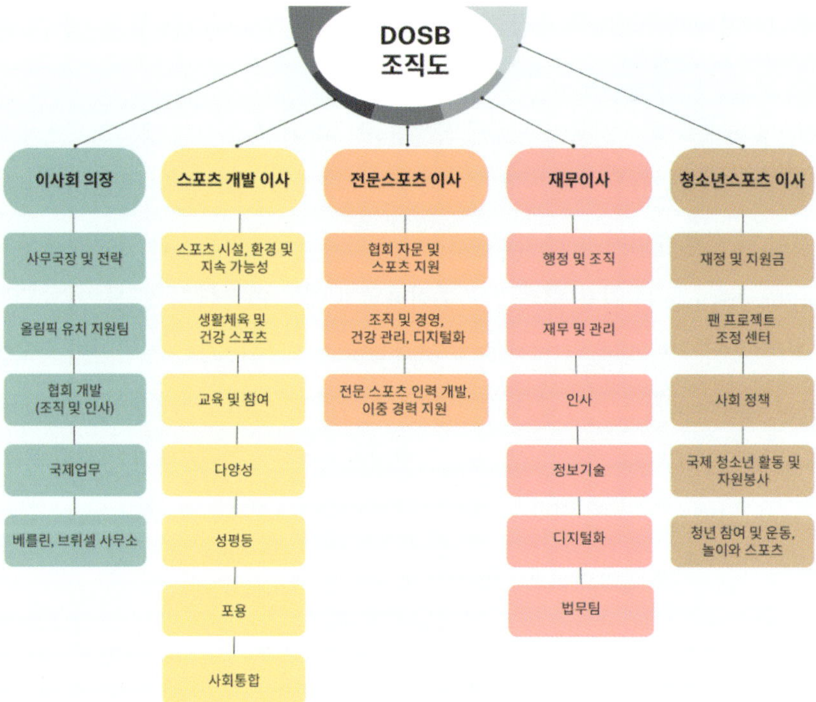

그림 1-3. 독일올림픽체육회 조직도(2023년 기준)
출처: Deutscher Olympischer Sportbund(2023b)

(3) 주요 사업

독일올림픽체육회의 정관에는 협회가 담당해야 할 주요 사업을 명시하고 있다. 정관에 따른 협회의 주요 사업은 일반업무, 전문스포츠 및 생활스포츠 업무로 나뉘어 있다. 협회의 일반 업무 영역은 전인적 발달과 성장을 중요하게 여기며, 특히 어린이와 청소년의 스포츠 발전에 주력하고 있다. 독일올림픽체육회의 조직도에서도 알 수 있듯이 어린이와 청소년에 관한 사업은 협회의 주요 사업 중의 하나이다. 이 외에도 협회의 일반업무는 다양한 활동을 포함하고 있는데, 예를 들어 도핑 및 승부조작에 대한 대응 활동이 있다. 독일올림픽체육회는 선수들의 건강과 스포츠 도덕성을 위해 도핑 문제에 대응하고 있다. 승부조작에 대해서도 강력하게 대응하여 공정한 경기 환경을 조성하고자 노력하고 있다. 협회의 홈페이지에 따르면 경기 조작은 독일 형법(StGB) 제265조 C항과 제265조 D항의 범위 내에서 주법과 협회 법에 따라 처벌 대상이 된다고 명시하고 있다. 2017년부터는 '스포츠 베팅 사기'와 '프로 스포츠 경기 조작'의 경우 형사 범죄로 간주하여 최대 5년의 징역형을 선고받게 되어 있다. 이와 같은 강력한 처벌 조항은 스포츠 도핑 문제를 적극적으로 예방하려는 독일올림픽체육회의 의도로 파악할 수 있다.

독일올림픽체육회의 다른 일반업무 중의 하나는 스포츠 성폭력 방지 업무이다. 협회는 스포츠 현장에서 발생하는 성폭력의 현황을 분석하기 위해 2016년 독일쾰른체육대학교와 협력하여 '스포츠 성폭력에 대한 연구 결과'를 발표하였다. 보고서에 따르면 스포츠 선수 1/3이 성폭력을 경험하였으며, 9명 중 1명은 장기적인 성폭력을 경험하였다고 보고하였다(Deutsche Sporthochschule Köln, 2016). 이에 따라 독일올림픽체육회는 스포츠 현장의 성폭력 및 폭력 문제를 해결하기 위하여 2020년 5월 '성폭력 예방 및 보호를 위한 단계 모델'을 제시하였다. 이 모델은 국가적 기준안을 제공하여 각 스포츠 협회가 단계적으로 성폭력 예방 시스템을 구축할 수 있게 하였다. 각 스포츠협회는 2021년부터 2024년까지 총 4년 동안 모든 단계를 시행해야 함을 명시하였다. 독일올림픽체육회는 이 조치가 모든 회원 조직에 중장기적 성폭력 예방 구조를 확립하고, 사

표 1-6. 독일올림픽체육회 성폭력 예방 및 보호를 위한 단계 모델

단계	조 치	내 용
A	결의안 통과	• 협회 경영진은 “성폭력 및 폭력 예방을 위한 결의안”을 통과해야 함
B	담당자 지정	• 협회 운영 결의에 따라 최소 1명 이상 성폭력 담당자가 지정되고 상임위원회와 연결되어야 함 • 담당자의 연락처를 협회 홈페이지에 게시해야 함
C	직원의 적합성	• 협회의 정규직 및 시간제, 자원봉사자는 윤리 규범 동의서에 서명해야 함 • 협회의 성폭력 담당자 채용 시 윤리 규범 동의서의 서명 확인해야 함
D	협회 직원의 자격	• 협회의 정규직 및 시간제, 자원봉사자는 담당 분야의 자격검정을 받아야 함
E	정관 및 규정	• 협회의 정관에는 모든 형태의 성폭력 및 폭력에 대한 구절이 포함되어야 하며, 위법 행위가 발생하였을 경우 제재에 관한 내용도 명시해야 함
F	라이센스 취득	• 성별 및 연령, 대상 그룹에 적합한 성폭력 및 폭력 예방에 관한 교육 내용은 독일올림픽체육회 기본지침에 따라 협회의 교육과정에 통합되어야 함 • 새로운 라이센스를 취득하기 전에 윤리 규범 동의서에 서명해야 함
G	라이센스 철회	• 성폭력 문제가 발생하였을 시 독일올림픽체육회의 코치와 트레이너, 심판 면허 취소 규정을 적용함
H	피해 조치 가이드	• 협회는 성폭력 및 폭력 사건을 처리하기 위한 계획을 마련해야 함
I	신고 조치	• 신고가 접수되면 담당자에게 해당 내용이 전달되어야 함 • 협회가 자체적으로 조치하는 경우 “협회 회원의 웰빙”에 대한 설문 조사를 수행해야 함
J	위험도 분석	• 성폭력 및 폭력을 유발할 수 있는 위험 조건을 분석해야 함
K	행동 규칙	• 위험 분석을 기반으로 아동과 청소년을 위한 행동 규칙을 개발해야 함

출처: Deutscher Olympischer Sportbund(2020)

회 전반에 근본적으로 중대한 사업임을 강조하였다(Deutscher Olympischer Sportbund, 2020). 이처럼 독일올림픽체육회는 어린이와 청소년 스포츠의 발전과 성장을 중요시하며, 도핑 및 승부조작에 대한 대응, 스포츠 성폭력 방지 등 다양한 일반업무를 수행하고 있다.

독일올림픽체육회는 전문스포츠의 진흥을 위해 다양한 활동을 전개하고 있다. 우선 공공 및 민간 기관과의 협력을 주도하며, 스포츠 관련 기관 및 단체와 연계해 전문스포츠 발전을 위한 여러 프로그램을 개발 · 지원한다. 이를 통해 엘리트 선수들이 체계적이고 전문적인 훈련을 받을 수 있는 기회를 제공하고, 동시에 전문스포츠 분야 전반의 지원 체계를 구축하고 있다. 또한, 체육회는 스포츠 과학과 의학을 활용하여 선수들의 경기력을 향상하는 데에도 주력하고 있다. 최신의 스포츠 과학 기술과 의학적 지식을 적용하여 선수들의 체력, 기술, 전략 등을 분석하고 이를 개선하는 데 노력하고 있다. 그뿐만 아니라 체육회는 선수들의 건강과 안전을 보장하기 위해 의학적인 지원과 상담을 제공하며, 부상 예방 및 재활에 대한 프로그램을 개발하고 운영한다.

선수복지 측면에서, 독일올림픽체육회는 엘리트 선수들에게 이중경력Dual carrier이라는 지원 제도를 통해 스포츠와 교육, 직업이 병행될 수 있도록 도움을 주고 있다. 체육회는 이중경력 모델을 활용하여, 학업과 훈련을 균형 있게 병행할 수 있도록 지원함으로써 선수들이 은퇴 후 쉽게 직업 전환을 할 수 있도록 지원하고 있다. 예를 들어, 학교와 파트너십을 맺어 선수들이 학업과 훈련을 병행할 수 있는 유연한 교육과정을 제공하고 있으며, 선수들이 경기와 훈련 기간 동안 다양한 인턴십이나 취업 기회를 제공해주고 있다. 국가대표나 국가대표상비군 수준의 선수들에게는 독일 국방부, 연방 경찰, 주 경찰, 독일 세관에 소속되어 해당팀에서 재정 지원을 받고, 선수 생활을 은퇴한 이후에는 직업 교육을 거쳐 해당 기관에 취업할 수 있는 제도를 마련해 놓았다(Deutscher Olympischer Sportbund, 2013). 이 외에도 체육회는 선수들의 이중경력의 편리한 지원 제공을 위해, 홈페이지 내에 이중경력 상담 카테고리를 만들어 선수들이 온라인으로 신청할 수 있게 하였으며, 거주 지역 내 관련 스포츠 전문가가 개인 상담을 해주어 선수 생활과 직업 교육 등 다양한 부분에 조언받을 수 있도록 도움을 주고 있다.

독일올림픽체육회의 생활스포츠 업무는 전문스포츠 업무에 비해 비중이 작고 다루는 업무의 범위가 한정적이다. 체육회의 대표적인 생활스포츠 사업은 대중의 스포츠 활동을 장려하기 위한 스포츠 배지 제도라고 할 수 있다. 독일의 스포츠 배지 제도는 1912년에 시작된 후로 100년 이상의 역사를 가진 체력측정프로그램이다. 이 스포츠 배지 제도는 학생들뿐만 아니라 독일의 모든 연령층에게 시행되는 프로그램으로, 수영, 육상, 체조 등 다양한 종목에서 매년 약 70만 명에서 100만 명이 자격을 부여받는

표 1-7. 독일올림픽체육회 정관에 의거한 주요 임무

구분	주요 업무	
일반업무	• 스포츠에서의 전인적 발달 • 어린이와 청소년 스포츠의 진흥 • 도핑 및 승부조작에 대응 • 스포츠 성폭력 방지 • 학교 스포츠 장려 • 스포츠를 통한 교육 증진 • 구성원의 자율성 존중 및 업무 지원 • 국내외 스포츠 기관과의 협력 • 올림픽 교육	• 스포츠 협회 및 학제 간 협력 • 스포츠 과학 및 의학, 시설 진흥 • 자금 조달과 분배 • 스포츠를 통한 통합과 포용 • 스포츠시설 및 지속가능성 개발 • 환경친화적인 스포츠 활동 • 스포츠 이해 및 인식 확산 • 굿 거버넌스 구현
전문스포츠	• 전문스포츠 진흥을 위한 개발 • 공공 및 민간 기관과 협력 • 회원 단체와의 협력 • 올림픽협회와의 협력 • 독일 대표팀의 국제대회 참가	• 스포츠 과학과 의학을 통한 경기력 향상 • 스포츠 코치와 지도자 교육 • 엘리트 선수의 이중경력 • 스포츠 경기 조작 방지 활동
생활스포츠	• 스포츠 활동 장려 • 회원 단체 발전을 위한 자문 • 국제 대중스포츠 발전 협력	• 스포츠 배지 • 대중스포츠 프로그램 개발 • 건강 및 삶의 질 측면에서 스포츠 참여 장려

출처: Deutscher Olympischer Sportbund(2019)

전국규모의 체력인증제도이다. 독일 스포츠 배지 제도는 대한민국의 국민 체력 100 인증제도와 같이 모든 국민을 대상으로 하는 체력평가프로그램이라는 점에서 그 성격이 유사하다고 할 수 있다. 또한, 체육회는 회원 단체의 발전을 지원하기 위해 전문 자문을 제공한다. 회원 단체들이 지속적인 발전과 성장을 이룰 수 있도록 필요한 전략과 운영 방법에 대해 조언하고 지원하며, 회원 단체 간의 교류와 지식 공유를 촉진하여 서로의 경험과 기술을 공유할 수 있는 기회를 제공하고 있다(DOSB, 2019). 대부분의 생활스포츠 정책과 사업은 주 정부의 스포츠 부서나 지역 스포츠 연맹 차원에서 기획·추진되고 있다. 따라서 독일올림픽체육회 내에서 생활스포츠 관련 업무는 상대적으로 비중이 작게 편성되어 있다는 점이 하나의 특징이라 할 수 있다.

(4) 가맹단체

독일올림픽체육회는 다양한 스포츠 분야에서 활동하는 단체들로 구성되어 있다. 소속된 가맹단체는 크게 올림픽 · 비올림픽 종목단체, 주체육회, 특별임무협회, 그리고 제휴 기관으로 구분된다. 각 가맹단체의 역할을 살펴보면, 우선 43개의 올림픽 종목단체와 25개의 비올림픽 종목단체는 해당 종목들의 발전과 독일 대표팀 지원을 담당하고 있다. 독일은 16개의 주체육회가 존재하는데, 각 주체육회는 주의 체육정책 구축 및 지역 사회에서의 스포츠 활동을 촉진하고 지원하는 임무를 수행한다. 독일올림픽체육회의 가맹단체 중에는 17개의 특별임무협회가 있다. 이 협회들은 특정 분야나 그룹에 대한 스포츠 활동을 주관하는 단체로서 독일대학스포츠연맹Allgemeiner Deutscher Hochschulsportverband, 독일체육학회Deutsche Vereinigung für Sportwissenschaft, 독일개신교스포츠협회CVJM-Gesamtverband in Deutschland, 독일청소년파워스포츠협회DJK Sportverband, 독일경찰스포츠협회Deutsches Polizeisportkuratorium 등이다. 체육회는 제휴 기관으로 9개의 조직을 구성하고 있는데 독일올림픽아카데미Deutsche Olympische Akademie, 독일스포츠 · 올림픽박물관Deutsches Sport & Olympia Museum, 독일스포츠마케팅법인Deutsche Sport Marketing(DSM) 등이 있다. 독일스포츠마케팅법인에서는 올림픽과 관련된 상품을 판매하여 수익을 창출하고 있으며, 올림픽 선수단의 후원 파트너를 유치하는 역할을 하기도 한다(Deutscher Olympischer Sportbund, 2023c). 이러한 제휴 기관들은 스포츠 관련 교육, 문화, 경영 등의 분야에서 독일올림픽체육회와 협력하여 스포츠 발전을 지원하고 있다.

표 1-8. 독일올림픽체육회 가맹단체 현황(2024년 2월 기준)

구분	회원 단체
올림픽 종목단체 (43개) Olympische Verbände	1. 미식축구연맹(American Football Verband Deutschland e. V.) 2. 독일야구 · 소프트볼연맹(Deutscher Baseball und Softball Verband) 3. 독일봅슬레이썰매연맹(Bob-und Schlittenverband für Deutschland) 4. 독일사이클연맹(Bund Deutscher Radfahrer) 5. 독일역도연맹(Bundesverband Deutscher Gewichtheber) 6. 독일알프스클럽(Deutscher Alpenverein)

구분	회원 단체
	7. 독일배드민턴연맹(Deutscher Badminton-Verband) 8. 독일농구연맹(Deutscher Basketball Bund) 9. 독일복싱연맹(Deutscher Boxsport-Verband) 10. 독일컬링연맹(Deutscher Curling-Verband) 11. 독일아이스하키연맹(Deutscher Eishockey-Bund) 12. 독일스케이트연맹(Deutsche Eislauf-Union) 13. 독일스피드스케이팅・쇼트트랙연맹(Deutsche Eisschnelllauf-und Shorttrack-Gemeinschaft) 14. 독일펜싱연맹(Deutscher Fechter-Bund) 15. 독일축구연맹(Deutscher Fußball-Bund) 16. 독일골프연맹(Deutscher Golf Verband) 17. 독일핸드볼연맹(Deutscher Handball-Bund) 18. 독일하키연맹(Deutscher Hockey-Bund) 19. 독일유도연맹(Deutscher Judo-Bund) 20. 독일카누연맹(Deutscher Kanu-Verband) 21. 독일육상연맹(Deutscher Leichtathletik-Verband) 22. 독일승마협회(Deutsche Reiterliche Vereinigung) 23. 독일레슬링연맹(Deutscher Ringer-Bund) 24. 독일롤러스포츠・인라인연맹(Deutscher Rollsport und Inline-Verband) 25. 독일조정연맹(Deutscher Ruderverband) 26. 독일럭비연맹(Deutscher Rugby-Verband e.V. (DRV)) 27. 독일사격연맹(Deutscher Schützenbund) 28. 독일수영연맹(Deutscher Schwimm-Verband) 29. 독일요트연맹(Deutscher Segler-Verband) 30. 독일스키연맹(Deutscher Skiverband) 31. 독일스쿼시연맹(Deutscher Squash Verband) 32. 독일태권도협회(Deutsche Taekwondo Union) 33. 독일댄스스포츠연맹(Deutscher Tanzsportverband) 34. 독일테니스연맹(Deutscher Tennis Bund) 35. 독일탁구연맹(Deutscher Tischtennis-Bund) 36. 독일트라이애슬론연맹(Deutsche Triathlon Union) 37. 독일체조연맹(Deutscher Turner-Bund) 38. 독일근대5종연맹(Deutscher Verband für Modernen Fünfkampf) 39. 독일배구연맹(Deutscher Volleyball-Verband) 40. 독일서핑연맹(Deutscher Wellenreitverband) 41. 독일스노보드연맹(Snowboard Verband Deutschland) 42. 독일크리켓연맹(Deutsche Cricket Bund) 43. 독일라크로스연맹(Deutsche Lacrosse Verband)

구분	회원 단체
비올림픽 종목단체 (25개) Nichtolympische Verbände	1. 독일킥복싱연맹(Bundesfachverband für Kickboxen) 2. 독일파워리프팅연맹(Bundesverband Deutscher Kraftdreikämpfer) 3. 독일치어리딩・치어댄스연맹(Cheerleading und Cheerdance Verband Deutschland) 4. 독일빌리어드연합(Deutsche Billard-Union) 5. 독일인명구조협회(Deutsche Lebens-Rettungs-Gesellschaft) 6. 독일항공클럽(Deutscher Aero Club) 7. 독일장애인스포츠협회(Deutscher Behindertensportverband) 8. 독일볼링・페탕크연맹(Deutscher Boccia-, Boule- und Pétanque-Verband) 9. 독일다트연맹(Deutscher Dart-Verband) 10. 독일아이스스톡연맹(Deutscher Eisstock-Verband) 11. 독일청각장애인스포츠연맹(Deutscher Gehörlosen-Sportverband) 12. 독일주짓수연맹(Deutscher Ju-Jutsu-Verband) 13. 독일공수도연맹(Deutscher Karate Verband) 14. 독일볼링연맹(Deutscher Kegler- und Bowlingbund) 15. 독일미니골프스포츠연맹(Deutscher Minigolfsport Verband) 16. 독일모터스포츠연맹(Deutscher Motor Sport Bund) 17. 독일모터보트연맹(Deutscher Motoryachtverband) 18. 독일잔디스포츠・줄다리기연맹(Deutscher Rasenkraftsport-und Tauzieh-Verband) 19. 독일체스연맹(Deutscher Schachbund) 20. 독일스키밥연맹(Deutscher Skibob Verband) 21. 독일스포츠아크로바틱연맹(Deutscher Sportakrobatik-Bund) 22. 독일수상스키・웨이크보드연맹(Deutscher Wasserski- und Wakeboardverband) 23. 독일플로어볼연맹(Floorball-Verband Deutschland) 24. 독일스페셜올림픽(Special Olympics Deutschland) 25. 독일스포츠다이빙연맹(Verband Deutscher Sporttaucher)
주체육회 (16개) Landessportbund	1. 바이에른 주체육회(Bayerischer Landes-Sportverband e.V.) 2. 함부르크 주체육회(Hamburger Sportbund e.V.) 3. 베를린 주체육회(Landessportbund Berlin e.V.) 4. 브란덴부르크 주체육회(Landessportbund Brandenburg e.V.) 5. 브레멘 주체육회(Landessportbund Bremen e.V.) 6. 헤센 주체육회(Landessportbund Hessen e.V.) 7. 니더작센 주체육회(Landessportbund Niedersachsen e.V.) 8. 노르트라인-베스트팔렌 주체육회(Landessportbund Nordrhein-Westfalen e.V.) 9. 메클렌부르크-포어포메른 주체육회(Landessportbund Mecklenburg-Vorpommern e.V.) 10. 라인란트-팔츠 주체육회(Landessportbund Rheinland-Pfalz e.V.) 11. 작센 주체육회(Landessportbund Sachsen e.V.)

구분	회원 단체
	12. 작센-안할트 주체육회(Landessportbund Sachsen-Anhalt e.V.) 13. 튀링겐 주체육회(Landessportbund Thüringen e.V.) 14. 바덴-뷔르템베르크 주체육회(Landessportverband Baden-Württemberg e.V.) 15. 자를란트 주체육회(Landessportverband für das Saarland e.V.) 16. 슐레스비히-홀슈타인 주체육회(Landessportverband Schleswig-Holstein e.V.)
특별임무협회 (17개) Verbände mit besonderen Aufgaben	1. 독일대학스포츠연맹(Allgemeiner Deutscher Hochschulsportverband) 2. 체조・스포츠전문학교연방협회(Bundesverband staatl. anerk. Berufsfachschulen für Gymnastik und Sport) 3. 독일YMCA(CVJM Deutschland) 4. 독일스포츠의학・예방협회(Deutsche Gesellschaft für Sportmedizin und Prävention(Deutscher Sportärztebund)) 5. 독일올림픽협회(Deutsche Olympische Gesellschaft) 6. 독일체육학회(Deutsche Vereinigung für Sportwissenschaft) 7. 독일합기도연맹(Deutscher Aikido-Bund) 8. 독일기업스포츠연맹(Deutscher Betriebssportverband) 9. 독일체육교사협회(Deutscher Sportlehrerverband) 10. 독일자연주의스포츠연맹(Deutscher Verband für Freikörperkultur) 11. 독일경찰스포츠위원회(Deutsches Polizeisportkuratorium) 12. 독일청소년파워스포츠협회(DJK-Sportverband) 13. 크나이프연맹(Kneipp-Bund) 14. 마카비독일(Makkabi Deutschland) 15. 자전거・자동차연맹 "솔리다리테트" 독일1896(Rad-und Kraftfahrerbund (RKB) "Solidarität" Deutschland 1896) 16. 독일스포츠안전재단(Stiftung Sicherheit im Sport) 17. 독일철도직원스포츠협회(Verband Deutscher Eisenbahner-Sportvereine e.V.)
제휴 기관 (10개) DOSB-nahe Institutionen	1. 빌리 다우메 독일올림픽아카데미(Deutsche Olympische Akademie Willi Daume) 2. 독일스포츠・올림픽박물관(Deutsches Sport & Olympia Museum) 3. 독일스포츠마케팅법인(Deutsche Sport Marketing GmbH) 4. 독일스포츠학회유한회사(DSA Deutsche Sportausweis GmbH) 5. 독일스포츠지원재단(Stiftung Deutsche Sporthilfe) 6. 독일재단(Stiftung Deutscher) 7. 독일올림픽체육회 경영아카데미(Führungs-Akademie des DOSB) 8. 독일올림픽체육회 쾰른트레이너아카데미(Trainerakademie Köln des DOSB) 9. IAT/FES e.V. 협회 • 응용트레이닝과학연구소(Institut für Angewandte Trainingswissenschaft) • 스포츠장비개발연구소(Institut für Forschung und Entwicklung von Sportgeräten des DOSB e.V.) 10. 13개 올림픽지원센터법적주체(13 Rechtsträger der Olympiastützpunkte)

출처: https://www.dosb.de/ueber-uns/mitgliedsorganisationen

(5) 회원

2021년 기준 독일올림픽체육회의 회원 수는 약 2,701만 명으로 독일 인구 약 8,320만 명의 32.4%에 해당한다. 독일인 세 명 중의 한 명은 스포츠클럽에 직접 참가하기도 하고, 간접적인 자원봉사자로서 활동하기도 한다는 것을 의미한다. 2021년 독일 스포츠클럽 회원 수는 COVID-19 팬데믹이 시작된 2020년에 비해 약 2.85% 정도만 감소한 것으로 나타난다. 이는 감소 폭이 비교적 적은 편으로, 독일인들이 스포츠클럽 활동을 단순한 일회성 활동이 아니라 지속적으로 참여하는 중요한 생활의 일부로 여기고 있음을 보여준다. 100년이 넘는 세월 동안 독일이 세계적인 스포츠클럽 국가로 성장할 수 있었던 배경에는, 위기 상황에서도 스포츠를 지역 사회의 중요한 커뮤니티로 지키고자 했던 스포츠클럽과 회원들의 꾸준한 노력이 있었던 것으로 볼 수 있다.

독일올림픽체육회에 소속된 올림픽 종목별 회원 수를 살펴보면, 2021년 기준 남성은 약 1,386만 명이고, 여성은 약 872만 명으로 총 2,258만 명이다. 독일의 스포츠클럽 총회원 수가 약 2,701만 명임을 고려했을 때, 올림픽 종목의 회원은 약 83%의 수준으로 대부분의 독일인은 올림픽 종목의 스포츠를 참여하고 있었다. 종목별 회원 수를 살펴보면 축구의 나라답게 축구협회 회원이 약 706만 명으로 가장 많았고, 뒤를 이어 체조협회 약 468만 명, 테니스협회 약 138만 명, 스포츠클라이밍협회 약 133만 명, 사격협회 약 132만 명이었다. 독일의 스포츠클럽은 체조클럽으로부터 시작되었는데,

표 1-9. 독일올림픽체육회 회원 수

회원 단체	2021년 회원 수(명)	2020년 회원 수(명)	증감(%)
16개 주체육회	23.377.888	24.232.839	−3.53
올림픽 종목단체	2.233.187	2.168.696	+2.97
비올림픽 종목단체	489.175	512.273	−4.51
특별과제 협회	912.169	890.730	+2.41
총합계	27.012.419	27.804.538	−2.85

출처: Deutscher Olympischer Sportbund(2021, pp. 4-5)

체조클럽의 역사를 반영하듯 체조협회 회원이 두 번째로 많았다. 눈에 띄는 점은 스포츠클라이밍협회가 네 번째로 많은 회원을 보유하고 있었는데, 스포츠클라이밍은 도시에서 즐기는 인공암벽등반뿐만 아니라 자연에서 행하는 암벽등반도 포함되는데, 독일의 많은 사람이 스포츠클라이밍을 참여하고 있었다. 이는 자연 친화적인 활동을 추구하는 독일인들의 성향이 스포츠 활동에도 반영되었다고 판단된다. 전통적으로 구기종목이 강한 독일은 축구, 핸드볼, 배구, 테니스, 탁구 등의 종목에서 상당수의 회원을 보유하고 있었고, 스포츠 강국답게 기초 종목인 체조, 육상, 수영에서도 탄탄한 회원 수의 기반을 유지하고 있었다. 또한, 전통적으로 우수한 종목인 사격, 스키, 승마 종목에서도 많은 회원을 보유하고 있었다. 전반적으로 독일 스포츠 협회는 몇몇 종목에만 대중의 관심이 치우친 형태가 아닌 모든 종목에 골고루 회원이 분포되어 있다는 점이 장점으로 판단된다. 이는 독일 국가대표팀이 올림픽을 포함한 국제 대회에서 다양한 종목의 입상을 통해 최상위권의 성적을 유지할 수 있는 바탕이 되고 있다.

표 1-10. 올림픽 종목별 회원 수

종목명	남성(명)	여성(명)	총회원 수(명)	클럽 수
스포츠클라이밍	760,480	574,735	1,335,215	358
배드민턴	107,275	60,837	168,112	2,998
야구/소프트볼	17,443	3,917	21,360	279
농구	155,753	52,680	208,433	2,005
봅슬레이/썰매	3,873	2,238	6,111	79
복싱	63,016	15,852	78,868	887
컬링	513	247	760	18
아이스하키	18,502	2,128	20,630	102
피겨스케이팅	2,530	15,401	17,931	171
빙상	1,409	1,261	2,670	27
펜싱	14,501	7,973	22,474	467
축구	5,953,697	1,110,355	7,064,052	24,301
역도	13,444	5,560	19,004	201

종목명	남성(명)	여성(명)	총회원 수(명)	클럽 수
골프	416,016	235,401	651,417	843
핸드볼	454,792	274,679	729,471	3,839
필드하키	47,010	37,173	84,183	366
유도	82,124	33,723	115,847	2,198
카누	77,876	46,561	124,437	1,294
가라데	82,023	47,696	129,719	2,243
육상	375,472	393,004	768,476	7,471
근대5종	47,660	67,431	115,091	184
사이클	105,458	39,009	144,467	2,385
승마	135,125	529,379	664,504	6,490
레슬링	48,929	13,349	62,278	440
인라인스케이팅	19,216	17,744	36,960	558
조정	54,560	30,251	84,811	477
럭비	12,326	2,953	15,279	133
사격	992,288	337,448	1,329,736	14,068
수영	255,831	271,388	527,219	2,278
요트	134,745	54,653	189,398	1,242
스키	301,242	231,244	532,486	2,908
스노보드	20,490	16,912	37,402	2,739
태권도	34,216	21,992	56,208	884
댄스	59,933	134,020	193,953	2,039
테니스	830,186	552,638	1,382,824	8,794
탁구	414,257	104,129	518,386	9,272
철인3종경기	40,769	18,515	59,284	1,554
체조	1,524,083	3,160,805	4,684,888	17,572
배구	186,505	196,279	382,784	6,221
윈드서핑	1,008	427	1,435	7
합계	13,866,576	8,721,987	22,588,563	124,551

출처: Deutscher Olympischer Sportbund(2021, pp. 4-5)

(6) 재정

독일스포츠계의 우산 조직인 독일올림픽체육회의 재정은 경상소득(회비, 복권수익)과 연방정부의 보조금, 기타 영업이익으로 구성된다. 체육회의 예산을 구체적으로 살펴보면, 2023년 기준으로 수입 약 6,983만 유로(약 907억 원)이며, 지출은 약 6,981만 유로(약 907억 원)로 책정되어 있다. 수입과 지출 내역을 구체적으로 나눠보면, 수입은 경상소득 22.9%, 보조금 및 기부금 57.1%, 기타 영업이익 20%로 구분된다. 경상소득에는 스포츠클럽에 가입된 회원들의 회비와 행운의 나선GlücksSpirale 복권과 승자변경Sieger-change 복권의 수익금이 포함되어 있다(DOSB, 2023c). 각 종목단체에 소속된 일반 회원의 회비는 회원총회에서 결정된다. 또한 각 종목단체는 소속 회원 수에 비례하여 독일올림픽체육회에 비용을 납부하는데, 그 금액은 1인당 약 0.15유로에 해당한다. 독일 스포츠클럽의 회원이 2,700만 명임을 고려할 때, 독일올림픽체육회는 매년 약 4백만 유로의 회비를 종목단체로부터 받는 것이다(Krähe, 2015). 보조금 및 기부금 항목에서는 연방내무향토부로부터 지원받는 난민 통합 지원금과 코로나 지원금 등이 포함되어 있으며, 이는 예산의 절반 이상을 차지하는 높은 비중이다. 기타 영업이익에서는 마케팅 수입과 임대 수입 등으로 예산을 조달하고 있다. 협회의 마케팅 수익은 프랑크푸르트에 지사를 두고 있는 스포츠마케팅법인을 통해 이루어지고 있다. 여기서는 올림픽 상징물 및 생활스포츠 관련 판매 사업 등으로 수익을 창출하고 있고, 올림픽 선수단의 후원 파트너 유치를 통해 예산을 마련하기도 한다(DOSB, 2023c).

지출내용은 인건비 22.7%, 감가상각 1.5%, 기타 운영 비용 75.5%, 이자 및 세금 0.3%로 구분된다. 인건비에는 직원의 임금과 보험, 실업보험, 프로젝트 인건비 등이 포함되어 있다. 가장 큰 부분을 차지하는 것은 기타 운영 비용으로 행정비, 임대료, 건물관리비, 프로젝트 운영비, 보조금 지원비 등이 포함되어 있다. 이 외에도 이자 및 세금으로 일정부분을 지출하고 있다. 아래의 표와 같이 협회의 수입과 지출액은 큰 차이 없이 비슷하게 유지되고 있다.

표 1-11. 독일올림픽체육회 수입 및 지출 현황(유로)

수입	금액	비율(%)	지출	금액	비율(%)
경상소득 - 회비 - 행운의 나선 복권 - 승자변경 복권	16.000.000,00 - 4.300.000,00 - 5.700.000,00 - 6.000.000,00	22.9	인건비 - 직원 임금 - 연금보험 - 실업보험 - 기타 인건비 - 프로젝트 인건비	15.863.000,00 - 11.210.000,00 - 450.000,00 - 70.000,00 - 420.000,00 - 3.713.000,00	22.7
보조금 및 기부금 - 난민 통합 지원금 등 - 코로나 지원금 등	39.909.000,00 - 15.411.000,00 - 24.498.000,00	57.1	감가상각	1.100.000,00	1.5
기타 영업이익 - 마케팅 수입 - 임대 수입 - 기타 수입	13.923.750,00 - 10.468.750,00 - 580.000,00 - 2.875.000,00	20.0	기타 운영 비용 - 행정비, 임대료, 건물관리비 - 프로젝트 운영비, 인건비, 세금 비용 - 보조금 지원 - 프로젝트 지출 - 기타 비용	52.659.750,00 - 4.220.000,00 - 31.414.000,00 - 5.842.000,00 - 15.411.000,00 - 4.227.250,00	75.5
합계	69.832.750,00	100	이자 및 세금 - 은행 수수료 - 신축 및 리모델링 대출 이자 - 소득세	190.000,00 - 1.000,00 - 175.000,00 - 14.000,00	0.3
			합계	69.811.750,00	100
수입 69.832.750,00 - 지출 69.811.750,00 = 22.000,00(약 2,860만 원)					

출처: Deutscher Olympischer Sportbund(2023c)

(7) 독일스포츠지원재단

독일의 전문스포츠 선수들은 독일스포츠지원재단Stiftung Deutsche Sporthilfe(DSH)으로부터 재정적 지원을 받고 있다. 독일스포츠지원재단은 독일에서 스포츠와 관련된 활동을 지원하는 재단으로 전문스포츠 선수들이 훈련과 생활을 병행하는 과정에서 경제적인 부담을 줄이고 선수로서 성공적인 경력을 이룰 수 있는 여건을 조성하고 있다.

이를 위해 재단은 훈련비용, 대회 참가비용, 그리고 생활 비용 등을 지원하고, 교육과 직업 지원 프로그램을 운영하고 있다.

독일스포츠지원재단은 독일올림픽체육회의 제휴 기관으로 1967년 설립되었다. 재단은 비영리 기관이며 설립목적은 법령에 따라 "최고의 스포츠 경기를 준비 중이거나, 진행하고 있거나, 진행한 선수들에게 사회적, 국가적 대표로서의 요구에 대한 보상으로 모든 적절한 조치를 통해 이상적이고 물질적인 지원"을 제공하고 있다고 명시하고 있다(Deutscher Bundestag, 2023).

독일스포츠지원재단은 올림픽 종목과 비올림픽 종목 및 장애인스포츠 종목의 엘리트 선수들을 지원하기 위해 다양한 기금을 마련하고 있다. 재단의 보고서에 따르면, 독일스포츠지원재단은 설립 이후 5억 1,700만 유로(약 6,721억 원)의 기금으로 약 5만 4,000명 이상의 유소년이나 엘리트 선수들을 지원하였다. 2023년에는 약 4,000명의 선수에게 연간 약 2,250만 유로(약 292억 원)를 지원하고 있으며, 이는 50개 이상의 스포츠 종목에서 이루어지고 있다고 소개하고 있다. 재정 지원 프로그램은 다양한 구성 요소로 이루어져 있는데, 팀 지원, 성과 관련 지원 및 보너스, 전문가 지원(장학금, 보충 지원, 수입 손실 보상), 스포츠 종목별 기술 지원(훈련 캠프 보조금) 및 사업 동반자의 혜택 제공 등을 포함한다(Deutscher Bundestag, 2023).

2020년 독일스포츠지원재단의 회계 내용을 살펴보면, 수입의 31%는 행사 수익금과 후원 프로그램에서 발생하였다. 이 중에서도 '볼 데 스포츠Ball des Sports'라는 유럽의 스포츠 자선 행사가 주요한 역할을 하였다. 이 외에도 수입의 19%는 재단의 이사회와 후원자들의 기부금, 후원금에서 발생하였고, 약 13%는 행운의 나선GlücksSpirale 복권 수익금에서 발생하였다. 2020년에는 공공 기금으로부터 26%의 지원을 받았으며, 11%는 기타 수입에서 발생하였다. 기타 수입에는 독일올림픽체육회의 지원금과 독일 스포츠 복권 수익이 포함된다. 독일스포츠지원재단은 연간 수입의 대부분이 선수들에게 돌아갈 수 있도록 노력하고 있다. 2020년에는 총 3,160만 유로(약 410억 원)의 수입을 운영비, 자산 관리비, 특수 목적 운영 및 상업적 운영비의 네 가지 부분에서 지출하였다(Deutscher Bundestag, 2023).

2) 독일연방 16개 주체육회

(1) 구조와 기능

독일의 스포츠 분야를 전문스포츠와 생활스포츠로 구분해서 살펴보면, 전문스포츠는 주로 독일올림픽체육회(DOSB)가 주도하며, 독일스포츠지원재단(DSH)에서 재정적인 지원을 한다. 이에 반해 생활스포츠는 주로 16개 주체육회에서 자체적으로 운영되며, 주 정부의 스포츠 부서를 통해 지원된다. 16개 주는 스포츠 정책을 추진하기 위한 독자적 조례를 제정하고 있어, 주별로 스포츠 정책의 차이가 나타난다는 점이 특징이다. 주의 스포츠 부서는 스포츠클럽과 생활스포츠시설 등을 포함한 대중스포츠 업무를 주로 담당하지만, 엘리트스포츠 선수들의 학업과 훈련을 병행할 수 있는 이중경력 제도 역시 지원하고 있다.

16개 주별 스포츠클럽 회원 수 및 클럽 수 현황을 살펴보면 지역별로 인구 대비 스포츠클럽 참여율이 차이가 있음을 알 수 있다. 〈그림 1-4〉를 살펴보면, 지역별 색깔로 개인당 GDP 비율을 알 수 있는데, 붉은색일수록 독일 평균보다 GDP가 낮다는 의미이며, 녹색일수록 평균보다 높다는 의미이다. 경제적 수준이 높은 바덴뷔르템베르크와 바이에른주의 경우 인구 대비 스포츠클럽 참여율이 32~35% 수준으로 높게 유지되고 있다. 이에 반해, 경제적 수준이 낮은 동독지역의 다수의 주(작센안할트, 브란덴부르크, 작센, 메클렌부르크포어포메른, 베를린)는 스포츠 참여인구가 13~18% 수준에 머무르고 있다. 1990년 통일한 독일은 30여 년이 지난 지금까지도 서독과 동독지역의 경제적 수준이 차이를 나타내고 있으며, 이는 스포츠 참여율로 반영되고 있다. 통일 이후 독일 정부는 동독지역의 스포츠시설 인프라를 구축하기 위한 제4차 동독지역을 위한 동독골든플랜Goldener Plan Ost을 추진하였다. 1992년부터 투입된 자금은 약 7,100만 유로(약 923억 원)였고, 2009년에 약 12억 유로(약 1조 5,600억 원)가 추가 투입되었다(Eßig et al., 2017). 스포츠시설 인프라가 추가로 조성되었음에도 지역별 경제적 수준에 차이가 있어 동독지역의 스포츠 참여율은 여전히 낮은 상황이다.

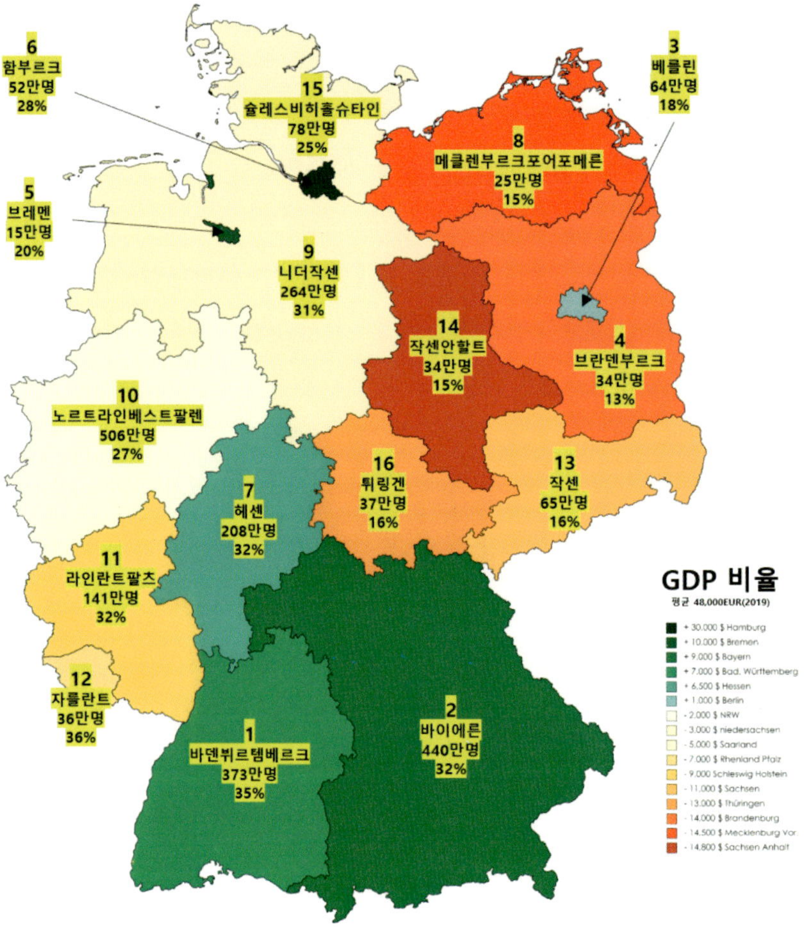

그림 1-4. 주별 스포츠클럽 회원 현황
출처: Deutscher Bundestag(2023)

표 1-12. 주별 스포츠클럽 회원 수 및 클럽 수 현황(2023년 기준)

	16개 주	회원 수(명)	지역인구 대비 참여율(%)	클럽 수
1	바덴-뷔르템베르크	3,737,583	35,02	11,372
2	바이에른	4,401,138	32,45	11,946
3	베를린	642,225	18,07	2,443
4	브란덴부르크	342,581	13,58	3,020
5	브레멘	152,926	20,92	395
6	함부르크	522,298	28,08	821
7	헤센	2,081,800	32,80	7,674
8	메클렌부르크-포어포메른	250,575	15,99	1,906
9	니더작센	2,644,179	31,56	9,520
10	노르트라인-베스트팔렌	5,066,270	27,45	18,679
11	라인란트-팔츠	1,419,636	32,80	6,134
12	자를란트	368,615	36,02	2,069
13	작센	656,577	16,17	4,462
14	작센-안할트	348,082	15,88	3,153
15	슐레스비히-홀슈타인	781,895	25,39	2,576
16	튀링겐	370,579	16,51	3,424
17	기타 회원 조직	3,634,531	-	-
합 계		27,012,419	32,48	87,600

출처: Deutscher Bundestag(2023)

(2) 노르트라인-베스트팔렌주

노르트라인-베스트팔렌주는 독일 내에서 가장 인구가 많은 지역으로, 독일 전체 인구 약 8,450만 명 중 약 1,793만 명(21%)이 거주하는 지역이다. 이는 한국 인구의 26%인 약 1,400만 명이 거주하는 경기도와 유사한 행정구역으로 비교할 수 있다. 노르트라인-베스트팔렌 주체육회는 독일에서 가장 많은 스포츠클럽(18,679개)과 회원 수(약 506만 명)를 보유하고 있는 것으로 유명하다. 노르트라인-베스트팔렌 주체육회는 스포츠 인구

규모가 크기 때문에, 스포츠 부서와 사업 부서도 다양하게 구성되어 있다. 이 외에도, 노르트라인-베스트팔렌 주에는 독일에서 유일한 스포츠 특성화 대학인 독일쾰른체육대학교Deutsche Sporthochschule Köln를 포함하여, 국제장애인올림픽위원회International Paralympic Committee(IPC), 독일스포츠 · 올림픽박물관Deutsches Sport & Olympia Museum, 독일올림픽체육회 쾰른트레이너아카데미Trainerakademie Köln des DOSB, 독일올림픽체육회 경영아카데미Führungs-Akademie des DOSB 등 여러 국제 및 국내 스포츠 기관이 자리 잡고 있다.

(3) 노르트라인-베스트팔렌 주체육회

노르트라인-베스트팔렌 주체육회Landessportbund NRW는 73개 기초자치단체 체육회와 긴밀하게 협력하여 스포츠 시스템을 유지하고 있다. 각 체육회는 대회 조직, 유소년 선수 육성, 스포츠 지도자 및 심판 교육, 생활스포츠 촉진 등의 역할을 수행한다. 주체육회는 재정적, 행정적 지원을 제공하며, 이를 통해 시군구체육회는 다양한 스포츠 관련 사업을 운영하고 있다. 노르트라인-베스트팔렌주의 스포츠클럽은 건강 증진, 재활, 교육, 포용 및 민주주의 교육과 같은 포괄적인 사회 기능을 담당하는 주요 시민 운동 조직이다. 스포츠클럽의 시설 중 60%가 공공시설이며, 주체육회가 관리하고 있다.

그림 1-5. 노르트라인-베스트팔렌 주체육회 로고
출처: https://www.lsb.nrw/

① 예산과 주요 사업

노르트라인-베스트팔렌 주체육회의 2023년 총예산은 9,508만 유로, 한화 약 1,236억 원이며, 이 중 약 48%에 해당하는 주요 수입원은 주정부 대출, 보조금, 연방정부 보조금 및 기타 보조금이다. 스포츠 베팅 수익 역시 3,200만 유로로 전체 수입의 약 34.37%를 차지하며, 회원비와 마케팅 수입 등이 전체의 약 18%를 구성한다. 지출 부문에서는 시군구체육회에 대한 보조금이 5,300만 유로로 전체 지출의 약 56%를 차지하는 가장 큰 항목이며, 인건비가 2,000만 유로로 22%, 보험비가 760만 유로로 8%를 차지한다. 노르트라인-베스트팔렌 주체육회의 예산 구성은 다양한 수입원을 통해 재정적 안정성을 확보하고, 이를 바탕으로 스포츠의 진흥 및 발전을 위한 광범위한 프로그램과 사업을 지원하고 있다. 특히, 스포츠 베팅 수익의 상당 부분을 스포츠 발전을 위한 자금으로 재투자함으로써, 스포츠클럽과 선수들의 경쟁력 강화 및 시민 스포츠 활동 증진에 기여하고 있다.

표 1-13. 노르트라인-베스트팔렌 주체육회 예산(2023년 기준)

수 입			지 출		
항목	금액 (유로)	비율 (%)	항목	금액 (유로)	비율 (%)
회원 가입비	1,663,000	1.74	인건비	20,450,000	21.50
임대 및 임대 부동산	170,000	0.17	자원봉사 인건비	47,000	0.04
국제 비용 배분으로 인한 수익	500,000	0.52	부분 퇴직에 따른 인건비	461,000	0.48
숙박 및 케이터링	3,226,000	3.39	자격 취득 작업 수수료	508,000	0.53
참가비	94,000	0.09	기타 수수료	3,729,000	3.92
배송 및 서비스	630,000	0.66	건축 비용	1,279,000	1.34
스포츠 베팅 수익	32,686,000	34.37	보험	7,687,000	8.08
주 정부 대출 자금	15,640,000	16.44	운영 및 사업 비용	3,606,000	3.79
주 정부 보조금	18,755,000	19.72	내부 서비스 정산 비용	500,000	0.52
연방 보조금	10,337,000	10.87	차량, 출장 및 여행 경비	473,000	0.4
기타 보조금	778,000	0.81	자재 사용비	723,000	0.76
행운의 나선 복권	1,485,000	1.56	보조금 지출	53,170,000	55.91
기타 수입	8,454,000	8.89	세금	16,000	0.01
특별 수입	58,000	0.06	기여금	454,000	0.47
마케팅 수입	609,000	0.64	신규 투자	1,982,000	2.08
총수입	95,085,000	100	총지출	95,085,000	100

출처: Landessportbund NRW(2023b)

노르트라인-베스트팔렌 주체육회는 스포츠의 발전과 진흥을 위해 다양한 사업을 추진하며, 이를 위한 재정 지원에 적극적이다. 구체적으로, 스포츠시설의 개보수 및 현대화를 위해서는 약 2억 6,600만 유로(한화 약 3,458억 원)를 배정하였고, 스포츠클럽의 활동 지원을 위해 7백만 유로(약 9억 원), 그리고 스포츠클럽의 디지털화 진행을 위해서는 약 3,000만 유로(약 390억 원)를 투자하고 있다. 이러한 재정적 지원은 스포츠클럽의 경쟁력 강화와 스포츠 활동의 촉진을 목표로 한다.

표 1-14. NRW주 주요사업 및 예산(2023년 기준)

사업명	지원금 (백만 유로)	지원자	수령자
스포츠시설 현대화	266	NRW 주정부	스포츠클럽
스포츠클럽 활동 지원	7,56	NRW 주정부	스포츠클럽
스포츠클럽 디지털화	30	NRW 유럽지역 개발기금	시군구체육회, 종목단체
에너지 긴급 지원	55,20	NRW 주정부, 주체육회, 보험	시군구체육회, 종목단체
스포츠 지도자 통합비용	3,08	NRW 주정부, 주체육회	시군구체육회, 종목단체
엘리트스포츠 진흥	6,7	NRW 주정부	시군구체육회, 종목단체
스포츠 연맹 지원	5,12	주체육회	시군구체육회, 종목단체
어린이 스포츠 배지	0,1	주체육회, 공보험	스포츠클럽
스포츠를 통한 통합	0.6	독일올림픽체육회	스포츠클럽
학교 스포츠 커뮤니티의 리더십	1,94	NRW 주정부, 주정부 교육부	학교 스포츠 커뮤니티

출처: Landessportbund NRW(2023a)

그림 1-6. 노르트라인-베스트팔렌 주체육회 후원 파트너
출처: https://www.lsb.nrw/

주체육회의 재정적 기반은 주요 후원 파트너들로부터의 지원에 크게 의존하고 있다. 이들 파트너는 AOK 공보험 회사, West Lotto 복권 기금, Pfeifer & Langen 식품제조 기업, ARAG 스포츠클럽 보험회사, 그리고 Sport Land NRW 노르트라인-베스트팔렌 주정부 체육국 등 5개 기관과 기업으로 구성된다. 보험회사와 같은 파트너는 시민들의 스포츠 참여 증가가 의료비 절감으로 이어질 수 있다는 점에서 주체육회 활동을 적극적으로 지원한다. 이는 보험회사에게 의료비 지출 경감의 이점을 가져다주며, 동시에 기업들의 사회적 책임 활동(CSR)의 일환으로도 기능한다. 이처럼 노르트라인-베스트팔렌 주체육회는 공공과 민간의 파트너십을 통해 스포츠의 사회적 가치와 건강 증진에 긍정적인 역할을 하고 있다.

② 주체육회 '10년 전략' 프로젝트

노르트라인-베스트팔렌 주체육회와 관련 스포츠 단체들은 2021년에 '미래를 함께하는 스포츠. NRW의 스포츠를 위한 14번의 행동'이라는 슬로건을 내걸고, 2022년부터 2032년까지의 전략 계획을 수립하였다. 이 계획은 코로나19 팬데믹으로 인한 회원 감소와 자원봉사자 부담 같은 현안 과제에 대응하기 위해 마련되었다. 전략은 구조, 인력, 조직 개발, 스포츠 개발 및 사회 정치적 책임을 포함한 14개 행동 지침으로 구성되어 있다.

이 계획의 실행은 '조언-네트워크-홍보, 다양성 강화, 지속가능한 행동' 분야를 우선 시작하고 있으며, 참여형 실천 분야 팀의 구성과 콘텐츠 개발을 통해 적극적으로 진행되고 있다. 모든 실천 분야는 순차적으로 진행되며, 노르트라인-베스트팔렌 주체육회와 시군구체육회, 스포츠 청소년 단체와의 긴밀한 협력하에 구현되고 있다. 이 전략의 궁극적인 목표는 모든 관계자가 협력하여 노르트라인-베스트팔렌주의 스포츠를 발전시키는 것이며, 스포츠 현장에서는 스포츠클럽을 중심으로 스포츠의 다양성과 지역적 특성을 반영하여 추진되고 있다.

표 1-15. 14개 분야 사업 추진 계획

분야	세부 분야	구호
구조, 인력 및 조직 개발	조언, 네트워크, 홍보	협회를 위한 우리!
	조언, 네트워크, 홍보	연맹을 위한 우리!
	스포츠가 살아 숨 쉬는 곳	클럽을 위한 우리!
	스포츠의 중요성	우리는 정치와 미디어에 존재감을 드러냅니다!
	눈에 보이는 인프라	매력적인 스포츠시설을 위해!
	놀라운 변화	스포츠의 디지털화를 위해!
스포츠개발의 핵심 주제	성공	경쟁적인 스포츠를 위해!
	스포츠 교육	클럽, 유치원, 학교에서의 움직임을 위해!
	생동감 넘치는 삶	생활스포츠를 위해!
	새로운 길 찾기	운동선수들을 위해!
사회 정치적 책임	인성 개발	청소년의 스포츠 참여를 응원합니다!
	다양성 강화	스포츠에 평등하게 참여합니다!
	지속가능한 행동	책임감 있는 스포츠를 위해!
	살아있는 가치	우리는 스포츠의 청렴성을 위해 노력합니다!

출처: Landessportbund NRW(2022)

③ 주요 사업 사례: 친환경 스포츠 시설 사업

노르트라인-베스트팔렌 주체육회는 14개 미래 행동 계획의 중요한 부분으로 '스포츠시설 현대화 2022' 프로젝트를 진행하고 있다. 이 프로젝트는 2019년부터 2022년까지 약 2억 6,600만 유로(한화 약 3,458억 원)를 투자하여 스포츠시설의 현대화와 개보수를 추진하고, 특히 장애인을 위한 시설의 접근성 및 사용 편의성 향상을 목표로 하고 있다. 이와 함께 스포츠시설을 환경친화적으로 전환하는 데 중점을 두고, 에너지 효율을 높이기 위해 LED 조명으로의 교체, 지속 가능한 건축 방법의 적용, 태양열 패널 설치와 같은 친환경 기술 도입을 진행하고 있다.

표 1-16. 친환경 스포츠 시설 사업

구 분	내 용
사업명	스포츠시설 현대화 2022(Moderne Sportstatte 2022)
지원 주체	노르트라인-베스트팔렌(NRW) 주정부
지원 대상	- 해당 지역 스포츠클럽 중에서 지역체육회와 협회에 소속된 단체 - 자체 시설을 보유하고 있거나, 장기적으로(10년 이상) 시설 사용권을 보유한 클럽
지원 절차	1. 지역 경기종목단체와의 상담 이후, 노르트라인-베스트팔렌 주체육회의 지원 포털을 통해 지원 신청을 진행 2. 지역 경기종목단체는 지방정부와 협력하여 지원금 및 지원 비율에 대한 권장 사항을 제공 3. 해당 지역 경기종목단체는 지원받을 클럽의 목록을 주 정부에 제출 4. 주 정부에서는 제출된 목록을 검토하고 승인 여부를 결정 5. 승인 여부는 클럽, 지역 경기종목단체, 그리고 은행에 통지 6. 클럽은 건축 계획, 지출 예산 및 재정 계획을 포함한 자금 지원 신청서를 제출 7. 노르트라-인베스트팔렌주에서는 지원 프로세스를 관리하며, 신청 금액에 따라 다양한 시기에 따른 자금을 차등 지급
지원 범주	- 시설 수리 혹은 재건축의 최소 50%부터 90%까지의 금액 - 지원 범주 3가지: 10만 유로 미만, 10~100만 유로, 100만 유로 이상 - 10만 유로(약 1억 3천만 원)까지는 전체의 85%, 1백만 유로 이상(약 13억 원)은 최대 80% 지원

출처: Landessportbund NRW(2022)

스포츠시설의 현대화는 또한 지역 커뮤니티의 스포츠 참여를 증진하며, 더 나은 환경에서 운동할 수 있는 기회를 제공한다. 이러한 개선 사업을 통해 스포츠 클럽과 시군구체육회는 자체적인 스포츠 프로그램을 효과적으로 운영할 수 있으며, 더 넓은 커뮤니티에 서비스를 제공할 수 있는 기반을 마련한다. 스포츠시설의 친환경적 개선을 위해 필요한 자금을 시군구체육회나 스포츠클럽이 주체육회에 신청할 수 있으며, 신청된 프로젝트에 대해 총 비용의 최소 50%에서 최대 90%까지의 지원금을 받을 수 있다. 주체육회는 제출된 친환경 개보수 계획을 평가하여 지원금의 규모를 결정한다. 이러한 지원 프로그램은 스포츠시설을 더욱 지속 가능하고 환경친화적으로 만드는 데 중요한 역할을 한다.

④ 주요 사업 사례: 건강스포츠인증제

건강스포츠인증제SPORT PRO GESUNDHEIT(SPG)는 건강을 위한 스포츠프로그램 품질 인증 사업으로서 독일올림픽체육회와 독일의학협회가 협력하여 개발한 품질을 기준으로 스포츠클럽에서 제공되는 건강프로그램의 품질을 평가하고 인증하는 제도이다. 이 인증을 통해 스포츠클럽은 자신들의 건강프로그램이 일정 수준의 품질을 만족한다는 것을 공식적으로 인정받을 수 있으며, 인증받은 프로그램은 보험회사로부터 보조금을 지원받을 수 있는 기회를 얻는다. 건강프로그램으로 인증받기 위해서는 프로그램 참가자 수가 최소 6명 이상, 최대 15명을 초과하지 않아야 하며, 획득된 인증은 3년간 유효하다. 건강프로그램 참가자는 프로그램의 등록과 이수 후에 일정 부분 비용을 환급받을 수 있다. 이를 위해서는 참가자가 프로그램의 80% 이상 출석하고, 출석 확인증과 프로그램 참여 영수증을 제출하면 보험회사로부터 최대 80%의 금액을 환급받을 수 있다.

그림 1-7. 건강스포츠인증제
출처: https://www.vibss.de

한국 역시 건강에 대한 사회적 관심이 지속적으로 높아지고 있으며, 스포츠센터를 중심으로 다양한 프로그램이 운영되고 있다. 이러한 상황에서 독일의 건강스포츠인 증제와 같은 제도가 국내에도 도입된다면, 참여자들이 보다 신뢰할 수 있는 환경에서 프로그램을 선택할 수 있고, 건강 증진 효과 역시 제고될 것으로 기대된다. 이는 독일 사례가 보여주는 긍정적 모델로서 한국에서도 충분히 참고할 만한 가치가 있다.

2

모두가 즐기는 생활스포츠

임호연

제2장

모두가 즐기는 생활스포츠

1. 생활스포츠 참여 현황과 활성화 정책

많은 사람이 이미 알고 있는 것처럼 독일과 독일 사람들에게 스포츠는 매우 중요하다. 독일에서 스포츠가 중요하다는 것은 단순히 국민들이 스포츠를 중요하게 여기며 즐기고 있다는 것을 의미하는 것뿐만 아니라 독일 정부(지방 정부를 포함한다)의 정책 속에도 국가 내 스포츠를 활성화하기 위한 사업들을 적극적으로 반영하고 있다는 점을 통해서도 알 수 있다. 이를 나타내는 상징적인 표현들은 독일 정부의 여러 공식 문서에서 찾아볼 수 있는데, 특히 2019년에 발간된 독일 체육 백서White Paper에서 독일 정부는 자신들의 스포츠 정책에 관해 설명할 때 가장 먼저 다음과 같은 문장으로 시작하고 있다.

> 독일에서 스포츠는 매우 중요합니다. 그것은 우리의 사회적 공존의 핵심 요소이며, 이는 전문스포츠와 생활스포츠 모두에 적용됩니다. 스포츠는 모든 연령대의 사람들에게 유용한 여가 활동을 제공합니다. 많은 사람들에게 스포츠 활동은 건강을 생각하는 생활 방식의 일부입니다.[1]
>
> \- Deutscher Bundestag(2019)

이렇게 독일 정부는 스포츠의 가치 중에서도 개인의 건강증진과 같은 기본적인 효과뿐만 아니라 공동체 형성과 같은 스포츠 참여가 만들어 내는 부가가치의 창출에도 높은 가치를 부여하고 있다. 그리고 실제로 이러한 스포츠의 가치를 독일 사회에서 적극적으로 활용하며 보다 건강한 사회를 만들어 내는 성과를 보인다는 점에서 스포츠를 중요하게 여기고 활용하는 것이 의미가 있다고 할 수 있다. 물론 스포츠가 가지는 일차적 의미도 당연히 필요하겠지만 이렇게 독일에서 스포츠를 한 단계 더 나아가서 해석하고 활용하는 접근은 우리나라에서 그동안 스포츠를 단순히 국민의 건강 증진을 위한 목적이나 때로는 국위 선양의 도구로 이용해왔던 것과는 사뭇 다르다는 점에서 우리에게 주는 시사점이 있다.

스포츠를 활용하는 과정에서 독일의 국가와 지방자치단체(연방정부와 주정부 등)는 생활스포츠의 활성화를 위한 투자가 반드시 필요하다고 생각하며 예산 지원과 사업 기획의 역할을 한다. 물론 연방정부는 주로 국가대표급이라고 할 수 있는 엘리트스포츠[2]에 집중하는 경향이 있다. 하지만 이는 단순히 연방정부에게 엘리트스포츠보다 생활스포츠가 중요하지 않아서가 아니라 연방정부와 지방정부 형성의 역사적 배경과 제도적 역할에 따른 차이 때문이다. 독일에서는 주민들의 스포츠 활동을 지원하기 위한 역할을 지방정부에서 주로 담당하고 있으며 연방정부는 이러한 지방정부의 활동에 대해 정책적 자율성을 보장하고 있으므로, 지역별 주민들의 생활스포츠 활성화는 지방정부에서 담당하는 것이 적절하다는 정책적인 판단이 있었기 때문이다.

---

1 원문: Sport hat in Deutschland einen hohen Stellenwert. Er stellt einen zentralen Bestandteil unseres gesellschaftli- chen Zusammenlebens dar. Dies gilt sowohl für den Spitzensport als auch den Breitensport. Sport bietet Men- schen jeglichen Alters sinnvolle Freizeitangebote. Für einen Großteil der Bevölkerung gehört aktives Sporttrei-ben zu einer gesundheitsbewussten Lebensgestaltung (Deutscher Bundestag, 2019).

2 독일에서의 엘리트스포츠는 우리나라의 전문스포츠보다 높은 수준으로 인식되며 주로 국가대표선수 수준의 영역을 칭하는 용어로 사용되고 있다.

1) 생활스포츠 참여 현황

그렇다면 과연 독일에서 체육활동에 참여하고 있는 사람의 규모는 어느 정도일까? 스포츠를 매우 중요하게 생각하고 있고, 연방정부와 지방정부 모두에서 이를 적극적으로 장려하고 있는 독일이라면 국민들의 다수가 스포츠 활동에 참여하고 있지 않을까?

독일 국민의 생활스포츠 참여 수준을 알아보기 위해서는 독일의 체육단체인 지역체육회와 스포츠 종목단체에 가입된 회원이 어느 정도 규모인지 살펴볼 필요가 있다.[3] 독일올림픽체육회Deutscher Olympischer Sportbund(DOSB)에 의하면, 2020년 기준 독일올림픽체육회에 등록한 회원 수는 총 27,804,538명으로 전체 독일 인구의 1/3 정도가[4] 독일올림픽체육회의 회원이며 각각이 체육단체에 등록하여 스포츠 활동을 즐기고 있다 (Deutscher Olympischer Sportbund, 2020).

표 2-1. DOSB 가입 회원 현황(2020년 기준)

구 분	회원 수
16개 주체육회(LSB)	24,232,839명
올림픽 종목단체	23,314,803명(2,168,696명*)
비올림픽 종목단체	2,003,361명(512,273명*)
기타 특별단체	1,276,151명(890,730명*)
총 계	27,804,538명

출처: Deutscher Olympischer Sportbund(2020)

* 16개 주체육회(LSB)에는 가입하지 않은 종목협회 가입 회원 수

3 한국에서는 국민들의 생활스포츠 참여 수준을 조사하기 위해 매년 국민생활체육조사를 실시하고 있으나, 이는 걷기와 등산 등 생활 속 스포츠 활동을 즐기는 인구가 많은 우리나라의 현실을 고려한 현황이라고 할 수 있다. 독일에서는 다수의 국민들이 체육단체의 회원단체인 스포츠클럽에 가입하여 활동하고 있으므로 이 책에서는 독일의 체육단체에 가입된 회원 수를 기준으로 생활스포츠 참여 현황을 판단하였다.

4 2020년 기준 독일 총 인구는 8,378만 4245명이다.

독일올림픽체육회에 가입된 회원 규모를 볼 때, 16개 주체육회 회원과 종목단체(올림픽, 비올림픽 종목단체 포함) 회원의 수가 중복되는 경우는 독일 스포츠클럽의 특수한 체육단체 회원가입 구조인 이중 가입Dual Registration시스템 때문으로 볼 수 있다.

독일에서 시민들이 스포츠를 즐기는 가장 일반적인 방법은 스포츠클럽에 가입하여 활동하는 것이다. 이는 스포츠 활동을 즐기기 위해서 어느 곳인가 소속될 곳이 필요하고, 독일에서 가장 흔한 형태의 스포츠 활동 조직이 스포츠클럽이기 때문이다. 독일에서 스포츠클럽은 e. V. (eingetragener Verein), 등록 단체라는 비영리 법인 형태로 설립되고, 스포츠클럽은 설립과 동시에 클럽의 자유 의지에 따라 해당 지역의 지방체육회와 클럽에서 운영하는 종목의 종목단체에 동시에 가입하게 된다. 이를 독일에서는 이중 가입Dual Registration이라고 하는데, 이러한 제도를 통해 하나의 클럽이라도 동시에 지방체육회와 종목단체에 가입하게 되므로 지방체육회와 종목단체에 가입된 회원 수가 중복될 수 있다.

물론 체육단체에 등록된 사람들만이 생활스포츠에 참여하는 사람이라고 할 수는 없다. 한국에서 걷기나 등산을 즐기는 사람들처럼 독일에서도 어느 단체나 협회에 소속되지 않고도 자체적으로 스포츠 활동을 즐기는 사람들도 있다. 또한 독일에서는 한국처럼 생활스포츠에 참여하는 사람은 생활스포츠동호회에, 전문스포츠에 참여하는 사람들은 전문체육팀에 나누어 등록해서 활동하는 것이 아니다. 생활스포츠와 전문스포츠, 장애인스포츠 등 정기적인, 조직적인 스포츠 활동을 하는 모든 인구가 체육단체에 등록해서 활동을 하게 된다.[5] 따라서 독일은 한국처럼 생활스포츠와 전문스포츠를 명확하게 구분하여 활동하고 있지 않은 상황이기에 이와 같이 체육단체에 등록해서 활동하고 있는 인구의 규모로 독일에서 생활스포츠에 참여하고 있는 사람들의 규모를 추정할 수 있을 뿐이다.

---

5 독일에서는 스포츠에 참여하는 대부분이 참여하는 수준(리그)만 다르고 국가대표 또는 프로선수를 제외하고는 모두 생활스포츠에 참여하고 있다고 볼 수 있다.

주체육회에 등록된 회원 수 기준으로 독일의 지역별 가입 회원 수를 비교해 보면 노르트라인-베스트팔렌Nordrhein-Westfalen(NRW)이 약 500만 명으로 가장 많은 회원을 보유하고 있고, 이어서 바이에른Bayern이 약 427만 명, 바덴-뷔르템베르크Baden-Württemberg 약 376만 명. 니더작센Nieder-sachsen 약 276만 명, 헤센Hessen 약 207만 명 순이고 전체 16개 주별 체육단체 등록 회원 수는 표 <2-2>와 같다.

표 2-2. 등록 회원 수 기준 독일 지역(주) 별 순위(2020년 기준)

번호	연방주명	도시명	회원 수
1	Baden-Württemberg(바덴-뷔르템베르크)	Stuttgart(슈투트가르트)	3,763,219명
2	Bayern(바이에른)	München(뮌헨)	4,275,075명
3	Berlin(베를린)	Stadstaat(도시주)[6]	579,255명
4	Brandenburg(브란덴부르크)	Potsdam(포츠담)	315,876명
5	Bremen(브레멘)	Bremen(브레멘)	165,458명
6	Hamburg(함부르크)	Stadstaat(도시주)	540,272명
7	Hessen(헤센)	Wiesbaden(비스바덴)	2,066,973명
8	Mecklenburg-Vorpommern (메클렌부르크-포어포메른)	Schwerin(슈베린)	230,296명
9	Niedersachsen(니더작센)	Hannover(하노버)	2,756,169명
10	Nordrhein-Westfalen(노르트라인-베스트팔렌)	Düsseldorf(뒤셀도르프)	5,051,641명
11	Rheinland-Pfalz(라인란트-팔츠)	Mainz(마인츠)	1,461,944명
12	Saarland(자를란트)	Saarbrücken(자브뤼켄)	395,937명
13	Sachsen(작센)	Dresden(드레스덴)	577,645명
14	Sachsen-Anhalt(작센-안할트)	Magdeburg(마그데부르크)	328,840명
15	Schleswig-Holstein(슐레스비히-홀슈타인)	Kiel(킬)	824,717명
16	Thüringen(튀링엔)	Erfurt(에르푸르트)	370,883명

출처: Deutscher Olympischer Sportbund(2020)

6 * 표시는 도시주(Stadstaat)이며 하나의 도시이면서 동시에 하나의 연방주이기도 하다.

물론 지역별 인구 규모가 차이가 있다는 점을 고려해야 하지만, 종합적인 지역별 체육단체 등록 회원 수를 비교해 본 결과 지역별 상위 5개 주 체육단체 회원 수가 전체의 64%를 차지하고 있을 정도로 주요 지역에 체육활동 인구가 다수 몰려있다는 점을 알 수 있다.

또한 2020년 독일의 각 종목단체에 등록된 회원 수 기준으로 비교해 보았을 때 종목별 회원 수 기준 상위 5개 종목은 회원이 많은 순으로 ① 축구 약 7백만 명, ② 체조 약 5백만 명, ③ 테니스 약 137만 명, ④ 사격 약 135만 명, ⑤ 등산 약 131만 명이며 회원 규모 상위 5개 종목은 모두 1백만 명 이상의 대규모 회원을 보유하고 있다. 이는 전체 회원 수인 2천 7백만 명의 58%에 해당하는데 앞서 지역별 체육단체 회원 수를 비교해 보았을 때와 마찬가지로 독일도 인기 종목에 다수의 사람이 참여하는 모습을 보인다. 이 종목들을 포함한 회원 수 기준 상위 50개의 종목(단체 기준)은 표 <2-3>과 같다.

표 2-3. 등록 회원 수 기준 독일 종목단체 순위(2020년 기준)

순위	종목(단체명)	명(등록 회원)	비고
1	축구(Deutscher Fußball-Bund)	7,169,327명	100만 이상
2	체조(Deutscher Turner-Bund)	5,047,184명	
3	테니스(Deutscher Tennis Bund)	1,366,137명	
4	사격(Deutscher Schützenbund)	1,352,036명	
5	등산(Deutscher Alpenverein)	1,311,626명	
6	육상(Deutscher Leichtathletik-Verband)	798,819명	50만 이상
7	핸드볼(Deutscher Handball-Bund)	754,958명	
8	승마(Deutsche Reiterliche Vereinigung)	678,341명	
9	골프(Deutscher Golf Verband)	642,677명	
10	장애인스포츠(Deutscher Behindertensportverband)	598,661명	
11	수영(Deutscher Schwimm-Verband)	586,658명	
12	인명구조(Deutsche Lebens-Rettungs-Gesellschaft: DLRG)	574,093명	
13	탁구(Deutsche Tischtennis-Bund)	540,965명	
14	스키(Deutscher Skiverband)	530,688명	

순위	종목(단체명)	명(등록 회원)	비고
15	배구(Deutscher Volleyball-Verband)	408,863명	10만 이상
16	농구(Deutscher Basketball Bund)	217,829명	
17	댄스스포츠(Deutscher Tanzsportverband)	210,139명	
18	요트(Deutscher Segler-Verband)	187,768명	
19	배드민턴(Deutscher Badminton-Verband)	183,637명	
20	가라테(Deutscher Karate Verband)	149,169명	
21	사이클(Bund Deutscher Radfahrer)	143,813명	
22	근대5종(Deutscher Verband für Modernen Fünfkampf)	132,677명	
23	유도(Deutscher Judo Bund)	132,141명	
24	카누(Deutscher Kanu-Verband)	123,368명	
25	항공스포츠(Deutscher Aero Club)	104,230명	
26	모터보트(Deutscher Motoryachtverband)	103,998명	
27	체스(Deutscher Schachbund)	93,047명	5만 이상
28	조정(Deutscher Ruderverband)	87,023명	
29	하키(Deutscher Hockey-Bund)	83,912명	
30	복싱(Deutscher Boxsport-Verband)	79,914명	
31	미식축구(American Football Verband Deutschland)	70,645명	
32	스키틀즈 및 볼링(Deutscher Kegler- und Bowlingbund)	68,710명	
33	레슬링(Deutscher Ringer-Bund)	64,539명	
34	스쿠버다이빙(Verband Deutscher Sporttaucher)	62,713명	
35	태권도(Deutsche Taekwondo Union)	60,551명	
36	트라이애슬론(Deutsche Triathlon Union)	60,071명	
37	주짓수(Deutscher Ju-Jutsu-Verband)	50,661명	
38	롤러-인라인(Deutscher Rollsport- und Inline Verband)	38,518명	2.5만 이상
39	스노보드(Snowboard Verband Deutschland)	37,229명	
40	킥복싱(Bundesverband für Kickboxen)	27,926명	
41	컬링(Deutscher Eisstock-Verband)	26,434명	
42	당구(Deutsche Billard-Union)	25,927명	
43	스페셜올림픽(Special Olympics Deutschland)	25,291명	

순위	종목(단체명)	명(등록 회원)	비고
44	모터스포츠(Deutscher Motor Sport Bund)	24,577명	2만 이상
45	펜싱(Deutscher Fechter-Bund)	23,412명	
46	보치아(Deutscher Boccia-Boule- und Pétanque-Verband)	22,582명	
47	야구소프트볼(Deutscher Baseball und Softball Verband)	22,415명	
48	치어리딩(Cheerleading u. Cheerperformance Verband D.)	21,093명	
49	역도(Bundesverband Deutscher Gewichtheber)	20,372명	
50	아이스하키(Deutscher Eishockey Bund)	20,124명	

출처: Deutscher Olympischer Sportbund(2020)

한편, 대한민국의 2022년도 국민생활체육조사에 따르면, 걷기를 제외한 종목 활동 기준으로 생활스포츠 참여율이 가장 높은 종목은 보디빌딩(12.8%)이었으며 이어서 등산(10.5%), 수영(8.5%), 축구(8.3%), 골프(7.8%) 순으로 나타났다. 독일의 등록 회원 수 기준 상위 5개 종목을 비교해 보았을 때, 축구와 등산을 제외하고는 다소 상이한 결과를 볼 수 있다(문화체육관광부, 2022). 특히 독일에서 등록 회원 수 기준 2위에 해당하며 총 500만 명 이상의 회원을 보유하고 있는 체조 종목이 활성화되어 있다는 점이 한국과 큰 차이가 있는데, 이는 독일에서 체조라는 종목이 가지는 역사와 배경이 있기 때문이다. 이와 관련한 내용은 다음 스포츠클럽과 관련한 장에서 자세하게 설명하도록 하겠다.

2) 생활스포츠 참여 구조

독일에서의 스포츠 활동 참여는 첫째, 비영리 성격의 스포츠클럽(e.V.)에서의 활동, 둘째, 상업 스포츠 서비스 제공자인 민간 스포츠센터를 통한 활동, 셋째, 조직적이지 않은 개별 활동으로 구분할 수 있다. 독일 스포츠클럽 전문가인 브로이어Breuer 교수의 연구에 따르면 독일 일부 지역에서 전체 주민의 31.1%는 스포츠클럽에서 활동하고 있으며, 14.2%의 주민들은 민간 스포츠센터에서 운동하는 것으로 나타났다(Breuer et al. 2011).

또한 사이클, 러닝, 수영과 같이 개인적으로도 할 수 있는 종목들은 특별히 어느 소속으로 등록하지 않고 활동하는 비조직적 활동이 대부분이며, 축구, 체조, 배구와 같은 단체 종목들은 스포츠클럽에서, 요가나 댄스, 웨이트 트레이닝 같은 활동들은 주로 민간 스포츠센터에서 수행하는 경우가 많다(Hallmann & Petry, 2013). 이 두 연구의 결과를 요약하면 표 〈2-4〉와 같다.

표 2-4. 독일의 스포츠 활동 유형 구분

구 분	주요 내용	
Breuer et al(2011)	참여 단체 구분	참여 주민 비율
	비영리 스포츠클럽	31.3%
	상업 스포츠센터	14.2%
Hallmann & Petry(2013)	종목 구분	참여 단체 구분
	개인 종목 (사이클, 러닝, 수영 등)	자체 활동
	단체 종목 등 (축구, 체조, 배구 등)	스포츠클럽
	기타 종목 (요가, 댄스, 웨이트 트레이닝 등)	상업 스포츠센터

출처: Breuer et al(2011), Hallmann & Petry(2013)

종합해 보면, 독일 전체 국민의 1/3 정도가 스포츠클럽 회원이고, 대부분의 생활스포츠 참여 인구가 스포츠클럽에 등록하여 활동하고 있기 때문에 사실상 독일에서의 생활스포츠는 스포츠클럽과 구분하여 생각할 수 없는 관계라 할 수 있다. 따라서 이 장에서는 생활스포츠에 대한 종목별 참여 현황과 관련 정책 위주로 설명하고 이 외 시민들의 생활스포츠 관련 활동에 대해서는 스포츠클럽을 자세히 소개하면서 함께 다루도록 하겠다.

3) 생활스포츠 활성화 정책

독일은 국가에서 스포츠의 가치를 인정하고 스포츠 활성화를 위해 다양한 정책을 펼쳐왔고, 국민들의 스포츠 참여가 적극적이라는 점에서 생활스포츠가 매우 발달했다고 할 수 있다. 그런데 생활스포츠 관련 정책에 대한 기획과 실행 단계에서는 중앙정부인 연방정부보다는 지방정부인 주정부의 역할이 주도적이라고 할 수 있다. 그 이유는 독일의 정치 시스템을 보면 이해할 수 있는데 앞서 제2장에서 설명하였듯이 독일은 연방제[7] 정치 시스템을 채택하고 있어 주요 정책이나 활동의 기본 단위가 연방정부보다는 각 주(정부) 단위에서 이루어지기 때문이다. 반면에 중앙정부에서는 각 지방에서 육성한 엘리트스포츠 선수 중 국가대표 수준의 선수들 대상의 Top-level 스포츠에 더 중점을 두고 관련 정책과 예산 지원을 하고 있다.

> 이 기본법에 별도의 규정이 없거나 이를 허용하지 않는 한,
> 국가적 권능의 행사와 국가 과제의 수행은 주의 소관 사항이다.[8]
>
> -「독일 연방공화국 기본법(Grundgesetz)」 제30조

독일의 16개 주는 「독일기본법」 제70조 제1항이 따라 해당 기본법이 규정하는 항목과 방법에 있어 연방에 대한 입법 권한(법 제정 권한)이 부여되며 기본적으로는 모든 국가의 입법 권한이 각 주에 있다.[9] 이를 쉽게 표현하면 각 주가 모두 하나의 독립적인 국가

---

7 연방제: 국가의 권력이 중앙 정부와 주에 동등하게 분배되어 있는 정치 형태로, 2개 이상의 주권이 결합하여 단일적인 인격을 가지는 복합 형태의 국가제도를 뜻한다.

8 원문: Die Ausübung der staatlichen Befugnisse und die Erfüllung der staatlichen Aufgaben ist Sache der Länder, soweit dieses Grundgesetz keine andere Regelung trifft oder zuläßt (독일 연방공화국 기본법 제30조).

9 원문: Die Länder haben das Recht der Gesetzgebung, soweit dieses Grundgesetz nicht dem Bunde Gesetzgebungsbefugnisse verleiht(독일 연방공화국 기본법 제70조 제1항).

이며 그러한 주들이 모여 연방정부를 구성한 것이 독일 연방정부라는 것이다. 그러므로 각 지방의 스포츠도 각 지방정부(주 정부)의 정책 방향성에 따라 독립적으로 운영되고 있다고 볼 수 있다.

그렇지만 독일 연방정부는 과거부터 정부 정책(예를 들어, 황금계획[10] 등)을 통해 공공체육시설 건설이나 소외계층의 체육활동 지원을 위한 보조금 지원 등 간접적인 방식으로 스포츠클럽의 활동을 지원하고 있다. 연방정부와 비교해서 상대적으로 지방정부(주정부)에서는 시민들의 생활스포츠 활성화 정책을 주로 지방체육회(주체육회)[11]를 통하여 지원하고 있다. 주체육회는 생활스포츠 활성화를 위해 크게 3가지 역할을 수행한다. ① 주 의회에 생활스포츠 활성화 예산 지원을 요구하거나 관련 규정 개정을 요청하는 등의 정부와 스포츠 서비스 제공자 사이 중재 및 관리자 역할, ② 각 지역에서 생활스포츠 서비스를 제공하고 있는 스포츠클럽들의 이해관계를 대변하는 역할, ③ 해당 지역의 스포츠클럽을 원활하게 운영하기 위해 관련 워크샵이나 교육 기회를 제공하는 역할이다. 특히 지방 체육회에서는 운영진과 지도자에 대한 교육을 추진하여 스포츠클럽의 운영에 간접적으로 도움을 주기도 한다.

제2차 세계대전 이후 독일에서 생활스포츠는 **독일 스포츠 제2길**Zweiter Weg des Sports, **황금계획**Golden Plan, **트림 액션**Trimm Aktion, **그리고 스포츠 배지**Sportabzeichen **정책**을 통해 이루어졌다고 해도 과언이 아니다. 지금부터는 이 4가지 정책에 대해서 알아보기로 한다.

(1) 독일 스포츠 제2길Zweiter Weg des Sports

1950년 독일체육회Deutschen Sportbundes(DSB: 현 독일올림픽체육회의 전신)의 설립 후 독일 스포츠 활성화를 위한 다양한 캠페인이 펼쳐졌다. 독일 스포츠 제2길 이전 제1의 길에서

---

10 황금계획(Golden Plan): 제2차 세계대전 이후 부족한 독일의 스포츠 시설을 건립하기 위해 추진된 시설 확충 계획이다.

11 주체육회: Landessportbund(LSB).

는 수행능력Performance 위주의 엘리트 선수들을 대상으로 국제대회 등에서의 성공을 위한 경쟁과 체계적인 훈련을 강조했기에 일반 사람들이 스포츠 활동에 활발하게 참여하지 못하는 상황이었다.

그러나 2차대전 이후 폐허로 변했던 독일 사회가 조금씩 회복되고 라인강의 기적이라 불리는 급격한 산업화 및 경제발전이 이루어지면서 사람들의 삶의 질에 대한 관심과 여가시간 증대는 스포츠 활동에 대한 참여의 욕구를 높이게 되었다. 이때 독일체육회는 전통적인 퍼포먼스 지향적 스포츠에서 벗어나 모든 사람이 참여할 수 있는 활동을 강조하는 독일 스포츠 제2길을 1959년 뒤스부르크(현 NRW 주체육회 위치) 시에서 선포하였다. 1960년부터 1999년까지 스포츠클럽 수가 비약적으로 증가한 것은 독일 스포츠 제2의 길이 주 요인이었다(Guttman, 2004). 독일 스포츠 제2길은 다음과 같은 목표를 가지고 있었고 이러한 목표 아래에서 독일 생활스포츠 발전에 중요한 역할을 했다.

표 2-5. 독일 스포츠 제2길 주요 목표 6가지

번 호	목 표
1	스포츠 서비스 제공 조직이 없는 지역에 체조 및 스포츠클럽 설립
2	기업, 군대, 경찰 및 교회 등 종교단체 내 스포츠 공동체를 구축
3	기존 활동하지 않는 회원들의 재 활성화 도모
4	모든 연령과 성별, 직업을 망라한 사람들의 참여를 위해 클럽에서 운영하는 스포츠 종목 확대와 이를 위한 전문가(지도자 등) 지원
5	클럽의 비회원을 대상으로 한 강의 제공
6	스포츠클럽에서 음악, 가족 친화적 프로그램 등 제공

출처: Mevert(2009)

(2) 황금계획Golden Plan

독일의 황금계획Golden Plan 역시 독일 내의 생활스포츠 활성화 및 스포츠클럽 활성화에 크게 기여한 정책이다. 황금계획은 독일올림픽협회Deutsche Olympische Gesellschaft (DOG)

가 발표했던 황금계획의 제안Memorandum zum Goldenen Plan fur Gesundheit, Spiel und Erholung의 줄인 말로, 독일 전역에 걸친 스포츠시설 확충 계획으로 독일 국민 누구나 기초종목(육상, 수영, 체조 등)을 할 수 있는 스포츠시설들을 짓는다는 내용이다(Naul & Hardman, 2002).

황금계획은 제2차 세계대전 이후 폐허가 된 독일에 부족한 스포츠 시설, 국민의 운동 부족에 대한 건강 문제 등을 해결하기 위해 연방 전체와 각 주, 그 이하의 지방까지 독일 전역에서 진행됐던 프로젝트였다(한국스포츠개발원, 2017). 황금계획은 1959년에 본 계획을 발표하고 1961년부터 1975년까지 17,400,000,000 마르크[12]라는 천문학적인 금액을 투자하여 독일 전역에 어린이놀이터, 수영장, 실내체육관, 운동장 등의 스포츠 시설을 설립했으며 해당 기간 내 체육관 181%, 실내수영장은 172%, 어린이 놀이터는 190% 등의 목표 이상을 달성하며 많은 스포츠시설을 설치하는 성과를 냈다(김경원, 2000).

그러나 1차 황금계획 이후 기초 종목들 외에 특정 시설이 필요한 종목의 경우에 기존의 시설에서 이용할 수가 없다는 문제점이 발생했고, 다양한 스포츠에 대한 국민의 수요를 감당할 수 없는 상황이 생기면서 그 문제점들을 해결하기 위한 2차 황금계획의 필요성이 제기되었다. 그중에서도 기존에 통일 전 구 동독 지역의 스포츠 시설들을 확충하는 동부 황금계획Goldener Plan Ost이 추진되었고 그 결과 지금의 독일의 발달된 스포츠 인프라가 갖춰질 수 있는 계기가 되었다.

(3) 트림 액션Trimm-Aktion

트림 액션Trimm-Aktion은 독일 스포츠 제2의 길의 영향으로 1970년부터 시작된 체육 활성화 정책이다. 트림 액션은 독일에서 "신체 단련"을 의미하는 trimmen과 캠페인에 해당하는 Aktion의 합성어로 만들어졌다. 신문이나 잡지, TV와 같은 대중 매체들의

---

12 1 DEM(도이치마르크)는 2025년 12월 기준 환율로 한화 727.97원으로 17,400,000,000 DEM은 한화로 약 12조 7천억 원에 해당하는 매우 큰돈이다.

적극적인 캠페인 홍보, 참여 유도 및 각종 산업체들의 적극적인 재정 지원으로 독일 내 생활스포츠 참여율이 비약적으로 증가했다고 평가받고 있다. 특히 1970년부터 1980년 사이에 대중매체에서는 트림 액션의 광고를 무상으로 실시했고 이를 경제적 가치로 환산하면 연간 약 1,200만 마르크(한화 약 87억)에 해당할 정도로 높은 가치를 지녔다고 한다(송형석&이홍구, 2009). 오랜 시간 동안 독일체육회(현 DOSB)에서 생활스포츠를 담당했고 독일 트림의 아버지라고 불리는 위르겐 팜Jürgen Palm에 의해 시작된 이 캠페인은 아래와 같이 4년마다 다양한 모토를 홍보하며 대중들의 스포츠 참여를 독려했다.

표 2-6. 1970~1998 독일 Trimm Aktion의 모토

연 도	주요 모토
1970~1974	Thimm Dich durch Sport : 스포츠로 신체를 단련하자
1975~1978	Ein Schlauer trimmt die Ausdauer : 현명한 사람은 지구력을 단련한다
1979~1982	Spiel mit – da spielt sich was ab : 함께 놀이를 즐기면 무엇이든 할 수 있다
1983~1986	Trimm 130 – Bewegung ist die beste Medizin : 운동은 최고의 보약
1987~1994	Gemeinsam aktiv – Im Verein ist Sport am schoensten : 멤버로 활약 – 클럽에서의 스포츠가 제일 아름답다
1995~1998	Sportvereine für alle Gewinn : 스포츠클럽은 모두를 위해 득이 된다
1998부터	Richtig fit : 올바른 체력

출처: Deutscher Olympischer Sportbund (https://trimmy.dosb.de/die-geschichte)

국내에서도 이와 유사한 형태의 캠페인이 이루어졌다. 문화체육관광부와 대한체육회가 2006년도부터 추진해온 "스포츠 7330" 캠페인으로 이를 통해 국내에서는 규칙적 스포츠 활동 참여자의 지속성을 높이고 스포츠 활동 비 참여자의 참여를 유도하는 성과를 보였다는 평가를 받고 있다.

그림 2-1. 스포츠 7330 관련 홍보자료
출처: https://www.joongang.co.kr

앞서 설명했던 독일 스포츠의 제2길, 황금계획 그리고 트림 캠페인의 효과로 실제 독일에서 스포츠 활동에 참여하는 인구가 많이 증가했다는 평가를 받고 있다. 아래의 그래프에서 볼 수 있는 것처럼 1950년 320만 명 정도에 머무르던 독일체육회의 회원

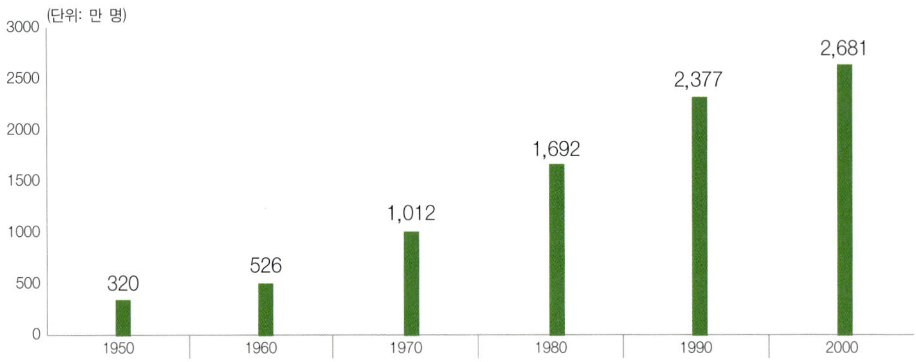

그림 2-2. 독일체육회 가입 회원 수의 변화(1950~2000)
출처: Hartmann-Tews(2005, p. 162)

수는 이와 같은 정책이 시행된 이후인 2000년에 약 2,681만 명 수준으로 증가했다 (Hartmann-Tews, 2005).

(4) 스포츠 배지Sportabzeichen

1913년에 시작해 111년을 맞이한 스포츠 배지는 독일올림픽체육회의 대표적 스포츠 활성화 정책으로 종목별 개인 체력을 측정하고, 등급에 따라 금은동 배지를 수여하는 제도이다. 독일올림픽체육회는 스포츠 배지 제도를 통해 독일 국민의 스포츠 참여에 대한 동기부여를 제공하여 신체 능력 향상과 건강한 라이프스타일을 즐길 수 있도록 스포츠 활동을 장려하기 위한 목적으로 활용하고 있다. 스포츠배지는 현재까지 약 3,700만 번 이상 발급되었는데 2022년도 기준으로 총 487,857명이 스포츠 배지를 수여받았고, 팬데믹 해였던 2021년의 367,294명과 비교해 다시 약 12만 명, 32.82%나 수여자가 증가하였다는 점에서 여전히 활발하게 운영되는 정책임을 알 수 있다.

그림 2-3. Deutsches Sportabzeichen (독일 스포츠 배지)
출처: Deutscher Olympischer Sportbund(2023a)

스포츠배지는 기본적인 근력과 지구력, 스피드와 협응력 등의 평가를 통해 평균 이상의 수행능력을 통과하는 경우 부여된다. 배지를 받기 위해서는 그룹별 하나의 운동을 반드시 성공적으로 완료해야 하며 특히 수영 능력은 독일 스포츠 배지를 받기 위한 필수조건이다(Deutscher Olympischer Sportbund, 2023a). 그러나 이 배지의 목적은 전문적 운동 기능 발달을 위한 것이 아니다. 스포츠배지의 획득을 위해서 매우 높은 수준의 퍼포먼스가 필요한 것이 아니라 평균 이상의 수행능력을 요구한다는 점에서 가능한 많은 사람이 일정 수준 이상의 신체 활동과 능력을 보유하는 것을 목표로 하고 있다고 볼 수 있다.

스포츠배지는 높은 사회적 인지도와 함께 오랫동안 운영되며 사람들에게 스포츠와 함께하는 생활양식을 지원함과 동시에 스포츠배지를 획득하기 위한 활동들을 제공할 수 있는 스포츠클럽이 회원을 유치할 수 있는 수단으로 사용되기도 했다. 독일올림픽체육회의 스포츠배지 관련 웹페이지에 들어가 보았을 때 이를 위한 훈련을 제공하는 스포츠클럽을 찾을 수 있는 페이지가 별도로 마련되어 있을 정도로 스포츠배지 제도와 스포츠클럽은 밀접하게 관련되어 있다고 할 수 있다.

한편 1952년부터는 장애인들도 스포츠 배지를 획득할 수 있도록 이에 대한 기준을 마련하여 시행 중이다. 따라서 현재는 독일의 모든 사람이 각자의 수준에 따라 동등하게 스포츠 배지를 획득할 수 있는 것이다.

그림 2-4. 장애인 스포츠 활동

독일 스포츠배지와 유사한 형태의 국내 스포츠 능력 측정 사업으로 "국민체력100"이 있다. 국민체력100 누리집에서는 이 사업을 다음과 같이 설명하고 있다.

> 국민체력100이란 국민의 체력 및 건강 증진에 목적을 두고 체력상태를 과학적 방법에 의해 측정 · 평가를 하여 운동 상담 및 처방을 해주는 대국민 무상 스포츠 복지 서비스입니다.
>
> \- 국민체력100 홈페이지[13]

국민체력100 센터에서의 측정을 통해서 참가자는 참가증과 체력인증서를 발급받게 된다는 점에서 독일의 스포츠 배지와 유사하다. 그러나 국민체력100은 단순 운동 능력을 측정하여 이에 대한 인증을 수여하는 것보다도, 측정 결과를 바탕으로 국민들에게 알맞은 운동을 처방하기 위한 목적이 더 강조된다는 점에서 더 높은 등급의 배지를 획득하기 위해 개인이 스포츠클럽 등을 찾아가 훈련하도록 유도하는 독일의 스포츠 배지와는 다소 차이가 있다고 할 수 있다.

2. 스포츠클럽 등장과 발달

많은 사람들이 독일을 "스포츠클럽의 천국"이라고 부르면서 스포츠클럽 중심의 스포츠 활동을 중심으로 독일 스포츠 역사가 이루어져 왔다는 점도 이미 인식하고 있다. 그러나 사람들에게 스포츠클럽이 무엇인지, 독일의 스포츠클럽이 우리나라의 주요 생활스포츠 활동 조직인 생활스포츠동호회와 무엇이 다른지, 독일에서는 어떤 과정

---

13 국민체력100 홈페이지: https://nfa.kspo.or.kr/intro/intro.kspo

을 통해 스포츠클럽이 생활스포츠 향유의 중심 역할을 하게 되었는지에 관해 물어보면 명확히 대답할 수 있는 사람은 많지 않다. 따라서 이번 장에서는 독일에서 스포츠클럽은 어떻게 등장했고 어떤 과정을 거쳐 지금의 모습이 되었는지를 설명하고자 한다.

1) 스포츠클럽의 등장

독일의 스포츠클럽에 대해 알아보기 위해서는 우선 독일에서 '"스포츠"가 무엇이었는가?'라는 질문에서부터 시작해야 한다. 우리가 흔히 알고 있는 "스포츠"라는 단어는 라틴어의 Deporatare('저쪽으로 옮기다'라는 뜻)가 13세기경 프랑스어인 de(s)port = disport가 되었으며, 비슷한 시기에 영어인 sporte 변화되고 이후 우리가 아는 Sport(s)라는 단어가 되어 19세기 영국에서부터 전 세계로 널리 퍼지게 되었다고 알려져 있다. 그렇다면 스포츠라는 단어가 확산되기 전까지 독일에서는 신체 활동이나 운동을 무엇이라고 불렀을까?

19세기 이전의 독일에서 신체 활동을 대표하는 단어는 체조Turnen였다. 여기서 말하는 체조는 우리가 오늘날 알고 있는 기계체조나 리듬체조와 같은 종목 이름의 "체조"로 번역되고는 있으나 실제로 Turnen은 우리가 알고 있는 종목으로서 체조 뿐 아니라 운동장에서 하는 각종 신체 활동을 사용하는 경기와 과거부터 독일에서 이어져 온 활동과 같이 가벼운 운동 종목들도 모두 포함하는 개념이었다(박상욱, 2017). 초기의 체조는 던지기 뛰기 그리고 정규적formal인 운동을 모두 포함했다(Naul & Hardman, 2002). 즉 우리나라에서 "체조"라고 번역되는 Turnen은 우리 몸을 가지고 하는 활동, 움직임 그 자체를 다루는 용어라고 할 수 있다. 그렇기 때문에 당시 독일에서는 지금처럼 각 종목별 협회 또는 독일올림픽체육회와 같은 단체가 활성화되기 전부터 독일 체조협회Deutsche Turnerschaft가 스포츠에서의 우산조직National Governing Bodies(NGBs)로서 역할을 수행하고, 스포츠조직들을 아우르며 독일의 국가 스포츠 이벤트를 조직, 운영, 관리하고 있었다.

이런 배경을 이해하고 보면 독일에서 처음 생긴 스포츠클럽은 "체조클럽"일 것이라는 생각을 자연스럽게 할 수 있다. 지금은 9만 개가 넘는 스포츠클럽이 있지만, 독일 스포츠클럽의 처음 시작은 19세기 초 루드비히 얀Ludwig Jahn[14]이 주도해서 만든 체조클럽이라고 불렸던 "Turnvereine"의 설립에서 출발했다. 특히 루드비히 얀은 1811년 베를린에 Hasenheide라는 공공 체조장Public space for gymnastics을 세우는 등 체조를 보급하는데 큰 역할을 했고 이런 노력의 결과 독일에서는 체조라는 종목이 독일 전체에 걸쳐 활성화될 수 있었다(Eisenberg, 2013).

이렇게 체조가 활성화되고 체조 관련 단체들이 국내 스포츠 전반을 관리하고 있었기 때문에 당시 독일 사람들은 체조연맹이 모든 스포츠 이벤트를 조직 및 운영하는 것을 당연하게 생각했다. 그러나 19세기 초 영국에서 발생한 스포츠라는 개념이 전 세계로 퍼져나가면서 독일 역시 자연스럽게 그 영향을 받았다. 특히 독일에서 유일하게 해안선을 가지고 있는 함부르크와 브레멘 등 북부지방은 영국 사람인들이 찾는 대표적 여름 휴양지들이었기 때문에 이와 같은 영향을 먼저 받게 되었다. 특히 이 지역에서 활동하는 영국 무역업자와 경영인들과 그들의 자녀들 그리고 독일인으로서 영국에서 영어를 배우고 그들의 생활양식을 익힌 사람들이 영국의 스포츠를 독일로 도입하는데 큰 영향을 미쳤다(Naul & Hardman, 2002). 한편 이런 영국의 영향으로 체조가 아닌 종목의 첫 스포츠클럽인 조정Rowing클럽이 1836년에 처음 만들어졌다(Krüger & Bausinger, 2005).

그러나 시간이 흐를수록 사람들은 더욱 다양한 스포츠 활동에 참여하기를 원했고, 다양한 관점(정치적, 이념적, 교육적 등)에서 과연 체조협회가 모든 스포츠 이벤트를 조직하는 것이 맞는지에 대해 많은 논쟁이 있었다. 이러한 논쟁들이 발생한 원인은 사람들이 체조 운동이나 체조인들의 활동에 반대하기 때문이 아니라, 체조연맹이 다양한 종목의 스포츠 이벤트를 조직하고 운영할 만한 능력이 부족하다는 판단 때문이었다(Krüger & Bausinger, 2005). 이러한 시대적 흐름에 따라 1836년 체조클럽이 소개된 이후부터 조정,

---

14 Friedrich Ludwig Jahn(1778-1852): 독일 체조 운동(Gymnastic Movement)의 창시자이다.

스케이트, 사이클 및 수영 등의 종목을 하는 스포츠클럽이 만들어졌다(Breuer et al., 2015). 그러나 이때의 스포츠클럽은 일부 상류층들만 참여할 수 있는 멤버십 클럽이었다는 점에서 기존 독일의 체조클럽들과 차이가 있었다. 체조클럽은 대부분 중간 계층 middle-class이 참여하고 있었고, 활동의 주목적이 신체 활동의 활성화였던 반면 스포츠 클럽은 경쟁과 우수함 추구striving for excellence였다(Naul & Hardman, 2002). 이렇게 시작된 체조클럽과 스포츠클럽은 오랫동안 상호 영향을 미치며 현재의 스포츠클럽으로 변화하게 된 것이다.

2) 스포츠클럽의 발달

독일의 스포츠클럽은 1836년 최초의 클럽이 만들어진 이후에 지속적으로 그 개수가 증가해 왔다. 아래 그림은 시대별 독일 스포츠클럽의 설립 비율을 나타내고 있다.

19세기 이후부터 제2차 세계대전까지 독일 스포츠클럽의 발달은 크게 2가지의 대립 관계를 통해 설명할 수 있다. 첫 번째 대립은 체조와 스포츠의 헤게모니 다툼이고, 두 번째 대립은 노동자 계층의 스포츠와 부르주아들의 스포츠 대립이다. 앞에서 기

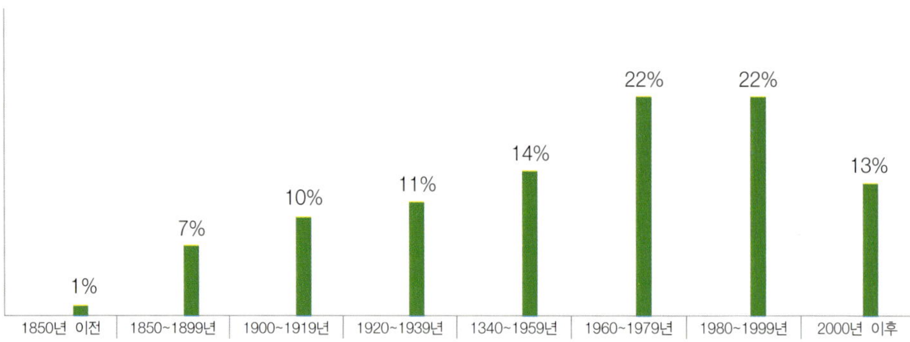

그림 2-5. 시기별 독일 스포츠클럽의 설립 비율
출처: Breuer et al. (2015)

술했듯 독일에서 최초로 생긴 스포츠클럽은 체조 종목의 클럽이었고 기존에 독일의 스포츠는 영국에서 스포츠라는 말이 생기기 전부터 체조라고 칭했기 때문에 독일 내에서는 체조가 신체 활동에 대한 헤게모니를 강하게 쥐고 있었고, 체조협회는 국가 전체의 스포츠를 총괄하는 핵심 조직이었다. 그런데 영국에서부터 스포츠라는 용어와 개념이 도입되기 시작하면서 기존에 체조가 가지고 있던 헤게모니는 스포츠와 스포츠클럽에 의해 위협을 받기 시작했다.

체조인Gymnasts들은 스포츠가 지나치게 경쟁적이기 때문에 스포츠 경기나 대회를 하다보면 오히려 사람들의 건강에 해로울 수 있고, 또 각종 시합과 대회를 통한 과도한 경쟁은 사람들에게 개인주의적 성향을 주입한다는 주장으로 스포츠를 비판해 왔다. 또한 스포츠의 발달 및 스포츠의 세계화가 그들의 자리를 위협한다고 생각했기 때문에 그들의 종목을 국유화Nationalization 하는데 주력하기도 했다.

반대로 스포츠인Sportsmen들은 각종 스포츠 이벤트 및 대회개최, 종목의 세계화에 관심을 갖고 행동에 옮기는 전략을 채택했는데 이 전략이 독일 내에서 스포츠의 자리를 확보하는 데 도움이 되었다(Krüger & Bausinger, 2005).

이러한 대립 속에서 1922년까지도 스포츠인들은 체조인들의 모임에 참석할 수가 없었고, 반대로 체조인들은 스포츠클럽에 의해 조직된 이벤트에 참가할 수가 없었다. 이 때 칼 딤Carl Diem은 대립구조를 해결하기 위해 각 협회는 각자의 분야에 맞는 리그나 게임 시스템을 개발하도록 제안했다. 이 제안을 통해 기존 체조인들이 독일에서의 모든 스포츠 이벤트(대회 등)를 기획, 운영했던 것에서 오직 체조와 관련한 이벤트만을 기획할 수 있게 되었다. 칼 딤의 제안에 따른 종목별 리그 및 시스템의 발달로 기존에 주도권을 갖고있던 체조인들은 자연스럽게 그 힘을 잃어갔고, 어떤 이들은 이 조치에 불만을 품기도 했다.

그러나 한편으로는 체조와 스포츠의 대립과 경쟁으로 각자의 분야에서 서로를 자극할 수 있었고 이러한 경쟁 덕분에 독일의 스포츠클럽들이 다양한 종목의 스포츠를 제공하고 회원들을 확보하면서 스스로 발달할 수 있는 기회가 되었다. 시대적 조류에 따라 점점 더 많은 스포츠 종목들이 독일 내에서 발달하면서 스포츠의 세계화는 독일 스포츠계에 피할 수 없는 일로 다가왔다. 독일이 올림픽을 유치하게 되고 칼 딤이 1916년 올림픽 독일 개최의 조직위원장으로 임명되면서 그는 독일 역사상 최초의 스포츠 부서의 관리자Officer가 되었다.

칼 딤은 스포츠클럽을 포함해 모든 스포츠 단체들의 수장이 되면서 독일 내의 스포츠 문화 확산에 앞장섰다. 특히 국제적으로 스포츠의 세계화가 이루어질 수 있도록 노력하였으며 국내에서는 스포츠와 국가주의를 연계시켜 아이들에게 스포츠를 가르치는 것이 국가의 힘을 강화하는데 도움이 된다고 굳게 믿게 했다. 그는 스포츠와 전쟁을 연결시켜 스포츠를 통해 어린 학생들에게 신체적, 정신적 강인함을 훈련시킬 수 있고 이는 앞으로 생길 전쟁에 필요한 군인들의 역량을 강화한다는 것을 강조했다. 이러한 생각들은 당시의 국가주의적 성향의 정치인들에게 굉장히 매력적으로 다가왔었고 그들의 지지는 칼 딤의 움직임에 점점 더 힘을 실어주는 역할을 하게 되었다(Krüger & Bausinger, 2005).

둘째로, 노동자들의 스포츠Workers' Sports와 부르주아Bourgeoisies의 스포츠 대립도 독일의 스포츠클럽 발달에 의미 있는 영향을 미쳤다. 기존 대부분의 스포츠클럽들은 부르주아들에 의해 설립되었기 때문에 대중의 대부분을 차지하는 노동자들이 참여하기에는 그 장벽이 너무 높았다. 그래서 노동자들은 스포츠 활동에 참여하기 위해 스스로를 위한 스포츠클럽을 조직하기 시작했다. 19세기 산업혁명의 영향으로 산업이 발달하며 노동자 수가 점점 더 늘어나게 되고, 그들은 부르주아들에 의해 조직되는 스포츠클럽에 참여하기를 원하지 않았고, 점점 상위계층이 주도하는 자본주의적 스포츠에 저항하기 시작했다. 그런 가운데 부르주아들의 이데올로기는 점진적으로 국가주의적, 심지어는 파시즘적으로 흘러갔고 그에 반해 노동자들에게는 사회주의적 스포츠의 발달을 그들이 추구해야 하는 방향으로 여겼다. 그런 과정에서 프롤레타리아Proletariats들과 상류층은 그들 각각의 스포츠를 발달시키기 시작했다(Krüger & Bausinger, 2005).

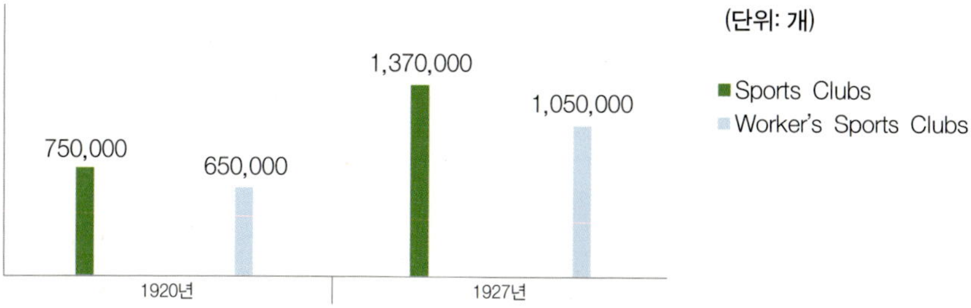

그림 2-6. 1920년대 독일 스포츠클럽과 노동자 스포츠클럽 회원 수 변화
출처: Woeltz & Voeltz(1977)

프롤레타리아들은 더 나은 시설과 스포츠 참여 기회 제공을, 상류층들은 스포츠 관련 연구 진흥 및 지도자 교육 등에 주안점을 두었다. 그런 노력을 통해 크게 총 7가지의 측면에서 스포츠가 크게 발달하였다: (1) 스포츠 시설의 건축, (2) 유소년들의 체육수업 의무화, (3) 직업학교에서의 체육교육, (4) 매일 진행되는 체육 수업, (5) 일광절약시간(섬머타임 제도), (6) 정부의 스포츠클럽 재정 지원, (7) 스포츠를 위한 지역별 행정조직 개발 및 지원(Krüger & Bausinger, 2005).

이러한 흐름에 따라 모든 커뮤니티에서는 스포츠시설을 건축 혹은 확장하도록 하는 사회적인 요구가 있었다. 특히 3만 명 이상의 인구가 사는 지역에서는 반드시 수영장을 만들어야 했고, 모든 시민은 0.1제곱미터의 체육관 시설과 3제곱미터의 운동 공간을 보장해야 했다. 물론 이것은 당시에 법적으로 의회를 통과한 적은 없으나 독일 사회 내에서의 암묵적인 동의가 있었으며 해당 크기의 운동 환경이 보장받아야만 운동의 효율성이 보장된다고 믿었다.

이러한 정책으로 1920년대 중반부터 스포츠 시설이 비약적으로 발달함과 동시에 모든 사람들에게 하루 최소 한 시간의 운동을 하는 것이 권장되었다. 스포츠에 대한 관심이 커질수록 독일에서는 어떻게 하면 스포츠를 활성화할 수 있을지에 대한 고민이 지속적으로 이루어졌다.

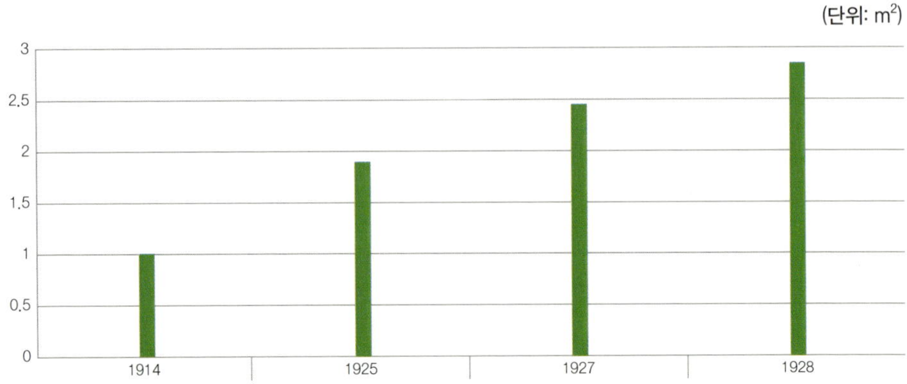

그림 2-7. 1920년대 독일 1인당 운동장 면적 변화
출처: Woeltz & Voeltz(1977)

그 결과 대부분의 학교에서는 일주일에 3시간의 필수 운동 시간을 책정해야 했고 정규 교육과정 외 활동으로 스포츠 활동을 편성했다. 스포츠클럽은 세제 혜택을 받았고 지역 간 원정 경기에 참여할 때도 할인된 가격의 열차표를 제공받는 등 다양한 직·간접적 재정적인 지원을 받기 시작했다. 특히, 1913년도부터 실시되었던 스포츠배지 프로그램은 사람들의 스포츠 활동을 촉진시키는 역할을 하였다. 특히 유소년들은 어린 시절부터 스포츠 활동을 하도록 지원을 받았기 때문에 그들은 평생에 걸쳐 스포츠와 함께한 삶을 영위할 수 있게 되었다.

이렇게 스포츠에 대한 사회적 인식이 확산되고 인프라가 구축되는 동안 노동자들의 스포츠는 다시 이념적인 차이로 두개의 집단, 공산주의적 스포츠인Communist sportsmen과 사회 민주주의적 스포츠인Social Democratic sportsmen으로 나뉘게 된다. 공산주의 스포츠인들은 스포츠를 프롤레타리아 혁명을 위한 준비 도구로 보았고 사회민주주의 스포츠인들은 스포츠를 삶의 질을 증진시키는 도구로 생각했다. 이러한 이념적인 차이 때문에 발생한 갈등으로 노동자들의 스포츠는 둘로 쪼개져 한목소리를 낼 수 없어지게 되며 그들의 독일 내 영향력이 전반적으로 약해지는 계기가 되었다(Krüger & Bausinger, 2005).

또한 제1차 세계대전에서 독일이 패배한 이후 일부 독일인들은 독일에 닥쳐온 경제적, 사회적 위기를 해결하기 위해 국수주의적Nationalistic인 성향을 띄기 시작했으며, 국수주의 성향 정당들의 주요 관심사는 독일을 군사적으로 강성하게 만드는 것이었다. 그리고 그런 국수주의적 정치활동이 독일의 위기를 극복하는 방법이라고 생각하기 시작했다. 물론 반대 성향의 사람들은 그러한 국수주의적인 정치색을 지닌 정당이 독재적인 위계질서를 만들기 위해 그들의 프로파간다를 잔인하고 공격적으로 성취하려 하는 것에 두려움을 느끼기도 했었다. 이런 상황에서 독일 내에서 스포츠는 클럽들에 의해 자주적으로 운영되는 것이 아닌 정치적인 목적에 의해 사용되기 시작했다.

이러한 움직임에 불만을 가지는 사람들이 있었지만 정치적인 흐름은 이미 거세진 상태였고 대부분의 시민 스포츠클럽들은 시스템에 적응하기 시작했다. 일부 사회주의 클럽이나 프로페셔널 클럽들만 자신들의 권리를 위해서 싸웠다. 그러나 당시의 학생들은 독일 정부에 회의적인 시각을 가지고 있었다. 그들은 현재의 정부가 충분히 독일답지 못하다고 생각하게 되면서 다수의 학생들이 국수주의적인 정당을 지지하기 시작했다. 그 학생들은 독일이 다시 예전처럼 힘을 갖기를 바랐고 국수주의가 그것을 도울 수 있다고 생각했기 때문에 이러한 이념에 쉽게 선동되었다. 비록 학생들의 비율은 인구 전체에 크지는 않았으나 그들의 영향력은 점점 더 커져갔고 그런 학생들이 졸업 후 사회로 진출하면서 이러한 상황은 독일 전체로 퍼져나가기 시작했다.

그런 상황에서 부르주아들의 스포츠클럽은 이미 국가주의적 정치와 가까워졌다. 그들은 바이마르 공화국에서 독일 내 스포츠의 발달에 크게 기여 했었지만 그들이 바이마르 공화국 때 가졌던 힘보다 더 많은 힘을 가지기를 바랐다. 이러한 흐름과 맞물려 히틀러의 이념과 스포츠 조직들의 이해가 맞아떨어져 스포츠는 점점 더 정치적으로 변해갔다. 히틀러는 강한 대중이 약한 똑똑한 개인보다 낫다고 주창했고 건강한 신체의 중요성을 강조했다. 따라서 스포츠는 이념적으로 독일인으로서의 정체성을 강화하는 독일화Germanification[15]를 지지하고 또한 국가사회주의National Socialistic State의 성장에 동조하게 되었다. 이런 과정에서 공산주의와 깊은 연관이 있었던 노동자들의 스포츠클럽은 자연스럽게 히틀러 정권에 의해 활동이 금지되었다(Krüger & Bausinger, 2005).

이런 와중에 여전히 스포츠와 체조는 분리되어 있었고 각각 이 정치적 흐름에 서둘러 올라타려 하고 있었다. 1933년 1월에 히틀러가 독일의 수상이 되고 그 해 4월 독일 체조협회는 나치를 지지하기로 결정하였다. 노이엔도르프Neuendorf라는 독일 체조협회 회장이 이러한 움직임을 주도하고 반대파들의 의견을 묵살하면서 협회를 그들의 입맛에 맞게 변형시켰고 흥미롭게도 스포츠와 체조클럽들은 한편으로는 자유와 민주주의를 원하면서도 나치의 움직임에 동조했다. 그러나 그렇게 나치를 지지하면서 독일 내에서 스포츠 운동을 주도하고자 했던 움직임은 이내 곧 실망으로 바뀌었다. 왜냐하면 히틀러와 나치당에게 스포츠는 그들의 정치적인 목적을 달성하기 위한 수단이거나 강한 군인들을 육성하는 도구일 뿐이었기 때문이었다. 이러한 움직임에 반대했던 많은 노동자 스포츠클럽의 체조인들은 유대인들과 함께 감옥에 보내졌다. 또한 각 협회의 수장들이 스포츠에는 별 관심이 없는 군인들로 채워지면서 부르주아 스포츠클럽들 역시 그들의 자주성과 목소리를 잃었다. 그리고 그 군 출신의 협회 수장들은 독일의 스포츠클럽들을 청소년들을 훈련시키고 사상 교육하는 단체로 만들었다(Guttmann, 2004).

제1차, 제2차 세계대전에서 독일 스포츠 및 스포츠클럽의 발달은 독일 내의 이민자 유입과 밀접한 관련이 있다. 제2차 세계대전 이전까지는 대부분의 이민자들이 폴란드 위주의 동유럽 국가의 이주민들이었고 대부분의 이민자들은 일자리를 찾아 독일로 넘어온 노동자들이었다. 이주 노동자들은 대부분이 독일의 광산산업에 종사했었고 그들은 그들 나름대로의 스포츠클럽을 구성하여 자체적으로 활동을 했었다. 그러나 이러한 폴란드 출신의 이민자들은 당시 독일화 정책Germanization[16]을 통해 그들의 이름

---

15 Germanification은 독일 내부에 있는 것들을 더욱 독일답게 만들고 이를 다른 지역 또는 국가로 확산하는 것을 말하며 흔히 Germanization과 혼동하게 되는데, Germanization은 독일 외부의 이민자들을 독일로 흡수시키는 등 독일이 아닌 것들을 독일화 시키는 것을 의미한다.

16 독일인이 아닌 사람들에게 독일어나 독일의 관습과 전통을 부여하여 독일 문화에 동화될 수 있도록 만드는 정책이다.

을 폴란드식에서 독일식으로 바꾸고 스포츠클럽명도 독일식의 이름으로 변경하여 현재는 독일의 어떤 클럽들이 폴란드 출신들이 설립하고 활동했던 클럽들인지 구분하는 것이 쉽지는 않다. 제1차 세계대전 이후 독일 내의 폴란드 이민자들은 감소하기 시작하는데 이는 독일이 제1차 세계대전에서 패배하면서 독일 내의 경제 상황이 안 좋아지고 일자리가 부족해지면서 이민자들을 배척하는 정책들이 나오기 시작했기 때문이다. 특히 1913년 이후부터는 독일 정부에서 이주 노동자들에 대해 그들의 가족을 데리고 이주하는 것을 금지하면서 그 추세가 뚜렷해졌다.

제2차 세계대전 이후에는 터키의 이민자들이 독일에 대량으로 유입되기 시작했다. 그러나 폴란드 이민자들과는 다르게 터키 이민자들은 독일 사회에 통합되기보다 그들 자체적으로 특정 지역에 모여 살고 그들만의 스포츠 리그와 클럽을 구성하여 살아가고 있었고 주로 노르트라인-베스트팔렌주(NRW) 지역에 대부분의 터키 이민자들이 모여 살기 시작했다. 독일 정부는 그렇게 독일 내에서도 독립적으로 살고있는 터키 이민자들을 독일 사회로 통합시키는 것이 그들 국가에 중요하다고 생각하였고 터키 남자들의 대부분이 스포츠 활동에 참여하고 있다는 사실에 주목하여 터키 스포츠 클럽들(축구클럽 위주)이 독일축구연맹Deutscher Fußball-Bund(DFB)에 가입하여 독일의 클럽 리그에 참여할 수 있도록 하여 스포츠를 통한 터키 이민자들의 사회통합을 위한 노력을 진행하였다.

마지막 이민자들은 독일 앙겔라 메르켈Angela Merkel 총리의 난민 수용 정책에 따른 난민 출신 이민자들이다. 이들은 어떤 경제적, 사회적 문화적 뒷받침이 되지 않고 나라에서 처음부터 끝까지 그들의 생존을 위해 지원을 해주어야 하는 이민자들로 그들이 기존의 독일 사회로 통합되기 위해서는 다양한 조치들이 선행되어야 했다. 특히 난민 출신의 이민자들은 언어나 교육 수준이 떨어지기 때문에 그들을 아무런 조치 없이 일반 독일 사회로 편입시킬 경우 그들이 사회의 문제를 야기할 수 있는 가능성이 높았다. 그래서 독일 정부로서는 최대한 그들을 사회화시켜 내보내야 한다는 부담을 가지게 되었다. 그런 가운데 스포츠클럽을 통한 난민들의 사회 통합이 ① 접근성(언어가 크게 중요하지 않음), ② 네트워크 형성(기존 독일 사회의 사람들과 어울릴 수 있는 기회 제공) 등의 측면에서 효과적이라고 판단하여 스포츠클럽에서 이민자들을 위한 프로그램을 제공하는 것에 대한 적극적인 지원을 하게 되었다(Krüger & Bausinger, 2005).

이렇듯 독일에는 다양한 출신의 이민자들이 독일 사회 내부로 다수 유입되었기 때문에 그들의 독일 사회 안착이 이민자들에게만이 아니라 독일 사회를 안정화하는데 매우 중요했다. 따라서 독일에서는 여러 방법으로 그들을 사회로 통합시키는 정책들이 필요했고 그중 하나가 독일올림픽체육회에서 진행하고 있는 "스포츠를 통한 통합 Integration Durch Sport(IdS)" 프로젝트이다.

IdS 프로젝트는 출신이 다른 사람들 간에 스포츠 활동을 통해 교류를 증대하고 이를 활용하여 사회적 통합에까지 기여할 수 있다는 생각에서 시작되었다. 이 프로젝트는 독일 연방정부와 주 정부의 예산 지원을 통해서 운영되고 있는데 주로 이주민, 난민을 포함한 사회적 약자를 대상으로 스포츠 활동에 참여할 수 있는 기회를 제공하기 위한 프로젝트라고 할 수 있다(박종철, 2022). 이와 같은 목적의 프로그램을 제공하는데 가장 적절한 조직이 바로 모든 지역에 다수 운영되고 있는 스포츠클럽이었고, IdS 프로젝트는 이러한 스포츠클럽을 적극적으로 활용하여 시행되고 있다. 현재 IdS 프로그램을 전문적으로 수행하며 지원을 받는 스포츠클럽은 약 1,650개에 이를 정도이며 2018년도부터 2020년까지 해당 스포츠클럽의 신규 회원은 총 51,485명이 증가했는데 약 5만 명의 신규 회원 중 절반 이상이 이주 배경을 가지고 있는 회원일 정도로 이주민들의 IdS 프로젝트를 통한 스포츠 활동 참여가 활발하게 이루어지고 있다(Kienbaum, 2021).

그림 2-8. DOSB의 IdS 30주년 기념 이미지
출처: 30 YEARS OF INTEGRATION THROUGH SPORT. (n.d.). https://integration.dosb.de/

3. 스포츠클럽의 형태와 설립 절차

1) 스포츠클럽의 단체 형태

독일의 스포츠클럽은 e. V. 라는 비영리 법인의 형태로 설립된다. e. V. 는 eingetragener Verein의 약자이며 비영리 단체라는 뜻으로 직역하면 등록된 자발적인 단체 또는 협회Registered Voluntary Association라는 법인격을 가지는 비영리 조직이라고 볼 수 있다. 한국의 공공스포츠클럽처럼 비영리 법인이라고 볼 수 있으며, 역시 마찬가지로 기부금 단체Gemeinnützigkeit 신청이 가능하다. 독일은 최소 7명만 있으면 e. V. 를 설립할 수 있으며. 해당 단체는 독일의 민법Bürgerliches Gesetzbuch(BGB)에 의해 그 설립과 관리의 근거가 마련되어 있다. 따라서 원칙적으로는 독일의 스포츠클럽이 설립되면 독립된 개별 법인격으로 간주되어 어느 조직에도 속하지 않고 자체적으로 활동이 가능하다.

다만 e. V. 라는 독일의 스포츠클럽 형태에 대하여 오해할 수 있는 부분 중 하나는 모든 e. V. 가 스포츠클럽은 아니며, 모든 스포츠클럽이 e. V. 는 아니라는 것이다. 독일의 스포츠클럽 형태인 e. V. 는 스포츠클럽을 의미하는 것이 아니라 "등록된 단체"라는 뜻이다. 지방법원에 설립을 신청하는 모든 e. V. 중 스포츠 활동을 목적으로 하는 단체들을 스포츠클럽Sportverein라고 부르는 것이다. 각종 사회활동 단체, 기타 비영리 목적의 모든 단체들이 e. V. 인 것으로 스포츠클럽이라는 단체 성격보다 상위 개념의 단체를 뜻하는 말이다.

독일 민법 21조BGB, §21, Non-Economic Association에 따라 상업적 이익을 목적으로 하지 않는 단체가 관할 지방법원에 의해 등록 단체로서의 법적 지위를 획득한다.[17] 따라서 독일의 스포츠클럽 역시 등록 단체로 설립이 되면 비영리 법인으로서의 지위를 획득

---

17 An association whose purpose is not aimed at an economic business, obtains legal capacity by entry in the register of associations of the competent district court.

하게 된다.

그러나 독일의 프로축구구단처럼 처음 시작은 비영리 성격의 e.V.로 하더라도 점진적으로 구단의 규모가 커지고 상업적인 활동을 위주로 클럽 운영이 필요한 경우에는 GmbH[18]나 AG[19]의 형태로 영리 법인으로 독립하여 운영되기도 한다. 예를 들어 과거 축구선수 손흥민 선수가 뛰었던 바이어 04 레버쿠젠Bayer 04 Leverkusen 클럽의 경우, 1904년 설립된 레버쿠젠의 스포츠클럽(현재 TSV Bayer 04 Leverjusen e.V.)의 축구종목 팀으로 운영해오다 1999년 Bayer 04 Leverkusen Fußball GmbH라는 프로 축구단으로 독립하여 상업 구단으로서 운영을 시작했다. 이렇게 독일의 스포츠클럽은 활동의 내용과 성격에 따라 e.V.가 아닌 형태로도 운영할 수 있다.

2) 스포츠클럽 설립 절차

e.V. 설립은 독일 민법(BGB)에 따라 이루어진다. 독일 민법 제2장의 e.V. 설립과 관련한 조항들을 보면 e.V.의 형태로 스포츠클럽을 설립하기 위한 절차를 알 수 있다. 제55조(등록 권한)부터 제60조(신청 거부)까지의 조항에 따른 e.V. 설립을 위한 필수 조건을 간단하게 요약하면 다음과 같다.

가장 먼저, 같은 목적(스포츠클럽은 스포츠 활동이 주 목적)을 가진 최소 7명 이상의 회원을 모아 창립총회를[20] 개최한 후 해당 지역의 변호사를 찾아가 관련 서류(클럽 설립 취지, 정관, 임원의 구성 등의 내용을 담은 등록 신청서와 구비서류 등)를 공증받아야 한다. 이러한 절차를 모두 마친 뒤 지방법원에 등록하면 e.V.로서 법인격을 획득할 수 있다.

이때 등록비는 총 90~140유로 수준(한화 10~16만 원) 정도라고 할 수 있는데 세부 내역은

---

18 GmbH: Gesellschaft mit begrenzter Haftung의 약자로 한국으로 치면 유한회사를 의미한다.

19 AG: Aktiengesellschaft의 약자로 한국으로 치면 주식회사를 의미한다.

20 특정 목적을 가진 사람들이 모여 해당 목적 달성을 위한 단체 설립을 논의하는 자리이다.

표 2-7. 독일 민법 내 Eingetragene Vereine 설립 관련 조항

구 분	회원 수
제55조 (등록 권한)	같은 법 제21조에 명시된 종류의 단체를 등록하기 위해서는 해당 단체가 위치한 지역의 지방 법원에서 해야 한다. (Die Eintragung eines Vereins der in § 21 bezeichneten Art in das Vereinsregister hat bei dem Amtsgericht zu geschehen, in dessen Bezirk der Verein seinen Sitz hat.)
제56조 (최소 회원 수)	단체 등록은 원칙적으로 7명 이상의 회원 수를 보유한 경우에만 가능하다. (Die Eintragung soll nur erfolgen, wenn die Zahl der Mitglieder mindestens sieben beträgt.)
제57조 (정관 최소 요구사항)	정관에는 단체의 설립 목적, 명칭 및 소재지를 기재하고 등록부에 이 단체를 등록하겠다는 뜻을 표시하는 것을 원칙으로 한다. 그 명칭은 원칙적으로 동일한 장소 또는 동일한 자치단체에 기존에 존재하는 등록 단체의 명칭과 달라야 한다. (1. Die Satzung muss den Zweck, den Namen und den Sitz des Vereins enthalten und ergeben, dass der Verein eingetragen werden soll.) (2. Der Name soll sich von den Namen der an demselben Orte oder in derselben Gemeinde bestehenden eingetragenen Vereine deutlich unterscheiden.)
제58조 (정관 추천 내용)	원칙적으로 정관에는 다음과 같은 조항을 포함해야 한다. 1. 단체의 가입 탈퇴 관련 조항 2. 회원의 회비 납부 방식과 유형에 대한 규정 3. 이사회의 구성 관련 4. 총회의 소집 조건, 소집에 필요한 양식 및 결과의 공증 (Die Satzung soll Bestimmungen enthalten: 1. über den Eintritt und Austritt der Mitglieder, 2. darüber, ob und welche Beiträge von den Mitgliedern zu leisten sind, 3. über die Bildung des Vorstands, 4. über die Voraussetzungen, unter denen die Mitgliederversammlung zu berufen ist, über die Form der Berufung und über die Beurkundung der Beschlüsse.)
제59조 (등록신청)	1. 이사회가 단체 등록을 신청한다. 2. 정관 및 이사회 임명에 관한 문서 사본을 신청서에 첨부해야 한다. 3. 정관에는 원칙적으로 7명 이상의 회원이 서명하고 창립일을 기재해야 한다. (1. Der Vorstand hat den Verein zur Eintragung anzumelden. 2. Der Anmeldung sind Abschriften der Satzung und der Urkunden über die Bestellung des Vorstands beizufügen. 3. Die Satzung soll von mindestens sieben Mitgliedern unterzeichnet sein und die Angabe des Tages der Errichtung enthalten.)
제60조 (신청 거부)	제56조부터 59조까지의 요구사항이 충족되지 않은 경우에는 지방법원은 해당 신청에 대해 거부 이유를 명시하여 기각한다. (Die Anmeldung ist, wenn den Erfordernissen der §§ 56 bis 59 nicht genügt ist, von dem Amtsgericht unter Angabe der Gründe zurückzuweisen.)

출처: 「독일 민법(Bürgerliches Gesetzbuch)」 제55조~60조

공증을 위한 수수료 약 26유로(3.4만 원 수준)정도, 지방법원 등기를 위한 등록 수수료 약 52유로(6.7만 원 수준, 재산 3천 유로 이하 클럽 기준) 그리고 등록증 발급 비용 약 10~30유로(1.3만 원~3.9만 원 수준)로 구분된다.

독일의 스포츠클럽 등록 절차와 유사하게 한국도 2021년 제정된 「스포츠클럽법」에 따라 스포츠클럽을 등록할 수 있는 제도를 마련하고 있다. 독일의 스포츠클럽 등록 절차와 한국의 스포츠클럽 등록 절차를 비교하면 다음과 같다.

표 2-8. 독일과 한국의 스포츠클럽 등록 절차 비교

구 분	독일(e.V.)	한국(등록스포츠클럽)
회원 수	최소 7명 이상 * 회비 납부 여부 무관	최소 10명 이상 * 회비를 납부하는 유료회원 기준
등록처	지방 법원	지방자치단체(시군구) * 등록업무 위탁: 지방체육회
정관	설립 목적, 명칭 및 소재지 필수 명시	명칭 및 목적, 대의기구 관련내용, 회비 납부 관련내용 필수 명시
조직도	미제출	제출
공증	필요	불필요
비용	총 90~140유로 수준 (한화 10~16만 원)	없음
기타 제출서류	없음	연간운영 계획서, 회원명부 및 회비납부 실적
체육단체 가입	자율적(지방체육회 또는 경기단체)	자동 가입(지방체육회 및 경기단체)

출처: 「독일 민법(Bürgerliches Gesetzbuch)」 제55조~60조 및 「스포츠클럽법」 제6조를 참고하여 재구성

두 나라의 스포츠클럽 등록 시스템을 비교해 보았을 때 신청 서류에 대한 공증 절차를 제외하면 오히려 독일의 스포츠클럽보다 한국의 스포츠클럽 등록 절차와 제출서류 등이 상대적으로 더 까다롭다고 할 수 있다. 독일에서는 7명 이상의 회원만 있으면 등록할 수 있는 반면 한국에서는 최소 10명 이상의 유료회원이 있어야만 스포츠클럽 등록이 가능하다. 또한, 독일은 스포츠클럽만을 위한 등록이 아니고 등록 단체로 등록하는 것

이기 때문에 등록처가 지방 법원인 반면 한국에서는 지방자치단체이며 스포츠클럽법에 따라 지방자치단체는 해당 등록업무를 지방체육회에 위탁하여 운영하고 있어 대부분의 스포츠클럽은 시스템 상 신청 서류를 지방체육회에 제출하게 된다. 두 나라 모두 클럽의 정관을 제출해야 하지만 한국의 스포츠클럽은 정관에 필수로 명시되어야 하는 내용이 더 많은데 특히 스포츠클럽의 대의기구(총회나 이사회 등) 관련 조항이 필수로 명시되어야 하는 점이 특징이다. 독일의 스포츠클럽은 변호사의 공증이 필요다 보니 관련하여 비용이 발생하는 반면 한국의 스포츠클럽 등록은 별도의 비용이 발생하지 않는다.

그러나 스포츠클럽법의 체육단체 가입 의제 조항에 따라 체육단체(지방체육회와 경기단체)가 정관으로 정하는 바에 따른 회비를 납부해야 하니 추후 관련하여 비용이 발생할 가능성이 있다.

3) 스포츠클럽의 유형

독일 스포츠 개발 보고서(2017/2018)에 따르면, 독일에는 약 9만여 개의 스포츠클럽이 운영되고 있다. 각 스포츠클럽의 평균 회원 수는 약 267명 수준으로 독일 스포츠클럽의 약 70% 이상이 회원 수 300명 이하의 소규모 클럽으로 구성되어 있어 독일의 보통 스포츠클럽이라고 하면 중 · 소규모의 스포츠클럽을 뜻한다(Breuer et al, 2020).

표 2-9. 독일 스포츠클럽의 규모별 구분

구 분	클럽 비율	회원 수 비율
~100명	46.6%	7.9%
101명~300명	29.3%	19.5%
301명~1,000명	19.8%	39.1%
1,001명~2,500명	3.7%	19.8%
2,500명 이상	0.6%	13.7%

출처: Breuer et al(2020)

중간규모의 클럽(회원 수 301~1,000명)은 약 20%, 약 4.3%의 클럽이 회원 수 1,001명 이상의 대규모 클럽이고, 그 중에서도 단 0.6%의 클럽만이 회원 수 2천 5백 명을 넘는 초대형 클럽으로 구성되어 있다. 따라서 우리가 일반적으로 독일의 스포츠클럽에 대해 이야기를 할 때 대상이 되는 스포츠클럽은 전체 클럽의 대다수를 차지하는 회원 수 1,000명 이하의 중소형 스포츠클럽이라고 할 수 있다.

또한 스포츠클럽에서 운영하는 종목을 살펴보면, 물론 종합형 스포츠클럽(2개 이상의 종목 서비스를 제공하는)도 흔하게 보이지만 대다수의 독일 스포츠클럽은 한 개의 종목만을 운영하는 단일종목형 스포츠클럽이다. 타 클럽들과의 관계는 대다수의 클럽이 단일종목 클럽이면서 해당 종목의 지역 리그에 참가하고 있기 때문에 자연스럽게 클럽 간의 경기가 이루어지고는 있으나 클럽 간의 위계는 따로 존재하지 않는다. 자연스럽게 클럽 간의 경기 및 상/하부리그로의 승격과 강등이 이루어지고는 있으나 그것은 리그나 팀의 수준에 대한 문제이지 그것을 제외한 클럽 간의 위계는 따로 존재하지 않는다.

그러나 특수한 경우로, 신규로 사람들이 모여 종목 클럽을 창단하는 경우에 기존에 운영되고 있는 클럽의 하부 클럽으로 소속되어 설립하는 경우가 있다. 그 이유는 기존 스포츠 시설들을 주요 클럽들이 이미 점유하고 있어서 새로 클럽을 설립해서 등록 후 지원을 받아 시설을 확보하는 것보다 기존이 운영 클럽의 하부 클럽으로 소속되는 것이 팀 운영 측면에서 훨씬 효율적이기 때문이다.

예를 들어, 필자가 독일에서 거주하던 시기에 e.V.의 형태로 축구클럽을 창단하려고 했을 때, 새로 클럽을 만들고 등록하는 자체는 시간이 그렇게 오래 걸리지 않지만, 지역 내에서 정기적으로 활동할 수 있는 시설을 지원받는 것이 생각보다 오래 걸리는 작업이라는 점을 알게 되었다. 따라서 새로운 팀을 만드는 것보다 오히려 기존에 운영 중인 축구클럽의 하부팀으로 소속되는 것이 더욱 빠르게 클럽 운영을 정상화하는 방법이라고 판단했다. 그랬을 때 클럽을 설립하는 복잡한 절차 없이 팀 전원이 해당 클럽에 가입 신청서를 작성하기만 하면 클럽에서 기존에 운영하던 클럽에 한 팀을 더 추가해주는 방식으로 경기장 지원, 훈련지원 및 팀 등록 지원을 해주었다. 그렇게 본인의 팀은 가입한 클럽의 이름을 사용하게 되고 해당 클럽의 다섯 번째 성인 남자 팀이 되었다.

4. 건강한 클럽 활동과 재정구조 구축 노력

1) 회원 구성 및 활동 프로그램

약 8천만 명의 인구를 보유한 독일에서 스포츠클럽에 참여하고 있는 인구는 현재 약 27.7백만 명으로 추정된다. 독일 전체 인구의 약 3분의 1 정도가 스포츠클럽 활동에 참여하고 있다고 할 수 있다. 회원 구성에 대한 내용을 자세히 살펴 보았을 때 성별로는 남자 중 약 35%정도, 전체 여자 중 23%가 스포츠클럽의 회원이다. 연령별 구성으로는 가장 많은 비율을 차지하는 것이 19세 이하의 청소년으로 약 24% 정도를 차지하는데 독일 전체인구에서 19세 이하 청소년이 차지하는 비율이 약 15% 정도이니 독일의 인구 구조보다 스포츠클럽에서 청소년이 차지하는 비율이 더 높다고 할 수 있다. 반면에 60세 이상의 노인 인구는 독일 전체 인구의 약 27%를 차지하지만 스포츠클럽에는 약 20% 정도가 참여하고 있기 때문에 독일 전체의 인구 구조보다 노인들이 스포츠클럽에 참여하는 비율이 낮다고 할 수 있다. 그리고 독일에 있는 약 9만 개의 스포츠클럽 중 약 3분의 2의 클럽이 이민자 출신의 회원을 보유하고 있고 이는 클럽 전체 회원의 약 6% 수준이라고 할 수 있다. 마지막으로 독일 스포츠클럽의 평균 성비는 일반적으로 남자 약 70%, 여자 30% 정도 수준이다.

독일올림픽체육회는 2년 단위로 스포츠클럽을 대상으로 조사를 실시한다. 2019년 독일 스포츠클럽 회원의 클럽 활동에 대한 만족도를 조사 결과를 보면, 클럽 활동에 대해 10점 만점에 8점 이상의 상당히 높은 만족도를 보이는 것을 알 수 있었다. 또한 클럽에서 제공하는 스포츠 활동에 대한 만족도는 8.5점 이상으로 매우 높은 수준이며 다른 사람들에게 클럽의 활동을 추천할 수 있는지에 대한 응답도 8.67점으로 매우 높게 나타났다. 반면에 클럽 활동을 그만두는 것을 고려하느냐는 질문에 1.85점으로 매우 낮은 수준을 보였다.

표 2-10. 스포츠클럽 회원 대상 만족도 조사 결과

구 분	만족도 구분	평 균
전반적인 클럽에 대한 만족도	0=전혀 만족하지 않는다 10=매우 만족한다	8.19점
제공 서비스(스포츠)에 대한 전반적인 만족도	0=전혀 만족하지 않는다 10=매우 만족한다	8.50점
종목 및 프로그램에 대한 만족도	0=전혀 충족되지 않았다 10=매우 충족된다	8.47점
해당 스포츠클럽의 추천 가능성	0=그럴 가능성이 없다 10=매우 가능성이 높다	8.67점
클럽 활동 중지 고려 여부	0=전혀 없다 10=매우 자주 고려한다	1.85점

출처: Breuer et al(2020)

상술하였듯이 독일 스포츠클럽의 활동 프로그램의 경우 대부분의 스포츠클럽이 단일종목형 스포츠클럽이기 때문에 특정 종목에 대한 강습과 훈련, 경기 프로그램을 제공하고 있다. 독일올림픽체육회에서 진행한 각 클럽별 목표에 대한 설문조사 결과, 클럽이 다양한 종목의 스포츠를 제공해야 한다는 것에 동의하지 않는다고 응답하는 클럽들이 다수였던 것도 이러한 맥락에서 이해할 수 있다. 2017년 독일 스포츠 개발 보고서에 따르면 클럽 회원을 대상으로 스포츠클럽의 목표 관련 의견수렴을 실시한 결과 스포츠클럽의 목표가 다양한 스포츠를 제공하는 것인지에 대한 질문에 대해 5점 만점에 2.15점으로 절반 미만의 높지 않은 점수를 보였다(Breuer & Feiler, 2017).

이렇게 단일종목을 제공하는 클럽들 위주로 이루어져 있지만 클럽의 단일 종목 내에서도 디비전을 수준별, 연령별로 다양하게 나누어서 활동하고 있다. 따라서 유소년들은 유소년들끼리, 성인은 성인들끼리 훈련을 하고 그들의 연령과 수준에 맞는 리그에 등록하여 시합에 참가하고 있다. 독일 스포츠클럽은 평균적으로 3.1개의 디비전을 가지고 있고 각 디비전마다 105.4명의 회원을 보유하고 있다(Breuer et al, 2013). 그러므로 지역 내에 다양한 종목별 클럽들이 있고 한 클럽 내에서도 디비전을 나누어 다수의 회원들이 연령별, 실력별로 서로 다른 디비전에서 리그 경기에 참여하고 있다.

2) 스포츠클럽 가입

독일의 스포츠클럽에서 활동하기 위해서는 클럽에 회원으로 가입하고 회비를 납부해야만 회원의 자격을 얻게 되고 클럽에서 제공하는 서비스를 받을 수 있다. 각 지역(시도) 체육회의 홈페이지에 들어가 보면(예: 쾰른시 체육회),[21] 본인이 거주하는 지역 근처에 어떤 스포츠클럽이 있는지 알 수 있고 그 지역의 클럽을 클릭하면 해당 클럽의 홈페이지로 연결되어 각종 문의 및 가입신청을 할 수 있다.

본인이 활동하기 희망하는 종목을 선택하고 주 거주지를 선택하면 클럽 목록이 나오는데 시 체육회 홈페이지에서 클럽 주소, 홈페이지, 연락처 등이 명시되어 있어 해당 정보를 기반으로 클럽에 가입 신청을 할 수 있다.

클럽에 가입하기 위해서는 최종적으로 클럽별 가입신청서를 써야 하는데, 가입신청서는 클럽의 형태에 따라 크게 종합형 스포츠클럽(다수의 종목 보유)과 단일형 스포츠클럽(1개 종목만 보유)로 구분된다. 아래의 그림은 종합형과 한종목형 스포츠클럽의 가입신청서 서식이다. 종합형 스포츠클럽은 클럽 가입 신청서에 회원이 어떤 종목에 참여를 하고 싶은 것인지를 기입하는 란과 각 종목에 따른 이용료가 얼마인지 등의 정보가 제공되고 있고 한종목 스포츠클럽은 종목을 선택하는 칸이 없는 반면에 종목협회에 가입하기 위한 정보를 기입하고 비용을 지불하는 등의 내용이 포함되어 있다.

21 쾰른시 체육회 홈페이지: https://www.ssbk.de/sport-im-verein/sportvereine-in-koeln.html

따라서 한종목형 스포츠클럽에 참여하고 해당 종목의 리그에 참여하기 위해서는 클럽 가입 신청서와 더불어 종목협회의 선수등록 신청서를 함께 작성해야 한다. 물론 종목협회에 선수등록을 하지 않고 트레이닝만 참여하는 경우 해당 종목협회의 선수등록비를 내지 않아도 되지만 그런 경우 대회나 리그 참여에 제한이 있기 때문에 대부분의 단일형 클럽의 회원들은 종목협회에 선수로 등록하는 경우가 많다.

SC Blau-Weiß 06 Köln e.V.
Bezirkssportanlage Fort Deckstein, Fort VI
Militärringstraße/Ecke Gleueler Str., 50935 Köln

Aufnahmeantrag

Mitgliedsnr.: ________
Aufnahme: ________
Abgemeldet: ________

Hiermit beantrage ich die Mitgliedschaft beim SC Blau-Weiß 06 Köln e.V.
(Bitte alle Angaben in Block- oder Maschinenschrift ausfüllen)

Familienname: ________
Vorname: ________
Straße / Nr.: ________
PLZ / Ort: ________
Geb. Datum: ________
Telefon: ________
Mobil: ________
E-Mail: ________

Beiträge: (Der Vereinsbeitrag ist ausschließlich per Bankeinzug zu entrichten)

Junioren	100,00 €	(zahlbar in 2 Raten zu je 50,00 €, jeweils zum 01.03. und 01.09. eines Jahres)
Senioren	120,00 €	(zahlbar jährlich in einem Betrag zum 01.09. eines Jahres)
Aufnahmegebühr	15,00 €	(einmalig bei Anmeldung)
Inaktive	60,00 €	(zahlbar jährlich in einem Betrag zum 01.09. eines Jahres)

Ich verpflichte mich / wir verpflichten uns durch meine / unsere Unterschrift:
- Am Sport- und Gemeinschaftsleben des SC Blau-Weiß 06 Köln e.V. teilzunehmen, die Satzung und Ordnungen des Vereins zu beachten, sowie Fairness und Kameradschaft zu üben.
- Als Erziehungsberechtigter des o. g. Mitglieds für die Beitragszahlung aufzukommen.
- Zum Einverständnis, dass ein Mannschaftsfoto auf welchem das o. g. Mitglied zu erkennen ist, auf der vereinseigenen Internetseite veröffentlicht werden darf.

Bei wesentlicher Nichterfüllung kann vom Vorstand der Verlust des Start- und Stimmrechtes verfügt werden. Die Kündigung der Mitgliedschaft ist per Einwurf-Einschreiben an unsere Geschäftsstelle zu richten.

Ich/Wir sind damit einverstanden, dass zum Zweck der Mitgliederversammlung meine/unsere persönlichen Daten edv-mäßig erfasst und gespeichert werden.

Ort, Datum　　Unterschrift Mitglied　　Unterschrift Erziehungsberechtigte/r

Einzugsermächtigung:
Hiermit ermächtige(n) ich/wir den SC Blau-Weiß 06 Köln e.V. widerruflich, die von mir/uns zu entrichtenden Beitragszahlungen zu Lasten des unten genannten Kontos mittels Lastschrift einzuziehen. Sollte das Konto die erforderliche Deckung nicht aufweisen, besteht seitens des kontoführenden Kreditinstitutes keine Verpflichtung zur Einlösung. Es ist mir/uns bekannt, dass Teileinlösungen im Lastschriftverfahren nicht vorgenommen werden und alle durch Nichteinlösung entstehenden Kosten von mir/uns übernommen werden.

Kontoinhaber: ________
Kreditinstitut: ________
IBAN: ________ BIC: ________

Ort, Datum　　Unterschrift des Kontoinhabers

SC Blau-Weiß 06 Köln e.V.
Geschäftsstelle:
c/o Daniel Buss
Zülpicher Str. 382
50935 Köln
Mobil: 0178 / 8000939

E-Mail: info@sc-blau-weiss-koeln.de
Internet: www.sc-blau-weiss-koeln.de
Sparkasse KölnBonn
BLZ 370 501 98
Konto-Nr. 5212972

1.Geschäftsführer: Daniel Buss
2.Geschäftsführer: Manuel Skorzenski
1.Jugendleiter: Dirk Schumacher
2.Jugendleiter: Taylan Can Issi
1.Kassierer: Mario Biallas
2.Kassierer: Marco Matheis

Spiel- und Trainingsstätte:
Eichenkreuz Sportanlage
Am Fort Deckstein (Fort VI)
Militärringstraße / Ecke
Gleueler Straße
50935 Köln

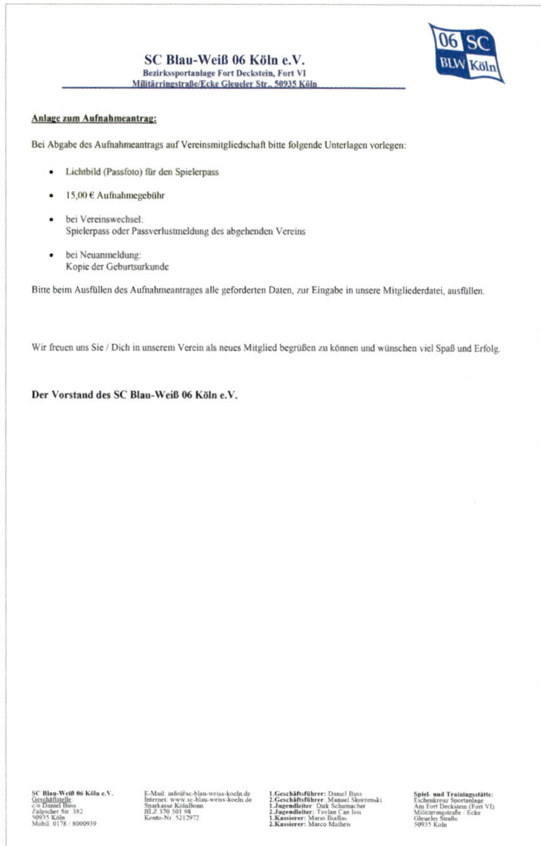

SC Blau-Weiß 06 Köln e.V.
Bezirkssportanlage Fort Deckstein, Fort VI
Militärringstraße/Ecke Gleueler Str., 50935 Köln

Anlage zum Aufnahmeantrag:

Bei Abgabe des Aufnahmeantrags auf Vereinsmitgliedschaft bitte folgende Unterlagen vorlegen:

- Lichtbild (Passfoto) für den Spielerpass
- 15,00 € Aufnahmegebühr
- bei Vereinswechsel:
  Spielerpass oder Passverlustmeldung des abgehenden Vereins
- bei Neuanmeldung:
  Kopie der Geburtsurkunde

Bitte beim Ausfüllen des Aufnahmeantrages alle geforderten Daten, zur Eingabe in unsere Mitgliederdatei, ausfüllen.

Wir freuen uns Sie / Dich in unserem Verein als neues Mitglied begrüßen zu können und wünschen viel Spaß und Erfolg.

Der Vorstand des SC Blau-Weiß 06 Köln e.V.

SC Blau-Weiß 06 Köln e.V.
Geschäftsstelle:
c/o Daniel Buss
Zülpicher Str. 382
50935 Köln
Mobil: 0178 / 8000939

E-Mail: info@sc-blau-weiss-koeln.de
Internet: www.sc-blau-weiss-koeln.de
Sparkasse KölnBonn
BLZ 370 501 98
Konto-Nr. 5212972

1.Geschäftsführer: Daniel Buss
2.Geschäftsführer: Manuel Skorzenski
1.Jugendleiter: Dirk Schumacher
2.Jugendleiter: Taylan Can Issi
1.Kassierer: Mario Biallas
2.Kassierer: Marco Matheis

Spiel- und Trainingsstätte:
Eichenkreuz Sportanlage
Am Fort Deckstein (Fort VI)
Militärringstraße / Ecke
Gleueler Straße
50935 Köln

그림 2-9. 한종목형(축구) 스포츠클럽 가입 신청서(SC Blau-Weiß 06 Köln e.V.)
출처: 스포츠클럽 홈페이지 https://www.sc-blau-weiss-koeln.de/

그림 2-10. 스포츠클럽에서 운동하는 모습

3) 스포츠클럽 재정

독일 스포츠개발보고서Sport Development Report의 2019년도 독일 스포츠클럽 대상 연구에 따르면 전체 독일 스포츠클럽의 3/4 정도는 손익분기점을 넘기는 재정 안정성 상태를 보여주고 있다(Breuer & Feiler, 2022). 이를 통해 미루어 보았을 때 전반적인 독일 스포츠클럽의 재정 상태는 안정적인 것으로 판단된다.

표 2-11. 독일 스포츠클럽 재정 안정성 현황(2019년)

구 분	클럽 비율	클럽 개수
전체 독일 스포츠클럽 중 손익분기점 (수익-지출이 0 이상)을 넘은 클럽	73.3%	64,600개

출처: Breuer & Feiler(2022)

그러나 2014년도의 스포츠개발보고서의 스포츠클럽 손익분기점 조사 결과와 비교하면 재정 상태가 흑자인 클럽의 비율이 다소 감소하는 추세가 있기에 이에 대한 일부 우려가 존재한다. 아래 표를 보면, 2014년도 대비 2016년도에 손익분기점을 넘긴 스포츠클럽의 비율이 약 3.7%, 개수로는 약 3,800개 클럽이 감소한 것을 알 수 있다. 물론 2016년도 대비 2019년에는 손익분기점을 넘은 클럽의 비율이 73.3%로 0.8% 정도 증가하였지만, 이는 2020년부터 이어진 COVID-19의 영향으로 전반적인 클럽 수가 감소했기 때문에 비율 상 증가한 것처럼 보이는 것이고, 손익분기점을 넘은 클럽 수는 실제 400 정도 감소한 것으로 나타났다. 따라서 이와 같은 손익분기점 이상 클럽의 수 감소 추세가 장기화되면 점점 재정적인 문제가 발생할 가능성이 큰 클럽들이 많아질 것이라고 예상된다.

표 2-12. 독일 스포츠클럽 손익분기점 현황(2016~2020년)

구분	연도	클럽 비율	클럽 개수
전체 독일 스포츠클럽 중 손익분기점 (수익-지출이 0 이상)을 넘은 클럽	2016	76.2%	68,800개
	2018	72.5%	65,000개
	2020	73.3%	64,600개

출처: Breuer & Feiler(2017); Breuer et al(2020); Breuer & Feiler(2022)

2013년 Wicker와 Breuer의 연구에서 진행한 설문조사 결과, 독일의 스포츠클럽들이 생각하는 그들 운영에 문제점은 크게 4가지: (1) 회원모집, (2) 자원봉사자 모집, (3) 지도자 모집, (4) 재정 문제였다. 그중에서도 가장 큰 문제는 자원봉사자 모집(평균

3.11)이었던 반면 재정 문제는 중간값인 2.5점 이하(2.31점)로 그다지 큰 문제가 아니라고 생각한다는 점이었다. 비슷한 시기에 진행된 웨스트버지니아 대학West Virginia University의 연구에서도 독일의 스포츠클럽 중 자원봉사자를 모집하는 것이 큰 문제라고 생각하는 클럽들이 많이 있었던 반면 클럽들은 재정 문제가 본인 클럽들에 중요한 문제는 아니라고 답했다(Coates et al., 2014).

독일 스포츠개발보고서(2017)에 따르면 스포츠클럽이 직면할 수 있다고 느끼는 문제점은 크게 8가지로[22] 구분할 수 있었는데 재정 상황에 대한 문제는 크게 우려하지 않고 있는 것으로 나타났다. 물론 코로나19 상황 및 비교적 과거의 자료(2016년도 자료)이지만 대부분의 독일 스포츠클럽은 클럽의 재정 상황이 악화될 것이라는 우려는 크게 하지 않을 것으로 여겨진다.

독일 스포츠클럽의 재정 현황을 수입과 지출 중심으로 살펴보면 다음과 같다. 우선, 스포츠클럽의 수입은 직접 수입과 간접 수입으로 나눌 수 있다. 직접 수입은 클럽이 눈에 보이게 가져갈 수 있는 현금성의 재원을 뜻하고 간접 수입은 스포츠클럽이 등록하여 활동하면서 얻을 수 있는 비현금성의 재원을 뜻한다. 보통 직접 수입의 60%는 회원들의 회비로 충당이 되고 22%는 클럽에서 하는 각종 사업(홈 경기 시 레스토랑 운영 등)을 통해서 얻는 수익금, 나머지 각 9%씩은 정부의 보조금과 지역사회에서 발생하는 기부금 등으로 구성되어 있다. 한편, 간접 수입으로는 지자체의 시설 사용료 감면 혹은 면제를 통한 시설사용 측면, 비영리 법인으로서의 세금 혜택 및 자원봉사자의 무급 혹은 저렴한 인건비를 통한 이익 등이 있다(Breuer et al., 2015).

독일 스포츠클럽의 재정을 한눈에 파악할 수 있는 수입과 지출 세부 내역은 아래 표와 같다. 클럽들의 가장 중요한 수입원은 회비였으며, 스포츠클럽이 자체적으로 식음료 또는 MD상품을 판매할 수 있어 이와 관련한 수익도 발생하고 있다. 한편, 지출에

22 8가지 주요 문제점은 자원봉사자 수급, 청소년 엘리트 선수 수급, 코치 또는 지도자 수급, 회원 모집, 지역 내의 인구 변화(고령화 등), 스포츠클럽이 적용받는 법이나 제도의 개정, 전일제 학교와 학제의 변경 순으로 파악된다.

서는 인건비와 시설 관련 비용이 가장 큰 비중을 차지하고 있다.

물론 스포츠클럽 설립의 배경, 운영 현황, 사업의 특성 등 클럽마다 처한 환경이 다르기 때문에 직접 비교하는 것은 어렵지만, 한국의 스포츠클럽(공공스포츠클럽 사업을 통해 선정/운영 중인 클럽)과 비교해 보았을 때 한국 스포츠클럽의 주된 수입원이 정부에서 주는 기금이라는 점이 가장 큰 차이라고 할 수 있다. 이를 통해 보았을 때 회원들이 납부하는 회비가 가장 주된 수입원인 독일의 스포츠클럽은 우리나라의 스포츠클럽보다 상당히 건강한 재정 구조를 갖추고 있다고 볼 수 있다.

표 2-13. 독일 스포츠클럽 수입 구조 비교(2016/2018년)

번호	수 입	2016		2018	
		평균	비율	평균	비율
1	회비 수입(Membership fees)	17,168€	46.6%	17,518€	45.6%
2	기부금(Donation)	3,516€	9.5%	3,705€	9.6%
3	스포츠 이벤트 (Sports events, revenues from entrance fees, etc.)	1,560€	4.2%	1,597€	4.2%
4	지방자치단체의 지원금 (Subsidies from the district/community)	1,502€	4.1%	1,552€	4.0%
5	자체운영 식당(Self-managed restaurants)	1,391€	3.8%	1,187€	3.1%
6	클럽주관 행사 (Convivial gatherings, e.g. club socials)	1,200€	3.3%	776€	2.0%
7	스포츠 코스(자격증 제도 등) (Sports course fees)	1,193€	3.2%	1,167€	3.0%
8	체육단체(지방 체육회 등) 지원금 (Subsidies from sports organization: confederations at regional and local level)	1,103€	3.0%	1,187€	3.1%
9	클럽 회원대상 수익사업(장소대관 등) (Cost-related services for members, e.g. fields, sports hall rent)	965€	2.6%	1,115€	2.9%
10	이사회비(Sponsorship from boards)	846€	2.3%	815€	2.1%
11	일반 대관료(Revenue from rent)	764€	2.1%	695€	1.8%
12	의류와 장비 후원 (Sponsorship from jersey and equipment)	550€	1.5%	450€	1.2%

13	인쇄 광고를 통한 후원 (Sponsorship from print advertisements)	431€	1.2%	327€	0.9%
14	비회원 대상 수익사업 (Cost-related services for non-members)	431€	1.2%	541€	1.4%
15	융자금(Raising of credit)	419€	1.1%	366€	1.0%
16	중앙 정부의 지원금 (Subsidies from the federal state)	412€	1.1%	339€	0.9%
17	기타 사업 운영(Business operations)	328€	0.9%	271€	0.7%
18	후원단체로부터의 지원금 (Subsidies by support association)	324€	0.9%	339€	0.9%
19	자금 운영(이자수익 등) (Fund management, e.g. revenue from interest)	294€	0.8%	300€	0.8%
20	종목단체 지원금 (Subsidies from sport organizations: federations)	262€	0.7%	321€	0.8%
21	가입비(Admission fees)	256€	0.7%	-	-
22	협력업체를 통한 수입 (Revenues from services for cooperation partners)	118€	0.3%	198€	0.5%
23	기타 지원 프로그램 지원금 (Subsidies from other support programs)	71€	0.2%	116€	0.3%
24	방송출연 후원금 (Sponsorship from broadcasting)	34€	0.1%	-	-
25	유럽연합 지원금 (Subsidies from the European Union)	12€	0.0%	14€	0.0%
26	기타 수입(Other revenue)[23]	1,698€	4.6%	1,767€	4.6%
27	행사 시 식음료 판매(Food and drink sales, e.g. at sports festivals or Christmas markets)	-	-	1,174€	3.1%
28	보험회사 지원금(Reimbursements / subsidies from health insurance companies)	-	-	521€	1.4%
29	MD상품 판매 (Sales of sportwear and sporting goods)	-	-	99€	0.3%

출처: Breuer & Feiler(2017); Breuer et al(2020)

23 기타 수입으로는 폐지수거, 음료판매, 건강보험 환급, 임대료, 태양광발전, 텀블러판매(예: 스포츠 장비 판매) 등이 있다.

표 2-14. 독일 스포츠클럽 지출 구조 비교(2016/2018년)

번호	지출	2016		2018	
		평균	비율	평균	비율
1	지도자 인건비(Coaches/instructors)	7,528€	23.2%	7,681€	23.7%
2	시설 운영비(유지/보수) (Maintenance and service of self-owned facilities))	4,633€	14.3%	4,460€	13.8%
3	장비 및 의류 구매 (Sports equipment and clothing)	2,354€	7.2%	2,442€	7.5%
4	시설 임대료(Rent and compensation for the use of other-owned sports facilities)	1,879€	5.8%	2.023€	0.0%
5	대회 및 경기운영 비용 (Execution of own sports events)	1,722€	5.3%	1,303€	4.0%
6	사무국 인건비(Administrative staff)	1,457€	4.5%	1,653€	5.1%
7	시설관리자 인건비 등 (Maintenance staff, ground keeper, etc.)	1,256€	3.9%	1,204€	3.7%
8	대출금(이자 등) (Debt services, e.g. interst, etc.)	1,253€	3.9%	1,023€	3.2%
9	훈련 및 대회 참가를 위한 교통비 (Travel expenses for training and competition)	1,186€	3.6%	1,189€	3.7%
10	일반 운영비(General administrative costs)	1,170€	3.6%	1,018€	3.1%
11	클럽 주관 행사 진행(비 스포츠 행사) (Non-sports-related event, e.g. convivial gathering)	1,151€	3.5%	788€	2.4%
12	종목단체 가맹비(Membership fees to sports organizations: federations)	1,100€	3.4%	1,008€	3.1%
13	지방체육회 가맹비 (Membership fees to sports organizations: confederations at regional and local level)	1,035€	3.2%	940€	2.9%
14	보험료(Insurances)	938€	2.9%	977€	3.0%
15	선수 인건비(Payments to athletes)	786€	2.4%	565€	1.7%
16	모든 종류의 세금(Taxes of all kinds)	694€	2.1%	619€	1.9%
17	기타 증가액(Accruals)	584€	1.8%	642€	2.0%
18	세무회계관련 자문 등(Tax consultant, account, notary; registration in the association register)	303€	0.9%	303€	0.9%
19	저작권비용 등(Gema-fee)	108€	0.3%	70€	0.2%

20	기타 지출(Other expenses)[24]	1,357€	4.2%	1,435€	4.4%
21	물품구매(Purchase of goods)	-	-	1,634€	5.0%
22	입장료 또는 등록비(Entry fees/registration fees)	-	-	628€	1.9%
23	심판비용(Referee/referee assignments)	-	-	480€	1.5%
24	각종 기념/시상품(Honors, gifts)	-	-	341€	1.1%

출처: Breuer & Feiler(2017); Breuer et al(2020)

4) 스포츠클럽의 지출 절감 노력

(1) 스포츠클럽의 자원봉사자 확보

독일의 스포츠클럽에서 직접적으로[25] 자원봉사 활동을 하는 자원봉사자는 총 170만 명 정도 되는 것으로 파악되며 남자는 120만, 여자는 50만 명 정도로 조사되었다. 이 자원봉사자들의 노동력을 금액으로 환산할 경우 매달 3억4천3백만 유로(한화 약 4천4백억 원), 매 년 약 41억유로(한화 약 5조3천억 원) 정도로 추산되고 있는데 여기서 중요한 점은 해당 금액은 위에서 언급한 1차 자원봉사자인 170만 명에 대한 수치이고 독일 내에서는 1차 자원봉사자 뿐만 아니라 2차 자원봉사자(특별한 상황에서만 자원봉사를 하는)가 약 6백30만 명 정도 활동한다. 따라서 독일 스포츠클럽의 자원봉사자를 말할 때 1차/2차 자원봉사자를 합쳐 약 8백만 명 정도가 자원봉사 활동을 하고 있다고 볼 수 있는 것이다. 아래의 표는 독일 스포츠클럽에서 자원봉사자들이 참여하는 직책의 평균 및 총수를 나타내고 있다.

24 기타 지출로는 감가상각비, 교육훈련비, 은행수수료, 수도 및 에너지 비용, 기종, 회원/자원봉사자를 위한 선물, 홈페이지, 유지보수, 임대, 트로피/상잔, 수리, 심판, 입장료, 수의사, 훈련 캠프, 클럽 잡지/신문, 판촉/광고가 해당된다.

25 특별한 일정에만 참여하는 자원봉사자가 아닌, 정기적으로 스포츠클럽 활동에 참여하는 자원봉사자를 의미한다.

표 2-15. 독일 스포츠클럽 자원봉사자 구성 및 현황

자원봉사자 구성	평균(명)	총합(명)
임원(At board level)	8.3	750,300
운영진(At executive level)	9.0	808,000
회계(Cash auditor)	1.6	143,100
총합	18.9	1,701,400
남성	13.0	1,173,500
여성	5.9	527,900
근무시간(월간)	13.4	22,851,000

출처: Breuer & Feiler(2017)

이 중에서 클럽 운영진Executive level은 다양한 기능들을 하는 부분으로 구성되어 있는데 경영진이나 코치, 지도자, 심판 역시 포함이 된다.

독일 스포츠클럽의 지도자는 대다수가 자원봉사자로 구성이 되어 있다. 인건비를 받는 유급 지도자는 전체의 약 12% 정도이며 전임 유급지도자는 거의 없다고 볼 수 있고 클럽이 원하는 경우 시간당 급여를 지불하는 시간제로 활동하는 경우가 많다. 또한, 88%의 지도자는 클럽 회원이면서 동시에 무급 자원봉사 지도자이고 이들은 보통 클럽의 회비를 면제받는 것을 제외하고는 따로 클럽 측에서 받는 혜택은 없다. 지도자 활동을 위해서는 꼭 대학 졸업을 하지 않았더라도 지도자 자격증만 보유하고 있으면 클럽에서 지도자로 활동할 수 있고, 다수의 체육대학 학생들이 파트타임으로 스포츠클럽에서 지도자로 일하고 있다. 그러나 파트타임 지도자들은 자원봉사자로 볼 수는 없고, 보통 미니잡Mini job[26] 수준 이하의 지도자들을 봉사활동 지도자로 보고 있다. 한 예로, 쾰른 인근 지역의 스포츠클럽들의 경우 클럽 지도자들(생활스포츠)는 대부분 체

26 독일의 하르츠 개혁(Hartz reforms)에 의해 생긴 제도로 노동자가 세금을 부담하지 않는 주 20시간 이내 파트타임 아르바이트 방식의 고용 형태(2024년 기준 월 520유로 이하)를 의미한다.

육대학 학생들이 파트타임 아르바이트나 미니잡의 형태로 각 스포츠클럽에 근무하고 있으며, 기존에 꾸준히 활동하고 있는 일반 회원들 중에서도 종목별 협회에서 발급하는 종목 지도자 자격증을 취득한 사람이 자원봉사로 클럽의 유소년들을 지도하고 있다.

클럽 운영진인 매니저(행정직원)의 경우 전체 클럽 중 약 5.7%의 클럽(5,100개)만 유급 직원을 보유하고 있고 그 중에서도 풀타임 매니저는 1.6%(1,400개), 파트타임은 4.1%(3,700개) 정도이다. 따라서 대부분의 클럽(94.3%)의 매니저들은 무급, 자원봉사 기반으로 활동하고 있다고 할 수 있다(Breuer & Feiler, 2017).

지금은 독일 스포츠클럽 자원봉사자 수급이 안정적이라고는 하지만 여전히 클럽에게 자원봉사자 확보는 가장 중요한 쟁점 중 하나이다. 아래 표는 클럽에서 자원봉사자를 모집하는 방법을 조사한 결과이다. 독일 스포츠클럽의 자원봉사자의 흥미로운 특징 중 하나는 대부분의 자원봉사자들을 클럽 내부에서 확보하고 있다는 점이다. 다른 나라들의 자원봉사자 수급 사례를 볼 때, 많은 국가에서 자원봉사자 풀을 보유하고 있고 클럽에서 해당 자원봉사 센터에 자원봉사자의 파견을 요청하는 경우가 있으나 아래의 표에도 나와 있듯, 클럽 멤버가 아닌 외부에서 클럽의 자원봉사자를 구하는 경우

표 2-16. 독일 스포츠클럽의 자원봉사자 모집 방법

모집 방법	클럽 비율	클럽 수
자원봉사자들에게 구두로 독려 또는 동기 부여	70.4%	63,500개
자원봉사자들을 위한 파티나 사교 모임 주선	62.5%	56,400개
현재 활동하는 자원봉사자와의 네트워크 활용	54.7%	49,400개
자원봉사자에게 추가 교육이나 자격과정 제공	40.6%	36,600개
봉사활동에 참여할 것으로 예상되는 사람에게 요청	26.7%	24,100개
봉사활동에 참여할 것으로 예상되는 청소년 회원 부모에게 요청	17.9%	16,200개
물질적인 보상	15.7%	14,200개
클럽 멤버가 아닌 외부에서 클럽 자원봉사자를 모집	8.4%	7,600개

출처: Breuer & Feiler(2017)

는 전체 클럽의 단 8.4%에 불과했다. 이는 독일 내에서 스포츠클럽의 자원봉사자로 참여하는 것이 어떤 인위적인 노력들에 의한 결과가 아니라, 클럽 회원들의 자발적인 참여이며 클럽에 대한 애정과 소속감을 통해 자연스럽게 나온 결과라는 것을 보여준다고 할 수 있다.

(2) 단일종목/소규모 스포츠클럽 중심 안정적 재정 구조

대부분의 독일 스포츠클럽은 단일종목 스포츠클럽이고 회원 수가 많지 않은 중-소규모 클럽 위주로 구성되어 있다. 따라서 클럽을 운영하는데 많은 시설이 필요하거나, 전문 인력이 필요한 업무들이 많지 않은 편이다. 그렇기 때문에 클럽의 규모 대비의 운영에 드는 운영비가 한국에 있는 공공스포츠클럽과 비교했을 때 상당히 낮은 수준으로 유지되고 있다. 총 회원이 100명 이하인 소규모 스포츠클럽이 전체의 46.6%에 해당하고, 회원 수가 300명 이하인 중-소규모 클럽의 비율은 전체 클럽의 약 76%, 3/4 수준이다. 반면에 클럽 회원이 1천 명 이상의 클럽은 전체의 4.3%로 소수의 클럽만 거대 규모를 유지하고 있다고 볼 수 있다.

표 2-17. 독일 스포츠클럽의 규모

구 분	클럽 비율	회원 수 비율
~100명	46.6%	7.9%
101명~300명	29.3%	19.5%
301명~1,000명	19.8%	39.1%
1,001명~2,500명	3.7%	19.8%
2,500명 이상	0.6%	13.7%

출처: Breuer et al(2020)

2016년도 조사 결과에 따르면, 독일 스포츠클럽의 연평균 수입은 약 38,900유로(한화 약 5,368만 원) 수준이었으며 연평균 지출은 약 35,032유로(한화 약 4,831만 원)으로 연 평균

지출 대비 평균 수입의 수준이 높아서 재정 안정성을 유지하고 있다고 볼 수 있다. 보통 소규모라고 할 수 있는 100명 이하의 클럽들이나 중소규모의 클럽들(300명 이하)은 연간 운영비 총 5천만 원 미만의 수준으로 비교적 소액으로 운영이 되고 있어서 대부분의 운영비를 클럽의 자체 수입으로 충당하고 있다.

이렇게 중소규모의 클럽 위주의 운영이 중요한 이유는 클럽의 규모가 커질수록 클럽에서 처리해야 하는 업무의 강도, 복잡도가 늘어나다 보니 전문 인력과 유급인력의 필요성이 급격히 증가하게 되기 때문이다. 이는 클럽의 운영비, 특히 인건비의 상승을 유발하게 된다는 점에서 클럽에 재정적 부담을 가중시키고 있다.

표 2-18. 독일 스포츠클럽 회원 수에 따른 수입지출 비교

단위: 만원(유로)

구 분	총 수입(Total revenue)		총 지출(Total expenditure)	
	평균 (Mean Value)	중간값 (Median)	평균 (Mean Value)	중간값 (Median)
총 계	5,368 (38,923)	1809 (13,120)	4,831 (35,032)	1,586 (11,505)
클럽의 규모(회원 수)에 따른 수입지출 현황				
100명 이하	1,400 (10,143)	690 (5,000)	1,282 (9,288)	593 (4,300)
101명~300명	4,642 (33,632)	2,952 (21,387)	4,296 (31,131)	2,555 (18,515)
301명~1,000명	12,659 (91,717)	8,470 (61,369)	11,051 (80,064)	7,227 (52,359)
1,001명~2,500명	30,623 (221,865)	24,890 (180,325)	27,676 (200,513)	20,829 (150,904)
2,501명 이상	125,092 (906,280)	80,122 (580,478)	114,911 (832,516)	69,238 (501,620)

출처: Breuer et al(2020)

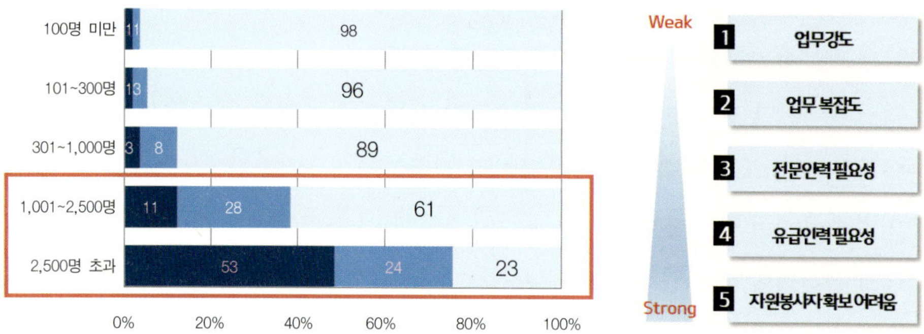

그림 2-11. 독일 스포츠클럽 규모에 따른 유급근로자 보유 비율
출처: Breuer et al(2020)

그래프를 보면, 전체 독일 스포츠클럽의 절반 이상(약 57%)의 클럽이 연간 총운영비 15,000유로(약 2천만 원) 미만의 적은 운영비의 수준으로 운영되고 있음을 알 수 있다. 연간 운영비 1억 원 수준을 초과하는 높은 지출의 수준을 보여주는 클럽의 비율은 독일 전체 클럽의 10.5% 수준으로 소수의 클럽뿐이며 이 중 운영비 1억 3천만 원을 초과하는 클럽은 전체의 7% 수준 밖에 되지 않는다.

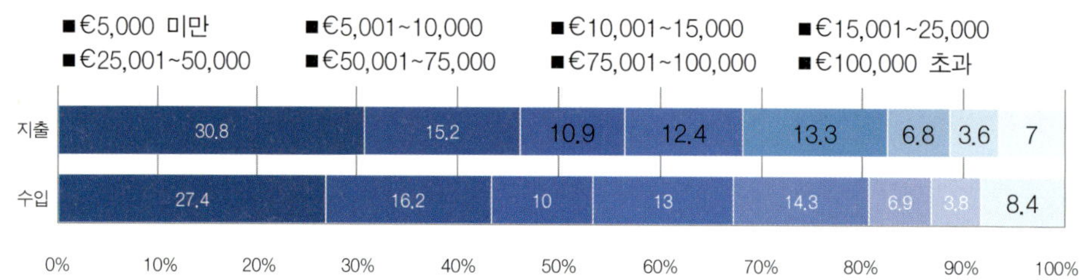

그림 2-12. 독일 스포츠클럽 수입지출 규모 별 분포 비율
출처: Breuer et al(2020)

(3) 독일 스포츠클럽의 수입 다변화 노력

독일의 스포츠클럽은 비영리 단체이기는 하지만 내부적으로 재정 구조에 따라 크게 2가지의 형태로 구분할 수 있다. 스포츠클럽 중 생활스포츠에 주로 집중하고 있는 클럽들의 경우 수입의 대부분이 회원들이 내는 가입비 및 회비로 구성된 반면에, 엘리트스포츠에 더욱 중점을 둔 클럽들의 경우 클럽 관계자 인터뷰를 진행해본 결과 대부분 클럽이 후원사를 가지고 있고 후원사를 통해 받는 금액이 클럽 재정의 다수를 차지하고 있는 경우가 많았다.

노르트라인-베스트팔렌(NRW)주 지역의 3개 클럽의 관계자와의 인터뷰 결과, 생활스포츠 중심의 클럽의 경우 당연히 종목별 리그에도 참여하고 있고 대회에 참가하고 있지만, 그들이 가져오는 성적에는 크게 연연하지 않고 있고 클럽에서도 단순히 그들이 경기와 훈련에 참여하는 것에 의의를 두고 있다고 설명했다. 그 클럽에 중요한 것은 클럽의 생존이지 좋은 성적이 아니라는 부분도 덧붙여 설명했다. 그러나 클럽의 주요 철학 중 엘리트 선수 육성이 포함된 클럽의 경우, 클럽의 예산 중 상당 부분이 우수 선수를 클럽으로 데려오고 또 육성하는 데 사용되고 있다. 그렇다 보니 일반 생활스포츠 중심의 클럽들보다 사용해야 하는 예산의 범위와 규모가 훨씬 커지게 되고 클럽에서 자체적으로 만들어 내는 재원만 가지고는 클럽에서 엘리트(대표팀 수준) 선수들을 육성하는 데 분명한 한계가 있다. 그래서 클럽 관계자는 대부분의 엘리트 선수 육성을 중점으로 하는 클럽들의 경우 후원사의 후원을 받는 경우가 대부분이라고 설명했다. 엘리트에 집중하고 있는 클럽은 지역에서 좋은 선수들을 스카우트하고, 좋은 성적을 기반으로 더 많은 후원을 유치하는 것이 주된 전략이라고 할 수 있다. 그러나 독일 전체에 있는 스포츠클럽을 봤을 때 엘리트에만 집중하고 있는 클럽은 그 비율이 높지 않다.

후원사의 후원을 받지 않는 생활스포츠 위주의 클럽들의 경우 생존을 위한 다양한 전략들을 수립하고 있는 것을 확인할 수 있다. 독일 NRW 주에 Bürhl 지역에 있는 한 클럽의 경우 클럽 내부에 각 종목 별 책임자를 두고 그 책임자가 해당 종목의 적자를 방지하기 위해 노력하고 있다. 그럼에도 불구하고 일정 기간 이상 지속적으로 적자가 발생할 경우 해당 종목을 과감하게 폐지하고 새로운 종목을 시도하는 적극적이고 공격적인 방향으로 클럽을 운영하고 있다.

그리고 클럽 회원의 회비 위주로 재원이 구성된 생활스포츠 위주 클럽의 경우 회원 확보 및 회비 수입 증가가 가장 중요한 수입구조 관리 방법이라고 할 수 있다. 최근 27세부터 40세의 회원 수가 지속적으로 감소하는 경향을 보이는데 그 이유에 대해 클럽에서 자체적으로 분석한 결과, 클럽의 운영 종목의 특성이 주요 원인임을 알게 되었다. 클럽이 운영하는 단체 종목의 경우 일정한 시간에 다 같이 모여서 트레이닝을 실시하고 시합을 하는 등의 고정적인 일정에 따라야 하는 등 제약이 있지만, 해당 나이의 사람들은 가장 활발하게 사회 활동을 하는 시기이기 때문에 고정된 일정의 트레이닝에 참여하는 것이 쉽지 않은 것이다.

따라서 27-40대의 사람들은 본인이 편리한 시간에 참여할 수 있는 개인종목이나 웨이트트레이닝 등의 프로그램에 참여하는 것을 선호하고 구기 종목 등의 단체 종목들의 참여자는 점점 줄고 있는 상황에 놓여있다고 할 수 있다. 그래서 기존에 스포츠클럽은 휘트니스 등 건강 관련 프로그램을 운영하는 클럽들이 많지 않았지만, 클럽의 재정 안정성을 확보할 필요성이 생김에 따라 매달 상대적으로 높은 수익을 보장하는 헬스장을 운영하는 클럽들이 많아지고 있다. 예를 들어, 기존 종목들이 월 10유로 이하의 회비를 받지만 헬스장은 월 40유로 이상의 회비를 받을 수 있어 클럽의 수입이 증가하는 효과가 있는 것이다.

그러나 독일의 클럽들도 재정적인 생존을 위해 종목의 변화, 특히 휘트니스 센터 위주 운영을 하게 되면서 다양한 문제점들이 드러나고 있다. 특히 회원들이 개인종목 위주로, 강습을 받지 않고 운동을 진행하게 되면서 회원들의 클럽에 대한 소속감이 점진적으로 감소하고 있는 것이 가장 큰 문제라고 할 수 있다. 회원이 클럽에 소속감을 느끼고 회원이 주인이 되어 활동하는 것이 독일 스포츠클럽의 차별성 중 하나인 것으로 보아 헬스장을 이용하는 회원 수가 증가하는 현상은 장기적으로 독일 스포츠클럽 성격의 변화를 일으킬 수 있는 요인이라고 할 수 있다.

독일의 스포츠클럽이 재정 안정성 유지를 위해 휘트니스 센터에 집중하는 현상은 독일 스포츠클럽의 사설 휘트니스 센터와의 차별성을 저해하는 또 다른 문제를 야기할 수 있다. 심지어 새로 시설을 지은 스포츠클럽의 헬스장의 경우 기존의 사설 피트니스 센터보다 비싼 회비를 징수하고 있다. 실제로 클럽의 신축 헬스장 시설을 방문해보면 스포츠클럽의 헬스장을 선택하게 된 계기가 가격 경쟁력이 있어서가 아니라 심지어 사설 센터보다 좋은 시설을 보유하고 있기 때문이라고 설명하는 사람들도 있다.

5. 주요 관계 기관과의 유기적인 협업

1) 국가 스포츠시스템 내 스포츠클럽

독일의 모든 스포츠의 시작은 '스포츠클럽에서부터'라고 할 수 있을 정도로 스포츠클럽은 대중스포츠의 제공부터 엘리트 체육인의 양성까지 독일의 스포츠 시스템에서 뿌리의 역할을 하고 있다. 2006년에 독일체육회Deutscher Sportbund(DSB)와 국가올림픽위원회National Olympic Committee가 독일올림픽체육회Deutscher Olympischer Sportbund(DOSB)로 통합되면서, 독일올림픽체육회는 독일의 각 스포츠단체(지방체육회와 종목단체)들의 이해관계를 대표하는 최상위 우산조직이 되었다. 제1장 독일스포츠 행정에서 상술하였듯이, 독일올림픽체육회는 총 111개의 회원단체(종목단체 포함)와 스포츠클럽의 회원을 포함한 2천 8백만의 회원이 속해 있다. 독일 내의 16개 주체육회, 68개의 종목단체(43개의 올림픽 종목단체와 25개의 비올림픽 종목단체), 그리고 17개의 특수한 목적을 가진 체육협회가 속해있다.

독일 내에서 국가대표급 엘리트스포츠라고 할 수 있는 Top-level의 스포츠는 국가(연방정부)에서 직접 관리하고 있지만, 국가가 정치 시스템으로 연방제를 채택하고 있으므로 각 지방의 스포츠는 국가가 모든 것을 지배하고 지방은 국가가 정한 방향대로 따라야 하는 위계적이거나, 하향식으로 운영되지 않고 각각의 단체들에 의해 상당히 독립적으로 운영되고 있다. 그러면서 연방정부와 지방정부 등 공공의 영역에서 시민들에 대한 스포츠 서비스를 충분하게 제공하지 못하고 또 상업적인 스포츠 제공자들이 대중들의 다양한 스포츠 활동에 대한 요구를 충족시키지 못하는 상황에서 제3의 영역이라고 할 수 있는 스포츠클럽이 국가가 제공하지 못하는 국민 전체의 공공복지 증진에도 공헌하고 있다고 할 수 있는 것이다. 그래서 독일에서는 스포츠클럽이 공공복지 성격의 서비스를 제공한다는 측면에서 정부가 또는 체육단체가 스포츠클럽에 각종 공공 자금을 지원하는 것이 합당하다고 여겨지고 있다(Hallmann & Petry, 2013).

또한 스포츠클럽의 역할이 단순히 건강증진과 같은 공공복지의 증진에만 그치는 것이 아니라 대중들에게도 공익Public Good을 제공한다는 측면에서 의미가 있다. 독일의 스포츠클럽에서 어리고 재능이 있는 선수들을 육성하고 있고 그 선수들이 자라나서 각종 국제 스포츠 이벤트에 참가하고 또 좋은 성적을 거두면서, 클럽 소속의 선수들의 이런 역할을 통해 독일의 국가 스포츠의 성공을 이루어 냈다는 것에 대해서 시민들의 자부심을 높이고 있다(Breuer et al., 2015).

스포츠클럽과 체육단체의 관계를 살펴보았을 때, 독일 스포츠클럽은 "e. V."[27]라고 불리는 비영리법인의 형태로 운영이 되고 있기 때문에 체육회 및 종목단체와 법적으로는 독립된 단체이다. 그러나 위의 그림에서 볼 수 있듯, 독일 스포츠클럽은 클럽의 설립과 법인 등록 후에 그들의 자발적인 선택으로 시체육회, 주체육회, 종목단체 및 독일올림픽체육회(DOSB)에 회원단체로 가입할 수 있다.[28] 만약 스포츠클럽이 체육단체(지방체육회와 지방 종목단체)에 가입하지 않은 경우, 지방자치단체에서 체육단체를 통해 진행되는 다양한 사업, 예를 들면 지방체육회에서 진행하는 스포츠클럽 시설 개선사업

27 e.V.: eingetragener Verein(등록 단체).

28 이와 관련하여 국내에서는 2022년에 시행된 「스포츠클럽법」을 통해 지방자치단체에 등록한 스포츠클럽의 경우 같은 법 제8조(체육단체 가입 의제)에 따라 스포츠클럽의 의사와 상관없이 자동으로 「국민체육진흥법」에 따른 지방체육회와 경기단체에 가입한 것으로 보게 되기 때문에 자유 의지로 체육단체 가입을 선택할 수 있도록 하는 독일과는 차이가 있다.

또는 종목단체에서 진행하는 종목별 리그, 대회 사업에 참여할 수 없기 때문에 스포츠 클럽들의 입장에서는 체육단체에 가입하지 않을 이유가 없는 것이다. 따라서 스포츠 클럽의 단체 형태만 보았을 때는 체육단체와 관계를 맺지 않을 수도 있지만 활동의 특성과 지원사업의 참여 등의 이유로 체육단체와 회원가입의 관계를 맺는 것이다.

표 <2-19>, <2-20>, <2-21>은 독일에서 가장 많은 스포츠클럽을 회원으로 보유하고 있는 NRW(Nordrhein-Westfalen) 주정부과 주체육회에서 지역 내 스포츠클럽을 대상으로 하는 지원 정책 및 사업들의 사례를 소개하고 있다. 주 정부의 스포츠클럽 지원 정책 사업에서의 특징은 해당 사업에 참여할 수 있는 조건 자체가 지역 체육회와 종목단체에 가입되어있는 스포츠클럽이어야 한다는 점과 해당 사업에 참여하기 위해서는 지역 체육회와 긴밀한 소통(때로는 컨설팅을 받아야 하고 때로는 신청 자체를 체육회를 통해서 해야 하는 등)이 있어야 한다는 점이었다.

표 2-19. 사례 1: NRW주 정부의 스포츠 시설 지원 정책(~2022까지)

구 분	주요 내용
정책명	스포츠 시설 현대화(Moderne Sportstatte 2022)
지원 주체	NRW주 정부
지원 대상	다음 2가지 조건을 충족하는 스포츠클럽 시설 중 신청을 받아 선정 1. 관내 스포츠클럽 중 지역 체육회 및 협회 가입단체 2. 자체 시설보유 클럽 혹은 장기(10년 이상) 사용 시설 보유 클럽
지원 내용	시설 수리 혹은 재건축 비용의 최소 50%부터 90%까지의 금액(총 금액 10만 유로(1억 4천만 원)까지는 전체의 85% 까지 지원하며, 1백만 유로 이상(14억 원)은 최대 80% 까지 지원)
지원 프로세스	1. 지역체육회와 상담 후 NRW 주체육회 지원 포탈을 통한 지원서 제출 2. 지역체육회와 지방 정부간의 협의를 통한 지원금 및 지원비율 추천 3. 지역 체육회에서 지원 클럽 리스트를 주 정부로 제출 4. 주 정부의 검토 및 승인 5. 지원여부 결정을 클럽, 지역 체육회, 은행에 통보 6. 클럽에서 건축계획, 지출계획, 재정 계획 등과 함께 자금지원 신청 7. NRW 은행에서 지원 프로세스 진행 및 지원. 신청 및 승인 금액에 따른 시기별 비용 차등 지급(10만 유로 미만, 10만 유료-1백만 유로, 1백만 유로 이상)

출처: NRW 주체육회 홈페이지 https://www.lsb.nrw/

이러한 측면에서 스포츠클럽에게 체육단체는 단순히 그들을 감시하고 제한을 가하는 단체가 아니라 자신들을 지원해주고 또 필요한 경우 도움을 요청할 수 있는 협력적인 관계라고 생각하고 있는 것이다. 그래서 독일에서는 스포츠클럽의 설립 이후 체육단체에 회원으로 가입하는 것이 당연한 것이라고 생각한다.

표 2-20. 사례 2: NRW 주 정부의 스포츠 시설 지원 정책(스포츠클럽 활성화)

구 분	주요 내용
정책명	Förderung der Übungsarbeit
지원 주체	NRW 주 정부
지원 예산	7.56백만 유로(한화 약 100억 4천만 원)
지원 내용	스포츠클럽을 통한 지역 스포츠 활동 활성화
지원 신청	NRW 주체육회 스포츠클럽 지원 포털을 통해 신청

출처: NRW 주체육회 홈페이지 https://www.lsb.nrw/

표 2-21. 사례 3: NRW 주정부의 스포츠클럽 지원 정책(1000×1000 프로그램)

구 분	주요 내용
정책명	Landesprogramm 1000x1000 – Anerkennung für den Sportverein)
지원 주체	NRW 주체육회(Nordrhein-Westfalen Sportbund)
지원 예산	약 200만 유로(한화 약 27억 6천만 원)
지원 내용	주체육회가 설정한 8개의 지원사업을 수행하는 1,000개 이상의 스포츠클럽에 1,000유로 이하의 자금지원
신청 방법	NRW 주체육회 스포츠클럽 지원 포털을 통한 신청
지원사업영역	1. 학교와 스포츠클럽 간의 협력 2. 스포츠클럽과 주간 아동보육센터(Day-care center)와의 협력 3. (난민, 이주민 등) 사회통합(Integration) 4. (사회 계층 간) 통합(Inclusion) 5. 건강스포츠(Health sports) 6. 노년층을 위한 스포츠프로그램 보급 7. 여성과 소녀들을 위한 스포츠프로그램 보급 8. 재활 관련 스포츠프로그램 보급

출처: NRW 주체육회 홈페이지 https://www.lsb.nrw/

2) 스포츠클럽과 지방체육회

앞서 설명했던 독일의 지방체육회는 스포츠클럽을 지원하고 관리하는 역할을 수행하며, 스포츠클럽은 중앙정부와 지방정부에서 전부 커버하지 못하는 다수의 국민들에 대한 스포츠 서비스를 제공하는 역할을 하고 있다.

대부분 스포츠클럽은 설립과 동시에 지방체육회에 자연스럽게 가입을 하고 있고, 체육단체에 가입한다는 것은 당연하다는 인식이 기저에 깔려 있다(가입하지 않을 이유가 없기 때문에). 예를 들어, NRW주의 쾰른시 체육회(SSB/Stadtsportbund) 홈페이지를 살펴보면 다음과 같은 화면을 볼 수 있다.

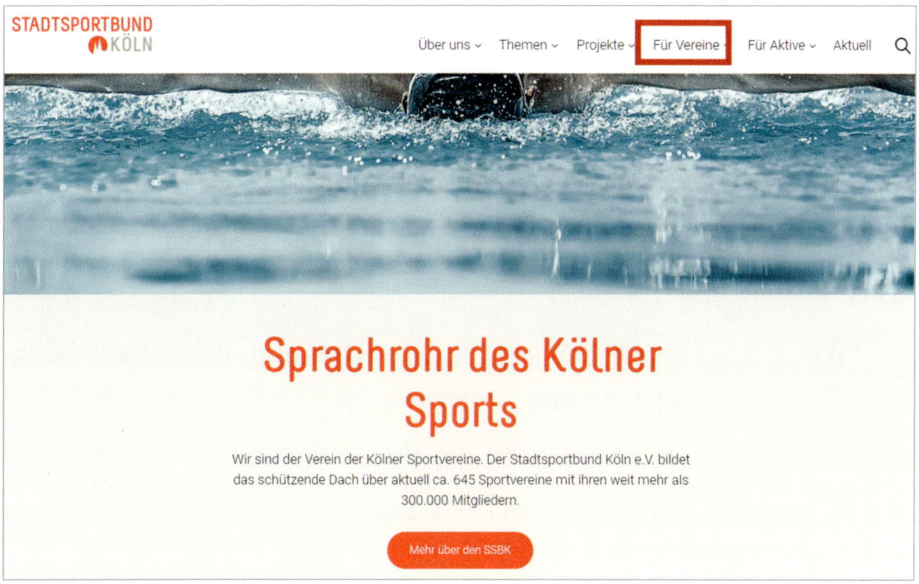

그림 2-13. 쾰른시 체육회와 스포츠클럽
출처: 쾰른시 체육회 홈페이지 https://www.ssbk.de/

붉은색 상자에 있는 카테고리 "Für Vereine"는 "For Clubs"이라는 뜻으로 클럽을 위한 카테고리를 체육회 홈페이지 내 별도로 설정해 놓을 만큼 체육회는 시민들에게 스포츠 서비스를 제공하는데 있어 스포츠클럽이 가장 중요한 관계 기관이라고 생각한다는 것을 의미한다. 실제 해당 카테고리 내로 들어가면 스포츠클럽이 회원으로 가입하게 되는 경우 받을 수 있는 다양한 서비스, 클럽 운영과 관련한 컨설팅 제공, 지방자치단체(주 단위, 시 단위)의 지원사업 참여 안내, 시 체육회 가입과 관련한 정보 그리고 마지막으로 일자리 또는 자원봉사 정보를 제공하고 있다. 그중에 체육회 가입 관련 정보 페이지에서는 클럽들의 체육회 가입에 대해 이렇게 설명하고 있다.

이를 통해 보았을 때, 체육회에 가입하게 되면 해당 지역의 스포츠시설을 이용하는 것과 지방자치단체가 지방체육회를 통해 지원하는 다양한 지원사업에 참여할 수 있는 자격을 제공하는 혜택이 있다고 할 수 있다. 또한 회비 측면에서도 클럽이 체육회에 가입하는 것은 물론 회원 수에 따라 다르겠지만 클럽 자체에 크게 부담이 되는 회비 수준은 아니라고 판단된다. 또한 가장 중요한 부분 중 하나는 쾰른시 체육회의 홈페이지 어느 곳에서도 시체육회가 직접 스포츠 관련 서비스(예를 들어 체육활동 강습이나 지도자 강사 파견 등)를 시민들에게 직접 제공하고 있지 않다는 점이다. 쾰른시 내의 모든 스포츠와 관련된 활동에서 쾰른시 체육회가 시민들에게 제공하는 것은 해당 활동들을 할 수 있는 지역 내 스포츠클럽을 안내하고 연결해 주는 역할이 거의 전부라고 할 수 있다.

그리고 체육회는 클럽이 체육회에 가입하더라도 회비 납부를 제외한 그 어떤 의무도 강제하고 있지 않다. 클럽의 인사에 체육회가 관여한다거나, 감사를 나간다거나, 패널티를 주는 활동은 당연히 하고 있지 않다. 체육회는 모든 클럽이 독자적인 운영 자율권을 가진 별도의 독립법인임을 인지하고 있으며 이를 침해하는 활동을 할 생각 자체를 하고 있지 않은 것으로 보인다. 물론, 지방자치단체가 체육회를 통해 지원하는 사업에 참여하는 클럽들의 경우 해당 사업에 참여할 때 관련 가이드라인 및 계약서가 존재하며 해당 계약 내용에 따라 불미스러운 일들이 발생하였을 경우 지원금을 반납하고 일정 기간에 사업에 참여하는 기회를 박탈하는 등의 처벌조항만 일부 존재할 뿐이었다.

Durch eine Mitgliedschaft im Stadtsportbund Köln können Sportvereine Kölner Sporthallen kostenlos nutzen und erhalten weiterhin die Möglichkeit, vielseitige Zuschüsse und Vereinshilfen in Anspruch zu nehmen.

Euer Verein möchte Mitglied im Stadtsportbund Köln e.V. werden?
Sendet uns einfach den ausgefüllten Aufnahmeantrag, die aktuelle Satzung sowie den Körperschaftssteuer-Freistellungsbescheid gerne per Email zu.

Der jährliche Mitgliedsbeitrag des SSB Köln setzt sich folgendermaßen zusammen:
15,00 € Vereins-Grundbeitrag +
0,76 € pro Vereinsmitglied (bei zusätzlicher Mitgliedschaft im LSB NRW erhöht sich der Betrag pro Vereinsmitglied auf 0,86€)

Bei weiteren Fragen stehen wir gerne zur Verfügung!

쾰른시 체육회의 회원인 스포츠클럽은 쾰른시 스포츠시설들을 무료로 이용할 수 있으며 다양한 지원사업에 참여할 기회를 가질 수 있습니다.
쾰른시 체육회의 회원이 되고 싶나요? 간단하게 저희에게 가입 신청서를 클럽의 정관 및 면세 확인서와 함께 이메일로 제출해 주시기 바랍니다.
쾰른시 체육회의 연간 회비는 아래와 같습니다:
기본 회비 연 15유로(약 2만 원), 회원 1명당 0.76유로(약 1천 원)
* 단, 주체육회에도 동시에 가입하기를 원하면 회원 1명당 0.86유로를 납부해야 합니다.

그림 2-14. 쾰른시 스포츠클럽 체육회 가입 안내 페이지
출처: 쾰른 체육회 https://www.ssbk.de/fuer-vereine/mitgliedschaft

이렇게 쾰른시 체육회에 스포츠클럽이 회원으로 가입하면 주어지는 혜택을 통해 지방체육회와의 관계 설정이 자연스럽게 이루어지고 있다. 또한 지방체육회가 지역 주민들을 대상으로 직접 강습 서비스를 재공 하고 있지 않고 클럽으로 연계해주는 역할을 하는 현재 상황들을 미루어 보았을 때, 스포츠클럽은 지역 내에서 지역민들을 대상으로 실질적 스포츠 서비스를 제공하는 단체로 역할을 하고 있으며 지방체육회는 그러한 스포츠클럽들이 더 원활하게 활동할 수 있도록 각종 지원을 하고 사용할 수 있는 체육시설을 분배하는 등의 관리 역할에 집중하고 있다고 할 수 있다.

3) 스포츠클럽과 지방 종목단체

독일에서는 종목별 협회가 생기기 전 스포츠클럽들이 먼저 존재했었다. 그리고 특정 지역에 종목을 중심으로 스포츠클럽들이 만들어지고, 경기 또는 리그 운영을 위한 종목단체들이 생겨나기 시작했다.

독일 스포츠클럽의 시작은 19세기 초 루드비히 얀(Ludwig Jahn)이 주도한 체조클럽(Turnverein)의 설립에서 출발했다고 할 수 있다. 그 당시 독일에는 종목별 협회나 현재의 독일올림픽체육회처럼 모든 종목을 총괄하는 체육단체가 존재하지 않았으며 체조연맹이 모든 국가의 스포츠 이벤트를 조직 및 운영하고 있었고, 당시의 독일 사람들은 체조연맹이 모든 스포츠 이벤트를 조직 및 운영하는 것을 당연하게 생각했다. 그러나 시간이 지날수록 사람들은 보다 더 다양한 스포츠 활동에 참여하기를 원했고, 체조연맹이 그 모든 수요를 감당할 수 없었다(Krüger & Bausinger, 2005). 이러한 시대적인 흐름에 따라 1936년 체조클럽이 소개된 이후부터 조정, 스케이트, 사이클 및 수영 등의 종목들이 스포츠클럽에서 제공되기 시작했다(Breuer et al., 2015).

이러한 역사적 배경에 따라 독일에서는 종목별 협회가 생기기 전에 스포츠클럽들이 먼저 존재했었다. 그리고 특정 지역에 특정 종목의 스포츠클럽들이 다수 생기기 시작하면서 이들이 활동하는 경기 또는 리그의 일정 등을 관리하기 위한 종목단체들이 생겨나기 시작했다. 아래 그림은 쾰른시 축구협회 홈페이지의 협회 주관 리그 또는 대회를 소개하는 페이지인데 이처럼 종목단체의 주된 역할 중 하나는 스포츠클럽이 참여할 수 있는 대회/리그를 관리하는 역할이라고 볼 수 있다.

이렇게 국내의 일부 종목단체와 같이 단체가 먼저 생기고 해당 단체들이 그 종목을 보급하기 위해 노력하는 것과는 반대로 독일에서는 Bottom-Up(상향식) 방식으로 클럽들이 우선 조직 그리고 그들을 지원하기 위한 협회들이 만들어진 것이다. 따라서 기본적으로 독일의 스포츠클럽과 종목단체 간의 관계는 위와 같은 맥락에서 이해하는 것이 필요하다. 또한, 종목단체의 목적 자체가 지역에 모여 있는 클럽들이 정기적으로 리그에 참여할 수 있도록 경기를 관리하고 지원할 수 있는 역할에 집중되어 있다고 볼 수 있다. 그러므로 우리나라의 시군구 종목단체들처럼 명확하게 담당 권역을 지정하는 것은 아니고 필요에 따라 지역 내 소속된 클럽이 많지 않은 경우 일부 종목단체는 여러 지역을 통합하여 운영되기도 한다. 아래의 그림을 보면 쾰른시와 본Bonn시의 경우 하나의 자전거 연맹이 두 지역 모두를 관리하고 있는 것을 알 수 있다.

또한 독일의 지방 종목단체는 한국의 시군구 종목단체처럼 대부분 상근직이 아니며 자원봉사 개념으로 활동하고 있는 것을 확인할 수 있었고, 상위 지역(주 단위 또는 국가 단위) 수준의 종목단체 정도는 되어야 상근직, 풀타임 근로자들이 근무하고 있음을 볼 수 있다.

그림 2-15. 체조클럽에서 운동하는 아이들

대부분의 지방 종목단체는 스포츠클럽과 마찬가지로 e.V.의 형태로 설립되었으며 마찬가지로 비영리 법인으로 비영리적 활동에 집중하고 있다. 그러나 지방체육회의 경우와는 다르게 일부 지방 종목단체의 경우 자체 운영비 마련을 위한 다양한 스포츠 서비스 제공 사업들을 추진하고 있다. 쾰른시 체조연맹의 경우, 주요 수익사업으로 대부분 트레이닝 코스(월간, 주간, 일간), 대회 참가비 등이 있다. 해당 프로그램들에 대한 참가는 개인과 체조 클럽 모두가 가능하다.

쾰른시 축구연맹의 경우 시내 헤네프Hennef 지역에 축구학교를 설립하여 우수 선수를 육성하여 리그에 참여시키고, 지도자들의 교육을 실시하는 등 수익사업들을 하고 있다. 최근에는 타 종목들의 트레이닝 센터로도 활용되고 있어 쾰른시 축구협회에서 설립한 학교이지만 헤네프 스포츠학교Sportschule Hennef로도 불리고 있다.

이렇게 지방 종목단체들이 각종 수익사업을 추진할 수는 있으나 이는 해당 지역의 개별 스포츠클럽과는 전혀 무관한 사업들이라고 할 수 있다. 스포츠클럽들은 해당 수익사업에 참여할 수도 있고 하지 않을 수도 있기 때문이다. 지방체육회와는 다르게 대부분의 지방 종목단체들은 스포츠클럽들을 위한 지원사업(지방자치단체를 통한)을 실시하지는 않는 것으로 보였으며, 대부분은 해당 종목의 지역리그 운영, 심판파견, 위와 같은 수익사업 등의 역할만 수행하고 있는 것으로 판단된다.

스포츠클럽과 지방 종목단체의 경우에도 지방체육회와의 관계와 마찬가지로 스포츠클럽이 회원으로 가입했다고 하여 별도의 운영상 자유를 침해받지는 않는다. 다만 일부 종목들의 경우 스포츠맨십 또는 유·청소년들의 성장을 저해하는 불공정 행위에 관한 규정들은 일부 갖추고 있다. 축구 종목의 경우 일정 연령 이하의 선수들은 주 2회 트레이닝 및 1회 시합 일정을 초과하여 진행할 수 없도록 되어 있고, 지역 축구협회 또는 중앙 축구협회에서 이를 모니터링하기 위한 활동도 일부 이루어지고 있다. 그러나 이런 활동들은 최소한의 안전을 위한 장치이지 클럽의 운영 또는 활동을 제한하기 위한 조치는 아니라고 할 수 있다.

그림 2-16. 축구클럽에서 축구하는 아이들

스포츠클럽과 종목단체의 설립에 관한 역사적 배경 그리고 실제 종목단체가 추진하고 있는 업무 및 스포츠클럽과의 관계를 살펴보았을 때, 독일에서는 스포츠클럽이 없다면 종목단체가 굳이 존재할 필요가 없는 상태라고 할 수 있으며 대부분의 지방 종목단체의 업무들은 해당 클럽들이 참여하는 종목의 리그를 관리하는 역할이라고 할 수 있다. 이때 지방 종목단체들은 상위 지역(주, 국가) 단위의 경기단체의 회원으로 대부분의 운영 규정을 상급 단체의 규정을 준용하고 있으며 스포츠클럽이 해당 지방 경기단체에 회원가입을 하게 되는 경우 자동으로 해당 종목의 중앙 경기단체 시스템 상에 등록이 되게 된다.

독일의 국가대표 수준의 엘리트 선수들이 대부분 클럽에 소속되어 있기 때문에 독일올림픽체육회에서도 클럽에서 엘리트 선수를 육성하는 활동에 큰 관심을 가지고 있다. 독일올림픽체육회에서 발표한 [전문스포츠 유망주육성안 2020]에[29] 따르면, 스포츠클럽이 모든 선수들의 Home이고 클럽이 선수들의 커리어가 시작하는 지점이라고 인식하고 있다. 또한 클럽에 소속되는 것이 프로페셔널한 선수가 되기 위해서 반드시 거쳐야 할 사전 단계라고 설명한다(DOSB, 2014).

그런데 독일의 엘리트 선수 육성 체계에 대해서 다루기 전에 한국에서 생각하는 엘리트와 독일의 엘리트스포츠의 개념이 조금 다르다는 점에 대해서 언급하고 가야 할 필요가 있다. 독일에서는 한국의 선수 등록제도처럼[30] 생활스포츠와 엘리트스포츠를 구분 짓는 명확한 선이 존재하지는 않는다. 그만큼 독일의 스포츠는 흔히 말하는 피라미드 구조, 다수의 일반 동호인들부터 소수의 수준별 종목 선수들까지 이어지는 다수의 계층이 존재하고 각 계층을 구분하는 선도 뚜렷하지 않다. 예를 들어, 독일 4부리그 수준에서 뛰는 선수와 11부 리그에서 활동하는 동호인이 같은 시스템상에서 선수등록이 되어 있고 이적 역시 시스템상에서 가능하다. 일반적으로 독일에서 생각하는 엘리트스포츠 혹은 경쟁적 스포츠Competitive Sports의 선수들은 보통 국가대표급 혹은 국제 대회에 참가할 수 있는 수준의 선수들을 의미하는 경우가 많다. 그러므로 독일에서 생각하는 엘리트 선수들의 개념은 한국의 전문선수(학생선수나 실업팀, 프로선수 등)보다 조금 더 좁은 범위로 구분하고 있다. 그렇기 때문에 앞서 생활스포츠 장에서도 설명했듯 국가(연방정부)는 해당 수준의 엘리트스포츠 육성에 집중하고 있는 것도 이와 비슷한 맥락에서 이해할 수 있다.

그렇지만 그런 좁은 개념에서의 엘리트스포츠라고 하더라도 독일에서 스포츠클럽을 제외하고 엘리트스포츠에 관해서 이야기하기 어렵다. 아래의 표에서 볼 수 있듯이 약 12.6%의 클럽(약 11,400개)이 국가 대표팀 수준의 선수들을 보유하여 독일 내의 엘리트

29 Nachwuchsleistungssportkonzept 2020(DOSB, 2014).

30 물론 우리나라도 시스템의 통합을 위한 노력을 하고 있으나 현재까지는 동호인 등록 시스템과 선수등록 시스템이 분리되어 있음.

스포츠의 기반을 이루고 있다. 이는 프로페셔널 구단에 등록되어 있는 선수들을 제외하고는 다수의 국가대표팀 수준의 선수들이 실제로 스포츠클럽에서 활동하고 있다는 것을 의미한다.

표 2-22. 스포츠클럽의 국가대표급 선수 보유 현황

구 분	클럽 비율	클럽 수(총)
국가대표급 선수 보유	12.6%	11,400개

출처: Breuer & Feiler(2017)

이렇게 한국과 독일에서의 엘리트스포츠에 대한 개념의 차이가 발생하게 된 이유는 여러 가지가 있겠지만 그 이유 중 하나가 독일에서는 한국의 전국체육대회에 해당하는 시도대표선수들을 위한 종합 스포츠이벤트가 없기 때문일 수 있다. 한국에서는 선수들을 어릴 때부터 시 대표, 도 대표 등으로 선발하여 지역을 대표하는 선수로 육성하고 그들에게 출신 지역에 대한 소속감을 부여하며 대표 선수로서의 역할을 부여해 왔다. 독일에서는 우선 종합대회 대신에 종목별 국가 대회가 있고, 해당 대회에 출전하는 선수들도 출신 지역(시, 주 등)을 대표하는 선수가 아니라 선수들의 기록 혹은 선수 랭킹에 따라 그들이 소속된 클럽을 대표하는 선수로 출전한다. 따라서 그들에게 대표팀이라는 개념은 국가 대항전에 출전하는 국가대표 선수들에게만 해당할 수 있다. 그런 의미에서 독일 사람들에게 엘리트스포츠인들은 대표팀이라고 불릴 수 있는 국가대표팀에만 해당하는 반면에, 한국에서의 엘리트스포츠인은 각 시도 대표선수 및 그 정도의 대표선수가 될 수 있는 가능성이 있는 선수들까지 포함하게 된 것일 수 있다고 생각한다.

독일의 스포츠클럽들은 자신들의 클럽 철학에 따라 크게 두 가지, 생활스포츠 중심의 클럽과 엘리트 선수 육성 중심 클럽으로 구분할 수 있다. 과거 관련 연구를 진행하며 NRW 지역의 3개 클럽의 관계자와 인터뷰 해본 결과, 생활스포츠 중심의 클럽의 경우 당연히 종목별 리그에도 참여하고 있고 대회에도 참여하고 있지만 그들이 가져오는 성적에는 크게 연연하지 않고 있고 클럽에서도 단순히 그들이 경기와 훈련에 참여하는 것에 의의를 두고 있다고 설명했다. 클럽들에게 중요한 것은 클럽의 생존이지 좋은 성적이 아니라는 부분도 덧붙여 설명했다.

하지만, 클럽의 철학 중 엘리트 선수 육성이 포함되어 있는 클럽의 경우 클럽의 예산 중 상당 부분이 우수 선수를 클럽으로 데려오고 또 육성하는 데 사용되고 있다. 그렇다 보니 일반 생활스포츠 중심의 클럽보다 사용해야 하는 예산의 범위와 규모가 훨씬 커지게 되고 클럽에서 자체적으로 만들어내는 재원만 가지고는 클럽에서 대표팀 수준의 선수들을 육성하는데 분명한 한계가 있다. 그렇기 때문에 클럽의 관계자는 대부분의 엘리트 선수 육성을 중점으로 하는 클럽들의 경우 후원사의 후원을 받는 경우가 대부분이라고 설명했다. 그 후원사의 돈으로 지역에서 우수한 선수를 클럽에서 확보하고 또 그 선수들을 육성하고 있다.

그러면 독일에서의 전문선수 육성이 대부분 스포츠클럽을 통해서 이뤄진다고 했을 때 종목단체의 역할은 무엇인지 하는 의문이 남는다. 결론적으로 지방 종목단체 중 시군구 단위의 경기단체는 해당 지역의 리그 및 대회 운영에 집중하고(앞서 설명한대로 일부 지방 종목단체는 아카데미 운영 등 수익사업을 실시함), 전문선수의 발굴 및 육성은 주 단위(국내로 치면 광역자치단체 단위)의 협회 위주로 운영이 되고 있다. 스포츠클럽에서는 해당 전문선수들의 일상적인 트레이닝과 리그 시합 참여 등의 활동 등을 지원하고 있다.

해당 연령대의 리그 중 상위 리그(주 단위)인 경우와 그리고 주 단위의 종목단체에서 진행하는 유망주 육성Talentförderung(Talent Development) 프로그램에 참여하게 되는 경우는 재능이 있는 전문선수로 인정받고 대표급 선수 명단으로 등록된다. 또한 지속적으로 주종목단체 또는 국가 종목단체에서 진행하는 트레이닝 프로그램 참가하고 이를 바탕으로 대표선수 선발이 이루어지는 구조라고 할 수 있다.

대한민국은 2021년 「스포츠클럽법」의 제정 및 2022년 6월 16일 시행으로 기존에 대한민국에서 생활스포츠동호회, 민간 스포츠 아카데미, 사설 클럽 등으로 각자의 취향과 목적에 맞게 활동하고 있던 체육활동 조직들이 「스포츠클럽법」에 따라 "등록스포츠클럽" 및 "지정스포츠클럽"으로 전환되기 시작했고 사례조사를 하는 현재에는 전국 수백 개의 등록스포츠클럽과 130여 개의 지정스포츠클럽이 운영(2024년 1월 기준) 중인 상황이다.

그러나 이미 스포츠클럽 중심의 국가 스포츠 생태계가 수십 년, 길게는 백 년 이상의 긴 시간 동안 천천히 정착했던 독일의 사례와는 다르게 대한민국 스포츠클럽의 경우 제도인 「스포츠클럽법」이 먼저 생기고 앞서 언급한 기존의 체육활동 조직들이 해당 제도 안으로 들어오고 그 절차와 규정에 맞게 변화해야 하는 상황이다. 특히 「스포츠클럽법」 제8조(체육단체 가입의제) 조항에 따라 해당 지방자치단체에 등록한 스포츠클럽은 지방체육회 및 종목단체에 자동으로 가입한 것으로 보게 되어 그동안 각자의 특성에 맞도록 자유롭게 활동하고 있던 체육활동 조직들과 기존의 체육단체인 지방체육회 및 경기단체와의 관계가 변화하게 됨에 따라 해당 제도의 부작용 없는 정착을 위해서는 스포츠클럽과 각 관계 기관 간의 역할에 대하여 명확하게 설정해야 할 필요가 있다.

따라서 일정 기준에 따른 스포츠클럽과 관계 기관의 역할을 적절하게 구분하고 이를 규정화하기 위해서는 다양한 해외 스포츠 선진국의 사례를 참고해야 할 필요가 있으며 그중에서도 150년 이상의 기간에 걸쳐 스포츠클럽 중심의 스포츠 생태계가 자리 잡혀 있다고 평가되는 독일의 사례를 자세하게 살펴볼 필요가 있다.

앞서 여러 번 언급했던 것처럼 독일에서 대중들에게 스포츠 서비스를 직접 제공하는 주체는 대부분이 스포츠클럽이다. 국가가 복지를 통해 모든 국민에게 스포츠 서비스를 무료로 제공할 수 없는 상황에서 제3의 영역the third sector인 비영리법인 형태의 스포츠클럽이 그런 역할을 하고 있다는 것만으로도 스포츠클럽에 대한 지원의 명분이 생긴다고 할 수 있다.

지방체육회의 경우 대한민국과는 다르게 연방제를 채택하고 있는 독일의 상황에서 대부분의 지방자치는 각 지방정부(주 정부) 자체적으로 운영되고 있으며 이는 스포츠 관련 정책에서도 마찬가지이다. 따라서 주 정부는 해당 권역의 스포츠 진흥을 위한 다양한 계획을 수립하고 예산을 확보하여 해당 활동들이 진행될 수 있도록 "지방체육회를 통해" 스포츠클럽으로 각종 사업과 예산을 지원하고 있다. 독일의 지방체육회 운영 예산과 관련하여 복권기금 중 일부가 DOSB(국내로 치면 대한체육회) 뿐만 아니라 지방체육회로도(총액으로 따지면 DOSB보다 많은 양인 40%가 지방체육회로) 간다고 할 수 있다(Feiler et al., 2019). 거기에다 클럽의 수가 이미 규모가 있는 만큼 클럽이 체육회에 가입할 때 내는 회비와 회원 수에 따른 회비로 대부분이 운영된다고 할 수 있다. 따라서 각 지방체육회에서는 해당 지역에 있는 클럽들에게 어떠한 서비스를 제공할 수 있을지, 또 지역 내 클럽들이 많아지고 클럽을 이용하는 사람들이 많아지기 위해 어떤 노력을 해야 하는지를 고민하게 되는 것이다.

마찬가지로 독일 종목단체의 경우, 주 종목단체는 전문선수의 선발과 육성에 대한 역할을 수행하고 있다. 주 단위 미만의 종목별 종목단체의 경우, 관할 지역에서 스포츠클럽들이 참여할 수 있는 리그나 대회를 운영하는 데 주요한 역할이 있다고 할 수 있다. 또한 종목단체들 역시 스포츠클럽이 종목단체에 가입할 때 내는 회비 및 선수등록비가 단체 운영의 주요한 수입원이 된다. 그래서 지방체육회와 마찬가지로, 지방 종목단체의 경우에도 스포츠클럽이 존재해야만 그들의 운영이 유지될 수 있는 것이다. 그러나 독일의 각 유관 기관 간 역할(서비스 제공은 스포츠클럽, 관리 및 지원은 지방체육회, 리그 및 경기 운영은 지방 종목단체)을 그대로 국내 상황에 적용하는 것은 적절하지 않으며 현재의 지방 스포츠 시스템이 어떠한 배경과 과정을 통해 운영되고 있었는가를 이해하는 것이 무엇보다 중요하다고 거듭 강조하고 싶다.

3

정상을 향한 전문스포츠

김미숙

제3장

정상을 향한 전문스포츠

1. 전문스포츠 개요

독일의 전문스포츠Leistungssport는 높은 수준의 성과를 목표로 하는 경쟁스포츠를 의미하며, 그 최상위 단계를 '최고 기량 스포츠Hochleistungssport' 또는 '최정상 스포츠Spitzensport'라 불린다.

> 최정상급 스포츠가 최고의 성과를 내기 위해서는 최적의 프레임워크와 훈련 조건이 필수적입니다. 이러한 인식에 기초하여 연방정부는 재정지원을 통해 선수들을 위한 인프라와 시설 및 장비를 지원하고 있습니다.
>
> - 독일 연방의회(Deutscher Bundestag, 2023)

독일은 2022년 베이징 동계올림픽에서 총 27개와 2024년 파리 하계올림픽에서도 총 33개의 메달을 획득하는 등 스포츠 강국의 위상을 꾸준히 증명하고 있다. 이러한 성과는 선수들의 부단한 노력과 더불어, 외부 위기 상황에서도 스포츠 시스템이 안정적으로 가동되는 정부의 지원이 있었기에 가능했다. 실제로 독일 정부는 코로나19 팬데믹으로 타격을 입은 스포츠단체에 2년간 5억 3천만 유로(한화 약 7,790억 원) 이상을 지원하였고, 러시아-우크라이나 전쟁 여파로 '에너지 가격 브레이크'를 적용하여 훈련 시설의 운영난을 해소했다. 나아가 전쟁으로 터전을 잃은 우크라이나 선수들에게 훈련 환경을 제공하며 스포츠를 통한 국제적 연대와 인도주의를 실천하기도 했다. 이와 같은 특별 지원 외에도 연방정부는 법률과 규정에 따라 전문스포츠 진흥을 꾸준히 지원해 왔다.

연방정부는 독일연방재정법Bundeshaushaltsordnung과 일반행정규정 등을 근거로 전문스포츠진흥Leistungssportförderung을 아래와 같이 편성하고 집행한다.

첫째, 스포츠 종목단체Spitzenverbände를 지원한다. 현재 독일올림픽체육회 산하 종목단체는 올림픽 종목 43개와 비올림픽 종목 25개를 포함하여 총 68개이다. 이 단체들은 소속 선수들의 훈련 및 연수, 올림픽 · 패럴림픽 · 데플림픽을 포함한 국내외 대회 참가, 국제 스포츠 교류, 그리고 감독 · 코치 등 전문인력 등을 관리하는 총괄 조직이다.

둘째, 올림픽지원센터Olympiastützpunkt를 지원한다. 독일 전역에 17개소가 운영되는 올림픽지원센터는 최정상급 선수들을 위한 종합 훈련 기지로 올림픽, 패럴림픽, 데플림픽 국가대표 및 후보 선수단과 이들을 전담하는 지도자들에게 개방된다. 센터는 스포츠 의학 · 물리 치료 · 훈련 과학과 같은 전문 분야의 지원은 물론, 선수와 지도자가 데이터를 기반으로 훈련 계획을 함께 논의할 수 있는 곳으로 경기력 향상에 핵심적인 역할을 담당하고 있다.

셋째, 국가대표 선수를 공무원으로 채용하는 이중 경력Duale Karriere 제도를 운영한다. 운동선수들의 불안정한 미래를 위해 독일은 연방군Bundeswehr, 연방경찰Bundespolizei, 관세청Zoll 소속의 직업선수를 운영하고 있다. 이 제도를 통해 선수들은 공무원 신분을 보장받으며 훈련에 전념할 수 있는데 동계 종목 선수들이 다수 포함되어 있다. 안정성과 명예 덕분에 선발 경쟁이 치열하여 '의사가 되는 것보다 어렵다'는 말이 나올 정도이다.

넷째, 독일쾰른트레이너아카데미Trainerakademie Köln des DOSB를 지원한다. 1974년 연방정부와 노르트라인-베스트팔렌주의 지원으로 설립된 이 기관은 최고의 지도자를 육성하는 곳으로 평가받고 있다.

독일쾰른트레이너아카데미는 국가 최고 스포츠 시스템을 작동시키는데 기둥 역할을 하고 있습니다. 엘리트스포츠의 성과와 성공은 우수한 트레이너의 자질, 헌신과 불가분의 관계에 있는데 독일의 국제경쟁력은 자격을 갖춘 트레이너의 활용에 있습니다.

- 독일 연방의회(Deutscher Bundestag, 2023)

독일에서 국가대표 지도자가 되기 위해서는 본 아카데미의 자격 취득이 필수 조건이다. 매년 30여 명의 소수 정예만이 입학할 수 있어 2018년부터 2021년까지 배출된 졸업생은 총 112명에 불과하고, 교육과정은 과학적 훈련 설계 및 관리가 있는데 전문가와 협업하여 실력을 키울 수 있다. 아카데미 재정은 연방정부와 주정부가 약 95%를 부담하며, 2018년부터 4년간 약 330만 유로(한화 약 48억 원)의 예산으로 운영되었다.

다섯째, 독일올림픽체육회 산하 경영아카데미Führungs-Akademie를 지원한다. 독일 국민 3명 중 1명이 회원으로 가입한 약 8만 7천 개의 스포츠클럽은 독일 스포츠의 근간이다. 이러한 방대한 시민 조직을 전문적으로 관리 · 운영할 스포츠클럽 매니저를 양성하는 곳이다. 연방정부, 주정부, 쾰른시 및 독일올림픽체육회 등의 재원으로 운영되며, 독일쾰른체육대학교Deutsche Sporthochschule Köln와 연계하고 학위과정 및 워크숍을 활용하여 전문가를 배출하고 있다.

여섯째, 연방청소년대회Bundesjugendspiele를 지원한다. 1921년 '독일국청소년대회'로부터 시작된 이 대회는 8세에서 19세 사이의 모든 청소년이 참여하는 전국 단위의 스포츠 축제이다. 자전거 바퀴 굴리기, 공 던지기 등 놀이 형태의 프로그램을 통해 스포츠의 진입장벽을 낮추고 참여에 의의를 두고 있다(자세한 내용은 제4장 학교스포츠 참고).

일곱째, 경기력 향상을 위해 3대 스포츠과학 전문연구소를 지원한다. 독일연방스포츠연구소(BISp), 응용트레이닝과학연구소(IAT), 스포츠장비개발연구소(FES)는 독일을 대표하는 3대 연구소이다. 이들 연구 기관들은 경기력향상이라는 공통된 목표를 향해 학제 간 교류, 이론 기반의 현장 적용 그리고 성과 중심의 연구 수행에 중점을 두고 있다. 2024년 예산을 살펴보면, 독일연방스포츠연구소(BISp)가 약 2,200만 유로(한화 약

350억 원), 응용트레이닝과학연구소(IAT)가 약 930만 유로(한화 약 151억 원), 그리고 스포츠장비개발연구소(FES)가 약 730만 유로(한화 약 118억 원) 수준이다. 2018년부터 2021년까지 매년 약 60~80개의 프로젝트를 진행했으며, 프로젝트당 최소 1만 유로(한화 약 1,600만 원)에서 최대 50만 유로(한화 약 8억 1천만 원)의 연구비를 지원받아 수행했다.

이상에서 살펴본 바와 같이, 독일의 전문스포츠 지원 시스템은 정부의 법과 규정에 따라 지속적으로 예산을 지원하여 인프라를 탄탄하게 구축하고, 특히 선수들에게 공무원 신분을 부여하는 이중 경력 제도로 안정적 미래를 보장하고, 지도자의 전문성을 높이는 등 인적 자원 육성에 집중하고 있다. 이는 독일 스포츠의 경쟁력을 보여주는 시사점이라 할 수 있다. 한편, 한국 역시 전문스포츠 육성을 위해 문화체육관광부 외에 대한체육회, 국민체육진흥공단, 종목단체, 그리고 한국스포츠과학원을 통해 지원하고 있다. 이미 한국이 1988년 서울 올림픽과 같은 4대 국제 스포츠 이벤트의 성공적 개최와 2024년 파리 올림픽에서의 우수한 성적으로 국제 스포츠계에서 높은 위상을 확고히 다져온 것처럼, 독일과 한국 모두 국가 차원에서 전문스포츠를 중요 전략으로 인식하고 있다는 공통점을 지닌다. 다만 몇 가지 차이점을 발견할 수 있다.

그림 3-1. 실내 육상대회

우선, 지원 철학의 관점에서 '생애 전반의 통합 지원'과 '성과 중심의 집중 지원'으로 대비된다. 독일의 시스템은 유소년부터 은퇴 후까지 선수 한 명을 사회의 구성원으로 길러내는 '통합적 생태계'를 갖추고 있다. 반면, 한국은 파이프라인(꿈나무-청소년-후보-국가대표)을 통해 선수 육성과 성과를 도출하는 '선택과 집중'에 집중되어 있다.

다음으로, 시스템 운영 구조에서 '분산형 연계'와 '중앙 집중형 관리'라는 기준에서 차이를 보인다. 독일은 17개의 올림픽지원센터가 각 지역의 거점 역할을 하고, 3대 연구소와 퀼른트레이너아카데미 등이 연계되어 있다. 이에 반해 한국은 훈련을 위한 중앙 허브인 진천선수촌에 국가대표 선수들을 한곳에 모아 훈련의 효율성을 극대화하고, 한국스포츠과학원이 과학 지원을 하는 등 중앙 집중형 운영 형태이다.

결론적으로, 독일과 한국의 전문스포츠 시스템은 각기 다른 역사와 철학 속에서 발전해 온 대표적인 모델이라 할 수 있다. 독일이 '지속가능한 생태계' 구축을 통해 스포츠 저변과 선수 복지까지 아우른다면, 한국은 '효율적인 집중'을 통해 단기간에 세계 정상급의 경기력을 확보해 왔다. 앞으로 한국 스포츠가 좀더 국제적으로 성숙한 성장을 위해서는 기존에 이룩한 성과를 바탕으로, 독일 사례처럼 선수들의 경력 전체를 아우르는 통합적 지원을 연계한다면 국가 발전 전략의 일환으로서 전문스포츠의 가치는 더욱 높아질 것이다.

2. 카더시스템과 선수 육성

독일 전문스포츠의 기반은 체계적인 선수 육성 시스템에 있다. 동네의 평범한 선수를 세계적인 선수로 키워내는 카더시스템Kader System을 비롯하여 전문적인 선수 훈련 프로그램, 스포츠학교, 스포츠 연구기관을 꼽을 수 있다.

1) 카더시스템

독일 엘리트 선수 육성 및 지원 체계인 카더시스템은 이 시스템에 등록된 선수에게만 공식적인 지원이 가능하다. 카더Kader의 어원을 살펴보면 프랑스어 '카드르cadre'에서 파생되었는데 원래 군대 용어로 스포츠팀이나 군대에서 경험이 많은 멤버를 지칭한다(박해육, 2002). 1970년대 독일축구연맹Deutscher Fußball-Bund의 선수 분류 등급으로 사용되다가 1980년대부터 독일 전역에 정착되었고, 등급별 지원 대상 및 지원 기관(올림픽 지원센터, 독일스포츠지원재단 등), 공무원(군인, 경찰, 관세청)으로 임용될 시 준거가 된다.

오랜 시간 동안 전문스포츠의 바로미터barometer 역할을 해온 카더시스템은 2025년을 기점으로 개편되었다. 개편 이전인 1980년대부터 2024년까지 적용된 카더시스템은 크게 5단계(A~S)까지로 국가대표(A)부터 꿈나무선수(D) 단계로 구성되었다.

우선, A카더는 국제대회(동하계올림픽, 세계선수권대회, 유럽선수권대회 등)에 참가하는 국가대표 선수를 가리킨다. 올림픽 및 세계선수권에서 1~8위, 유럽선수권에서 1~3위까지가 대상이며 최소 10년에서 최대 16년 동안 운동한 선수들이다. B카더는 국가대표 후보군이라 할 수 있는데 C카더 보다 연령대가 높으면서 A카더 전 단계로 세계 수준급의 선수들로 구성되어 있다. C카더는 다른 단계와는 달리 C카더 내에서 3단계(보완선수카더, 유망주카더1, 유망주카더2)로 구분하고 있다. 연령별, 성별, 종목별 특성 등을 고려하여 더욱 세밀하게 구분되어 있으며 약 7년에서 12년 동안 각종 국제대회에 참가한 청소년 선수들이 대부분이다. D카더는 카더시스템에 정식 선수로 등록되는 첫 번째 단계라 할 수 있다. D카더는 학교 또는 스포츠클럽에서 선발된 선수로 구성되는데 주정부의 지원을 받으며 독일전국대회, 연방단위의 경기대회 또는 유사 대회에 출전하는 수준이다. 끝으로 A~D 외 별도의 등급으로 S카더가 있다. A~D카더에 속한 선수가 훈련 중에 부상 또는 병상 중일 경우, 혹은 본업으로 인해 훈련이 일시적으로 어려운 선수들을 위한 등급이다. S카더에 속한 선수는 최대 2년 동안 지원을 받을 수 있으며 이후 정규 카더인 A~D에 진입이 가능하다.

하지만 카더 시스템도 성과 중심, 선수의 이중경력 및 개인 삶에 대한 요구 증대, 국제 경쟁력 약화에 대한 위기감 등의 문제점이 제기되면서 기존의 경기력 등급에서 경기력과 잠재력에 기반하여 기존 5단계를 4단계(Alumni-Team, Top-Team, Potenzial-Team, Talent-Team)로 아래와 같이 개편하였다.

표 3-1. 2025년 이전 카더시스템 등급 체계

등 급	명 칭	세부 내용
A	올림픽카더 (Olympiakader)	- 근거: "국가대표 훈련지침" - 대상: 독일연방 국가대표 - 운동 기간: 10~16년 - 대회: 올림픽, 세계선수권, 세계월드컵, 유럽컵 등 - 훈련장소: 올림픽지원센터
B	국가대표급카더 (Perspektivkader)	
C	보완선수카더 (Ergänzungskader)	- 근거: "유망주육성 훈련지침" 등 중・장기 지원 정책 - 대상: 각 경기단체 소속 국가대표로 국제대회 참가 능력을 갖춘 선수. 비상시 또는 특별한 상황에 따라 투입되는 선수 - 운동 기간: 약 7~12년 - 대회: 주니어세계선수권, 국제세계대회 등 - 지원: 연방종목단체, 연방훈련센터, 연방군인, 연방경찰, 독일 스포츠지원재단, 연계대학교 등
	유망주카더 1 (Nachwuchs[1] kader 1)	
	유망주카더 2 (Nachwuchskader 2)	
D	주카더 (Landeskader)	- 대상: 학교나 클럽에서 선발된 선수로 각 주 대표로 선발된 선수 - 운동 기간 : 약 3~9년 소요 - 지원: 주체육회, 종목단체 - 훈련장소: 올림픽지원센터, 주거점센터
S	특수카더 (Sonderkader)	- 대상: 질병 또는 부상 선수, 본업이 있는 선수

출처: Houlihan & Green(2007)

우선, 앨럼나이-팀Alumni-Team 즉 은퇴선수지원팀은 은퇴 선수의 경력 단절 및 사회 부적응, 안정적인 제2의 인생 설계를 위해 만들었다. 과거 Top-Team 또는 A 카더에 소속되었던 선수로 직업 전환 장학금[최장 3년간 월 500유로(약 81만 원)], 학업 지속을 위한 장학금(최대 3년간), 멘토링 및 네트워크 연계(Sporthilfe Alumni Club 회원으로 저명한 인사 및 선배 선수들과의 인적 네트워크 구축) 등의 지원을 한다.

1 나호북스(Nachwuchs)는 유망주, 신예 등을 뜻하는데 종종 "차세대"라는 용어로도 사용한다. 그러나, 유망주란 발전될 가망이 많은 사람, 차세대는 지금 세대가 지난 다음 세대로 현재 기준으로 육성시키는 대상이므로 유망주란 용어가 적합하다.

탑-팀Top-Team은 최정상급 선수팀으로 최고의 경기력을 유지하고, 차기 올림픽 대비를 위해 안정적인 환경과 최고의 지원을 받는다. 탑-팀에 속한 선수는 올림픽, 패럴림픽, 세계선수권대회에서 개인 또는 단체전 상위 8위 이내 입상한 선수이며 아래 표와 같이 지원하고 있다.

표 3-2. 탑-팀(Top-Team) 지원 내용

	기본금	엘리트-플러스(Elite-Plus) 프로그램	후원사(Mercedes-Benz)
대상	선수(군인, 경찰, 세관 소속 선수 포함)	올림픽 메달 획득 가능성이 가장 높은 최정상급 선수	올림픽 종목 중 세계선수권 메달리스트
지원금	▪ 선수: 월 800유로(약 130만 원) ▪ 군인/경찰/세관 소속 선수 : 월 250유로(약 40만 원)	▪ 월 1,000유로(약 160만 원) * 추가 지급	▪ 월 400유로(약 65만 원) * 추가 지급

포텐셜-팀Potenzial-Team은 1~8년 이내에 올림픽, 세계선수권 Top 8에 진입 가능하고, 탑-팀으로 성장 가능한 그룹이다. 최근 대회에서 지속적으로 16강에 진입한 선수들 또는 두각을 보이는 20대 초반의 유망주들이라 할 수 있다.

표 3-3. 포텐셜-팀(Potenzial-Team) 지원 내용

	기본금	도이체방크(Deutsche Bank) 장학금
대상	▪ 올림픽, 세계선수권에서 상위 8위 입상 가능 선수	▪ 대학교에 재학 중인 학생선수 300여명
지원금	▪ 선수: 월 700유로(약 110만 원) ▪ 군인/경찰/세관 소속 선수 : 월 150유로(약 24만 원)	▪ 월 300유로(약 48만 원) ※ 추가 지급 가능, 연맹 추천 필수

탈렌트-팀Talent-Team은 독일 국가대표 시스템에 정식으로 진입하는 첫 번째 단계이다. 과거 C/D카더로 기본적인 지원을 제공하여 엘리트 선수로서 성장 기반을 마련해주며, 주로 10대 후반 유망주들로 청소년 및 주니어 국가대표가 해당된다.

표 3-4. 탈렌트-팀(Talent-Team) 지원 내용

	기본금 및 지원 내용
대 상	모든 연방 대표팀 소속 선수로 청소년 및 주니어 국가대표
지원금	▪ 월 75유로(약 12만 원)
세부 내용	▪ 보험: 훈련 및 대회 중 발생하는 사고 및 부상 대비 ▪ 용품: 파트너 기업을 통해 스포츠용품, 영양제 등 ▪ 진로 상담: 진로 탐색 및 인턴십 정보 제공 ▪ 기타: 항공권 할인

한국 역시 독일의 카더시스템과 같은 선수 육성 체계가 있다. 올림픽 종목에 해당하는 모든 종목 단체는 1단계 꿈나무선수, 2단계 청소년대표선수, 3단계 국가대표후보선수, 4단계 국가대표선수 체계를 갖추고 있다. 이 4단계 체제는 2010년도에 되어서야 완성되었는데, 국가대표선수는 1948년, 국가대표 후보선수는 1982년, 꿈나무선수는 1993년 그리고 가장 마지막에 청소년대표선수가 2010년에 만들어졌다.

한국과 독일 양국의 선수 육성 시스템은 꿈나무부터 국가대표에 이르는 단계별 구조라는 데에 유사점이 있다. 하지만, 2025년 개편된 독일의 '팀Team' 시스템은 선수 개개인의 성장과 삶의 질을 함께 고려하는 장기적이고 지속 가능한 모델로 진화하고 있다는 것을 알 수 있다. 신설한 '앨럼나이-팀Alumni-Team'은 은퇴 선수의 경력 전환을 위해 새롭게 만든 단계이고, '탑-팀'과 '포텐셜-팀'은 훈련에 전념하도록 월별 지원금을 보장하고 있다. 이렇게 각 단계별로 지원하고, 동시에 단계는 서로 간 연계되어 있어 유망주 선수가 은퇴 선수가 될 때까지의 체계를 갖추고 있다.

표 3-5. 한국 선수 육성 체계

단 계	명 칭	연 도	대상 및 내용
1단계	꿈나무 선수	1993	▪ 초·중등학생(종목별 상이) ▪ 우수선수 저변확대 ▪ 차세대 대표선수 기반 확충 ▪ 과학적 훈련 지원으로 장기적 성장 기대
2단계	청소년 대표선수	2010	▪ 14세~18세 ▪ 비인기종목 활성화 ▪ 꿈나무 선수와 국가대표 후보선수 간 연계 역할
3단계	국가대표 후보선수	1982	▪ 종목별 선수 연령 상이함 ▪ 종목별 우수선수 대상 과학적·체계적 훈련 지원 ▪ 국가대표 선수 결원 시 충원 및 경기력 저하 방지
4단계	국가대표 선수	1948	▪ 종목별 선수 연령 상이함 ▪ 국제대회 우수한 성적 달성 ▪ 스포츠를 통한 국위선양 및 국민통합

출처: 김미숙(2020)

2) 독일식 훈련 접근법

독일은 오랫동안 정부와 스포츠계가 긴밀하게 협력하여 전문 스포츠를 발전시켜 왔다. 연방내무부(BMI), 독일올림픽체육회(DOSB), 연방스포츠연구소(BISp)는 핵심 주체로서 정책 수립과 연구 프로젝트를 수행해 왔다. 1997년 구舊 독일체육회Deutscher Sportbund 「국가 전문스포츠 개념Nationales Spitzensport-Konzept」을 시작으로, 2006년 독일올림픽체육회 「새로운 전문스포츠 방향 모델Neues Steuerungsmodell Leistungssport des DOSB」, 그리고 2013년 「2020 꿈나무 전문스포츠 개념Nachwuchsleistungssportkonzept 2020」 등이 있다. 그 중에서도 2016년 연방 정부 주도로 이루어진 「엘리트스포츠를 위한 새로운 구조Neustrukturierung des Leistungssports und der Spitzensportförderung」 보고서는 현재 독일 선수 지원 시스템의 근간으로 알려져 있다.

이와 함께, 독일 스포츠과학의 살아있는 역사라 할 수 있는 「전문스포츠Leistungssport」

는 1971년 창간되어 현재까지 발행되는 권위 있는 학술지다. 독일올림픽체육회가 발간하는데 연구자, 지도자, 선수들을 위해 최신 훈련 방법론, 스포츠 과학의 현장 적용 사례, 경기 데이터 분석 등 심도 있는 스포츠과학의 전문 지식을 제공하고 있다. 이러한 과학적 토대 위에서 실제 훈련 현장에 적용되는 지침서가 바로 「장기적 경기력 향상을 위한 단계적 모델Langfristiger Leistungsaufbau-das Stufenmodell」이다. 이 지침서는 선수의 연령과 기량에 맞춰 훈련 목표와 내용을 과학적으로 설계한 기반이다.

독일의 단계별 훈련 모델에서 몇 가지 시사점을 발견할 수 있다. 우선, 유소년기부터 다양한 운동 경험을 쌓게 하여 흥미를 유지하며 종합적인 운동 능력을 향상시킨다는 점이다. 그리고 유망주가 청소년에서 성인 무대로 성장하는 가장 어려운 시기인 전환기에 그들의 이탈을 막기 위해 연계 훈련(AST) 단계를 운영하고 있는데 선수의 발달 과정을 중시하는 장기적 관점으로 과학적 프레임워크에 기반한 선수 훈련을 하고 있는 것이다.

표 3-6. 장기적 경기력 향상을 위한 단계적 모델

훈련 단계	세부 내용
1단계: 기본 훈련 (Grundlagentraining, GLT)	▪ 전문 스포츠 선수로 성장하기 위한 첫 번째 단계 ▪ 다양한 운동 경험을 통해 전반적인 신체 능력과 운동 신경 발달 ▪ 기술 습득보다는 운동 자체에 대한 흥미와 동기 부여 예) 달리기, 점프, 던지기 등의 기본 움직임을 익히는 것이 핵심
2단계: 강화 훈련 (Aufbautraining, ABT)	▪ 종목별 기술, 체력, 전술의 체계적 학습이 본격적으로 시작되는 단계 ▪ 훈련의 양과 강도 증가 ▪ 해당 종목의 기본기를 반복 숙달하여 자동화 수준으로 만듦 ▪ 종목에 특화된 근력과 지구력 육성 예) 축구의 패스, 슈팅, 드리블과 같은 기초 기술 연마
3단계: 연계 훈련 (Anschlusstraining, AST)	▪ 유소년·청소년 선수가 성인 엘리트 레벨로 진입하기 위한 '교량' 단계 ▪ 높은 수준의 경기력을 안정적으로 유지하고 개인의 약점 보완 ▪ 개별화된 훈련, 경쟁 압박감·스트레스 적응을 위한 심리 훈련 비중 강화
4단계: 고성능 훈련 (Hochleistungstraining, HLT)	▪ 국제대회에서 최고의 성과를 목표로 하는 최상위 단계 ▪ 모든 훈련 요소를 개인의 특성에 최적화하고 최고 기량을 발휘하는 데 초점 ▪ 모든 기술과 전략, 체력을 최대의 경쟁 압박 속에서 구현 능력 강화 ▪ 전문 지도자의 개별 지도를 통해 경기 운영 능력과 위기관리 능력 극대화

출처: Deutschen Schwimm-Verbandes e.V. (2022)

그림 3-2. 선수들이 훈련하는 체조장

3. 운동과 학업 두 마리 토끼를 잡다

전문 선수가 되고자 하거나 운동을 정식으로 배우고 싶은 청소년들을 위해 독일은 세 가지 유형의 스포츠학교를 운영하고 있다. 스포츠엘리트학교Eliteschule des Sports, 스포츠김나지움Sportgymnasium, 스포츠인터낫Sportinternat이 바로 그것이며 한국의 체육중 · 고등학교와 울산스포츠중 · 고등학교와 유사하다 할 수 있다.

1) 스포츠엘리트학교

스포츠엘리트학교Eliteschule des Sports는 스포츠인재를 양성하는 특수목적 학교로

1990년대부터 독일 전역으로 설립되었다.

> 재능 있는 어린 선수들이 학교 교육과 훈련을 병행하며 미래의 최고 기량을 갖춘 엘리트선수로 성장하도록 돕는 학교입니다. 훈련, 학교 교육, 기숙 생활을 통합적으로 운영하여 선수들이 온전히 운동에 집중할 수 있는 환경을 제공합니다.
>
> - Deutscher Bundestag(2002)

"세계챔피언이 되어 학교를 졸업하자"라는 모토 아래 학업과 운동을 병행할 수 있도록 일반 학교 내에 특별 학급을 설치하는 형태이다. 현재 독일 전역에 43개의 스포츠엘리트학교가 지정되어 독일 서부지역 22개, 동부지역 18개, 베를린에 3개가 있고, 이 중 29개교는 하계종목을, 7개교는 동계종목 그리고 7개교는 하계 · 동계 종목을 중점으로 운영하고 있다.

독일올림픽체육회는 매년 시설 및 인프라 적합성 여부에 따라 스포츠엘리트학교를 평가한다. 2023년 8월 노베르트-김나지움 크네히스테덴 운트 베르타-폰-슈트너-게잠트슐레Norbert-Gymnasium Knechtsteden und Bertha-von-Suttner-Gesamtschule가 학업과 스포츠 프로그램을 균형적으로 운영하여 우수한 학교로 평가 받은바 있다.[2]

스포츠엘리트학교의 성과는 매우 두드러진다. 2012년 런던하계올림픽에 참가한 독일 선수단 392명 중 26.5%에 해당하는 104명이 이 학교 출신이었고, 이들이 획득한 메달은 전체 34.9%를 차지했다. 2018년 평창동계올림픽에서는 참가 선수 154명 중 절반이 넘는 80명(52%)이 학교 출신이었으며, 이들의 메달 획득률은 무려 84%에 달했다. 무엇보다 스포츠엘리트학교 지도자들의 역량은 세계적으로도 유명한데 대부분이 석사급 또는 독일연방 A급 자격증을 소지하고 있다(https://eliteschulen.dosb.de).

---

2 https://www.dosb.de/sonderseiten/news/news-detail/news/nrw-sportschule-dormagen-wird-eliteschule-des-sports

표 3-7. 연방주별 스포츠엘리트학교 현황(2023.8. 기준)

연방주	학교명	연방주	학교명
Baden-Württemberg	Furtwangen Freiburg Heidelberg Karlsruhe Mannheim Stuttgart Tauberbischofsheim	Niedersachsen	Hannover
Bayern	Berchtesgaden München Nürnberg Oberstdorf	Nordrhein-Westfalen	Bonn Leverkusen Essen Bochum-Wattenscheid
Berlin	Schul- und Leistungssportzentrum Berlin Flatow-Oberschule Sportschule im Olympiapark Poelchau-Oberschule	Rheinland-Pfalz	Kaiserslautern
Brandenburg	Cottbus Frankfurt (Oder) Potsdam	Saarland	Saarbrücken
Hamburg	Hamburg	Sachsen	Altenberg, Chemnitz, Dresden, Leipzig Klingenthal, Oberwiesenthal,
Hessen	Frankfurt (Main) Winterberg/Willingen	Sachsen-Anhalt	Halle, Magdeburg
Mecklenburg-Vorpommern	Neubrandenburg Rostock Schwerin	Thüringen	Erfurt, Jena, Oberhof

출처: https://eliteschulen.dosb.de

스포츠엘리트학교는 지역 특성을 반영하여 학교를 운영하는 것이 특징이다. 가령, 바이에른주에 있는 오베르스트도르프-동계스포츠엘리트학교Oberstdorf-Eliteschule des Wintersports는 노르딕스키, 알파인 스키, 컬링, 스노보드, 피겨스케이팅 등 동계종목을 그리고 함부르크 스포츠엘리트학교Eliteschule des Sports Hamburg는 비치발리볼, 하키, 조정, 수영, 요트 등 수상종목을 중점적으로 육성한다. 뮌헨스포츠엘리트학교Eliteschule des Sports München는 육성종목(유도, 육상, 탁구, 양궁, 하키)과 성장종목(트렘폴린체조, 수영, 싱크로나이즈, 농구(남/여), 배구(남), 축구(남/여))으로 구분하여 운영하고 있다.

2) 스포츠김나지움

스포츠김나지움Sportgymnasium은 스포츠교육에 초점을 맞춘 스포츠중점학교로 독일 외 오스트리아, 스위스에도 운영하고 있는데 2025년 기준 독일에 총 26개, 오스트리아 15개, 스위스 6개가 있다.

표 3-8. 독일 스포츠김나지움 현황

	학교명		학교명
1	스포츠김나지움 오버호프 (Sportgymnasium Oberhof)	14	이사르 스포츠김나지움 뮌헨 (Isar Sport-Gymnasium München)
2	스포츠김나지움 켐니츠 (Sportgymnasium Chemnitz)	15	헤름홀츠-김나지움 에센 (Helmholtz-Gymnasium Essen)
3	스포츠김나지움 오버비젠탈 (Sportgymnasium Oberwiesenthal)	16	헤름홀츠-김나지움 하이델베르그 (Helmholtz-Gymnasium Heidelberg)
4	스포츠김나지움 노이브란덴브룩 (Sportgymnasium Neubrandenburg)	17	란트랏-루카스-김나지움 레버쿠젠 (Landrat-Lucas-Gymnasium Leverkusen)
5	스포츠김나지움 에어푸르트 (Sportgymnasium Erfurt)	18	김나지움 암 로텐뷜 좔브뤽켄 (Gymnasium am Rotenbühl Saarbrücken)
6	스포츠김나지움 요한 크리스토프 프리드리히 구츠무츠 예나(Sportgymnasium Johann Chr. Fr. GutsMuths in Jena)	19	김나지움 하이드베르그 함부르그 (Gymnasium Heidberg in Hamburg)
7	스포츠라이프찌히 란데스김나지움 (Landesgymnasium für Sport Leipzig)	20	괴테-김나지움 도르트문트 (Goethe-Gymnasium Dortmund)
8	스포츠김나지움 드레스덴 (Sportgymnasium Dresden)	21	스포츠김나지움 막데브룩 (Sportgymnasium Magdeburg)

	학교명		학교명
9	스포츠김나지움 슈베린 (Sportgymnasium Schwerin)	22	베셀김나지움 민덴 (Besselgymnasium Minden)
10	스포츠김나지움 할레/잘레 (Sportgymnasium Halle/Saale)	23	스포츠김나지움 오버호프 (Sportgymnasium Oberhof)
11	스포츠학교 포츠담 "프리드리히 루드비히 얀" (Sportschule Potsdam "Friedrich Ludwig Jahn")	24	스키김나지움 베르크테스가덴 (Ski-Gymnasium Berchtesgaden)
12	김나지움 클린엔탈 (Gymnasium Klingenthal)	25	플랏토우-오버슐레 베를린 (Flatow-Oberschule Berlin)
13	하인리히-하이네-김나지움 카이저스로이터른 (Heinrich-Heine-Gymnasium Kaiserslautern)	26	폴엘카우-슐레 베를린 (Poelchau-Schule Berlin)

출처: 각 지역별 홈페이지를 정리함

스포츠김나지움은 일반 중 · 고등학교와는 달리 스포츠와 관련된 교과 시수가 많다는 특징이 있다. 학급구성은 종목에 따라 구분되거나 특별한 재능을 가진 학생들을 위한 별도 소수 학급을 만들어주기도 한다. 교과명을 살펴보면 스포츠학, 스포츠의학, 건강학, 관광학 등이 있는데 주체육회, 종목단체, 전문스포츠과학센터 전문가 외에 지도자(스포츠의학전문가, 트레이너)가 수업을 맡고 있다. 드레스덴, 켐니츠, 막데브룩 학교는 스키와 축구를 전략적으로 육성하는 곳으로 꽤나 유명한 학교이다. 이 중 드레스덴 스포츠김나지움은 1954년 일반 학교로 설립되었다가 1992년 스포츠김나지움으로 개편되면서 현재 17개 종목(다이빙, 배구, 수영, 쇼트트랙, 스피드스케이팅, 아이스하키, 아크로바틱, 에어로빅, 육상, 조정, 체조, 축구(남), 카누, 탁구, 테니스, 펜싱, 피겨스케이팅)을 운영하고 있으며 수업을 살펴보면 아래와 같다.

표 3-9. 드레스덴 스포츠김나지움 교육 내용

내 용	세부 내용
보충 수업	– 필수 : 자연과학, 외국어, 수영 – 기타 : 수학, 영어(매주 2시간)
별도 수업 (카더 선수 대상)	– 3시간 : 수학, 영어, 독일어 – 2시간 : 지리학, 프랑스어 – 1시간 : 제2외국어
제2외국어	– 매주 프랑스어
읽고 쓰기	– 매주 읽고 쓰기

출처: https://www.sportgymnasium.de/

그림 3-3.
스포츠김나지움 수업 모습

3) 스포츠인터낫

스포츠인터낫Sportinternat은 스포츠에 특별히 재능 있는 청소년들이 기숙사 생활과 훈련을 하는 동시에 인근 학교에서 수업이 가능한 '사립형 스포츠기숙학교'라 할 수 있다. 입학 요건은 운동 능력(운동 적성, 스포츠의학 검사), 학업 성적(평균 이상 점수), 인성 적합성이다. 다만, 학교 생활에 부적응하거나, 학습 동기 유발 또는 치료 목적인 학생에게는 입학을 제한하고 있다.

스포츠인터낫은 12개주(Baden-Württemberg, Bayern, Berlin/Brandenburg, Hessen, Mecklenburg-Vorpommern, Niedersachsen, Nordrhein-Westfalen, Rheinland-Pfalz, Sachesn, Sachsen-Anhalt, Schleswig-Holstein, Thüringen)에 위치하여 연방정부, 주체육회, 지역 학교, 스포츠연맹 및 스포츠클럽과 협력 체계를 갖추고 있다. 예를 들어, 학습 지원은 지역 학교에서, 훈련은 주체육회, 종목 경기단체, 스포츠클럽에서 책임지고 있다.

훈련 시설과 기숙사를 동시에 갖추고 있기에 스포츠인터낫 운영은 크게 개방형과 시간제형으로 구분된다. 개방형은 일정 기간 동안에 학습과 훈련이 가능하고, 시간제는 기숙생활을 하지 않고, 훈련 후 귀가하는 시스템이다. 스포츠인터낫은 공공보조금 덕분에 사용료가 저렴하여 단체 이용 시(종목단체, 스포츠클럽 등) 월회비 최소 250유로(한화 약 40만 원)에서 최대 400유로(한화 약 65만 원), 그리고 개인은 최소 1,000유로(한화 약 160만 원)에서 최대 2,000유로(한화 약 320만 원)를 지불해야 한다.

스포츠인터낫은 현대화된 시설(학교와 훈련시설의 공간적 통합), 학습 지원을 위한 전문 교사(종일반, 일일교사) 및 전문 지도자의 배치, 학습과 훈련 시간을 탄력적으로 운영하고 있어 여러모로 인기리에 운영되고 있다. 최근 쾰른 스포츠인터낫Köln Sportinternat은 아이스하키, 축구, 유도를 전문적으로 가르치면서 독일 청소년들 사이에서 큰 주목을 받고 있는데 이곳에서 유도선수의 하루 일정은 아래와 같다.

표 3-10. 쾰른 스포츠인터낫의 하루 일과

내 용	세부 내용
대 상	o 종목 : 유도, o 성별 : 여자, o 연령 : 16세
일 과	05:45 ~ 06:00 기상 06:00 ~ 07:00 트레이닝(근력, 근지구력 운동) 07:00 ~ 07:30 아침 식사 07:30 ~ 08:00 인근 학교로 이동(스포츠인터낫에서 교통 제공) 08:00 ~ 14:00 학교 수업 14:00 ~ 15:00 스포츠인터낫으로 이동 15:00 ~ 15:30 점심 식사 15:30 ~ 17:00 숙제 및 방과 후 보충 수업(스포츠인터낫에서 실시 및 학업보조) 17:00 ~ 19:00 훈련(지구력, 기술 훈련) 19:00 ~ 21:00 팀훈련(대련 훈련) 21:00 ~ 21:45 저녁 식사 21:45 ~ 22:30 자유 시간 22:30 ~ 수면

출처: https://fc.de/mannschaften/fc-akademie/sportinternat

스포츠인터낫 중 푸르트바겐Furtwangen은 스키, 바이애슬론, 크로스컨트리, 베르덴펠트-김나지움Werdenfeld-Gymnasium은 스키알파인, 아이스하키를 훈련할 수 있는 최고의 명문 학교로 알려져 있다. 이 외 스포츠인터낫 대부분이 육상, 체조, 축구, 수영 종목 등을 운영하고 있다.

독일의 엘리트스포츠학교, 스포츠김나지움, 스포츠인터낫을 살펴본 결과, 이 세 학교는 모두 학업과 운동을 배우면서 스포츠 이론 및 실기 교육에 충실한 점을 발견할 수 있다. 특히, 전문적인 시설과 우수한 지도자를 갖추고 있다는 점이 특징이다.

다만, 몇 가지 차이점을 발견할 수 있는데 첫째, 운영 형태의 차이다. 엘리트스포츠학교는 전문 선수 양성을 위한 특수목적의 학교인 반면, 스포츠김나지움은 스포츠와 교육을 병행하는 스포츠 고등학교라 할 수 있다. 그리고 스포츠 인터낫은 특정 기간 동안 기숙, 훈련, 학업이 모두 가능한 곳이다. 둘째, 입학 조건의 차이다. 엘리트스포츠학교는 국가대표를 견줄만한 수준의 경기력을 갖춰야 하는 반면, 스포츠김나지움과 스포츠인터낫은 학업과 운동 실력이 어느 정도 균형이 필요하다. 셋째, 훈련 프로그램의 차이이다. 엘리트스포츠학교는 최고 수준의 선수가 되기 위해 종목별 규정과 과학적 기반의 훈련 프로그램과 경기대회 참가가 대부분이다. 반면, 스포츠김나지움은 기본 교육과정(국어, 수학, 과학, 외국어 등)과 더불어 스포츠 관련 수업을 이수하며 지역 대회에 참가할 수 있다.

4. 과학적 훈련을 위한 3대 스포츠연구소

독일에는 스포츠를 위한 전문연구기관으로 독일연방스포츠연구소, 응용트레이닝과학연구소, 스포츠장비개발연구소가 있다. 이 세 기관은 연방내무향토부 산하로서 정부의 재정 지원을 받고 있으며 특히 전문스포츠 연구에 주력하며 세계적인 인지도를 확보하고 있다.

1) 독일연방스포츠연구소

독일연방스포츠연구소Bundesinstitut für Sportwissenschaft(BISp)는 1970년 10월 본Bonn에 설립된 이래, 현재까지 스포츠 분야의 연구 프로젝트를 활발히 수행하는 기관이다. 기능적인 면에서 우리나라의 한국스포츠과학원Korea Institute of Sport Science과 유사하다.

1972년 뮌헨하계올림픽을 대비하기 위해 만들어진 BISp는 주로 선수 발굴 및 육성, 스포츠 시설, 스포츠 장비, 반도핑, 사회 통합, 인종 차별 등 관련 연구를 수행하고 있다. 일명, 연구 촉진자, 지식 관리자, 네트워커, 혁신 촉진 기관으로 통칭되는 BISp는 스포츠에 관해 정확하고, 신속한 정보 제공에 앞장서고 있다.

독일연방정부는 2010년대 후반부터 BISp에 재정적 투자를 높이고 있는데 엘리트스포츠를 위한 과학연계시스템Das Wissenschaftliche Verbundsystem Leistungssport(WVL)과 같은 대규모 연구 프로젝트를 위한 예산은 2010년 330만 유로(한화 약 54억 원), 2014년 390만 유로(한화 약 64억 원)에서 2017년 510만 유로(한화 약 84억 원)로 계속 증가하고 있다(출처: Deutscher Bundestag(2014, 2019)).

BISp에는 행정 · 재정부, 연구개발1부, 연구개발2부, 지식경영부 총 4개의 부서가 있다. 연구 기관이라는 특성이 있어 연구개발부가 두 개로 나뉘어 운영되는 점이 눈에 띈다. 연구개발1부는 스포츠자연과학 분야로 의학, 생리학, 사회심리학, 과학 및 기술 연구에 중점을 두고 있다. 차세대선수부터 국가대표 선수, 지도자 등을 대상으로 연구를 수행하며 응용트레이닝과학연구소Institut für Angewandte Trainingswissenschaft(IAT)와 스포츠장비개발연구소Institut für Forschung und Entwicklung von Sportgeräten(FES)와 긴밀하게 협력한다.

연구개발2부는 스포츠사회과학 분야로 사회 · 정치 · 경제 · 문화 외 스포츠시설, 스포츠클럽, 젠더, 인종 등과 같은 시사성이 높은 이슈를 다룬다. 대표적으로 "학문적 연계 기반 엘리트스포츠의 장기 전략", "스포츠과학 전략 연구", "코로나19 이후 독일 스포츠클럽 진단", "전문스포츠의 과학적 연구 사례" 그리고 최근에는 "여성을 위한 경쟁스포츠" 등이 있다. 또한 지식 공유를 위해 국내외 정책 자문위원회 구성, 전문가 회의, 워크숍 등을 개최하고 있으며 현장 중심형의 연구를 수행한다. 아래 〈그림 3-4〉은 2018년부터 2021년까지 BISp가 종목단체들과 협업하여 수행한 프로젝트 현황이다.

지난 4년간 총 332개의 프로젝트를 수행한 BISp는 매년 약 60~80개의 프로젝트에 연간 1만 유로에서 50만 유로(한화 약 1,600만 원~8억 원)를 투자했다. 최근 대표적인 연구로 '허리 통증', '스포츠 뇌진탕', '코로나19와 스포츠', 그리고 'AI와 스포츠'가 있는데 선수는 물론 일반인들의 일상에 도움이 되는 연구로 파악된다. 대표적으로 '허리 통증' 프로젝트는 8년간(2011~2018) 진행된 장기 연구로 총 13개 협업 기관이 참여하여 약 8천 명의 선수와 환자를 대상으로 한 허리 통증 예방 및 치료 연구이다. '스포츠 뇌진탕' 연구는 특히 선수와 지도자에게도 지대한 관심을 받은 바 있으며, 아울러 팬데믹과 관련하여 신체 · 정신 건강, 경기력, 올림픽 및 패럴림픽 경기에 미치는 영향 등 연구들이 수행되었다. 끝으로 'AI와 스포츠'는 스포츠의 미래 기술과 관련하여 AI 기반 애플리케이션과 디지털 기술 개발에 특별 자금을 지원하였다.

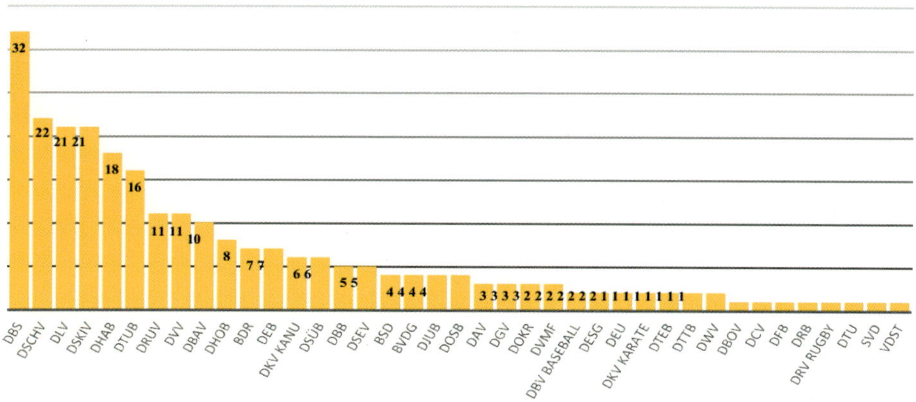

그림 3-4. 4년간(2018~2021) 독일연방스포츠연구소와 협업한 종목단체 및 프로젝트 수
출처: https://www.bisp.de

BISp의 프로젝트는 경기력 향상과 밀접하게 연관되어 있다. 대표적으로 2010 밴쿠버올림픽과 2014 소치올림픽 스키 종목에서 연속 금메달을 획득한 마리아 회플-리슈Maria Höfl-Riesch의 성공에 크게 기여한 것으로 잘 알려져 있다. 그리고 스포츠심리학에 대한 수요가 증가함에 따라 "선수 · 지도자를 위한 스포츠심리 데이터베이스"를 구축하여 지역 내 심리 상담을 지원하고 있다.

한편, BISp의 도핑 예방 부서는 1989년부터 도핑 연구를 시작해 국제적으로도 높은 평가를 받고 있다. 이 부서는 도핑 약물 관련 규정을 마련하고, 통제 시스템을 운영 하는 등 도핑에 대한 총체적인 관리 방안을 국제올림픽위원회Internationl Olympic Committee에 제시하고 구축하는 데 크게 기여하였다.

2) 응용트레이닝과학연구소

응용트레이닝과학연구소Institut für Angewandte Trainingswissenschaft(IAT)는 과거 동독의 전문스포츠 전문 연구기관이었던 신체문화스포츠연구소Forschungssinstitut für Körperkultur und Sport에서 그 뿌리를 찾을 수 있으며, 1992년 작센 주 라이프치히에 설립되었다. IAT는 정부 재원으로 학제 간 연구를 통해 전문스포츠 연구 개발, 현장 지원, 자문 및 지식 전달 등의 임무를 갖고 있다.

표 3-11. 응용트레이닝과학연구소 연방 보조금 현황

연 도	2018	2019	2020	2021
예산(백만 유로)	10,0	9,26	9,7	9,3
한화(억 원)	약 165	약 153	약 160	약 153

출처: Deutscher Bundestag(2023)

IAT는 BISp와 같이 경기력 향상 관련 프로젝트에 중점을 두고 있지만 두 기관의 역할에는 차이가 있다. BISp가 이론 정립과 연구를 담당한다면, IAT는 스포츠 의학 및 트레이닝을 현장에서 지원하는데 예를 들어 선수와 지도자들에게 과학적 기반의 훈련 계획, 부상 예방을 위한 의학과 재활 프로그램을 제공한다. 또한 MINT(수학, 정보학, 자연과학, 기술학), IKS(DB, 연방주 자료 분석, On/Off 도서관운영), NWLS(훈련 대회 분석, 경기력 향상 최적화, 훈련 계획 분석 및 지원시스템 평가) 등을 통해 이론부터 현장 적용, 평가 관리까지 전 과정을 아우르는 시스템을 갖추고 있다. 아래 표는 IAT의 각 부서별 업무 현황이다.

표 3-12. 응용트레이닝과학연구소 부서 및 주요 업무

부서명	종목 및 업무
지구력부	▪ 근대5종, 바이애슬론, 사격, 사이클, 수영, 스피드스케이팅, 양궁, 철인3종, 카누, 파라바이애슬론, 파라수영, 파라카누, 크로스컨트리,
근력-기술부	▪ 기계체조, 다이빙, 스노보드, 스켈레톤, 스케이트보드, 스키점프, 역도, 육상(던지기), 파라육상, 피겨
기술-전략부	▪ 레슬링, 배구, 배드민턴, 유도, 탁구, 하키, 핸드볼
스포츠정보부	▪ 선수별·팀별 경기 진단 데이터 제공 ▪ 종목별 올림픽 및 패럴림픽 성과 시스템 운영 ▪ 종목별 비디오 분석
생체역학/스포츠기술부	▪ 생체역학 분석 및 모델링 ▪ 스포츠 기술 및 측정 스테이션 개발
전략/지식경영부	▪ 국제적 전략, 홍보 및 커뮤니케이션, 지식 관리 및 정보
스포츠의학부	▪ 경기 및 훈련 중 발생하는 임상, 건강, 회복 ▪ 지도자 및 의사를 위한 의학 지식
차세대 전문스포츠부	▪ 훈련 경기 분석 및 평가

출처: https://sport-iat.de/

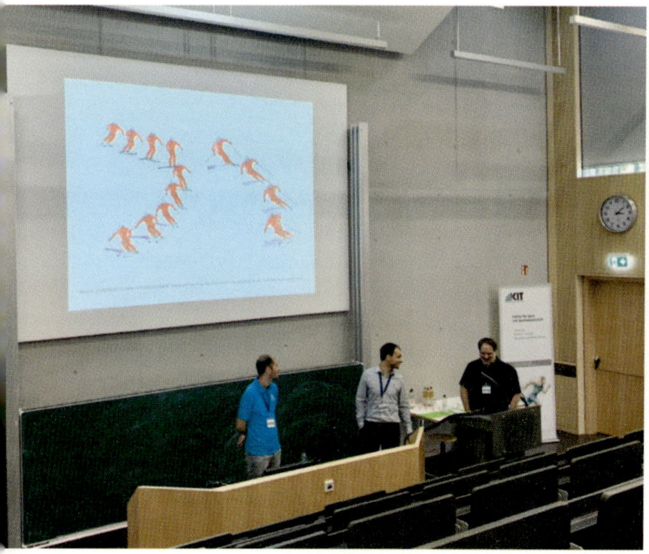

그림 3-5. 스포츠운동학 발표 모습

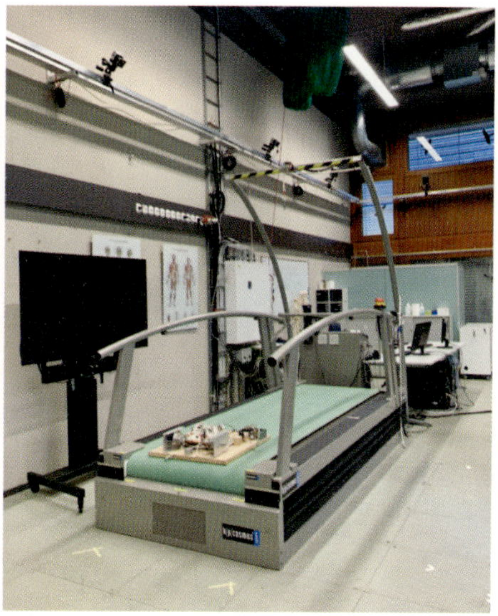

그림 3-6. 트레이닝 실험실

IAT의 핵심 역량은 국제경기력 현황 분석, 경기력 관리 및 최적화, 훈련 및 기술특화, 훈련 방법론 개발, 인재 발굴 및 육성, 건강 회복, 혁신 기술 개발 및 적용 등에 있다. 이러한 역량을 기반으로 경쟁 우위를 확보할 수 있도록 선수와 트레이너에게 데이터와 솔루션을 제공한다. 예를 들어 트레이너-어드바이저 시스템Trainer-Berater System을 통해 이론적 지식과 현장 경험을 공유하며 선수들을 지원한다. 한국스포츠과학원 또한 유사한 사례가 있는데 국가대표 지도자협의체가 있어 종목별 선수 · 지도자와 연구원 1:1 시스템을 갖추고 있다.

IAT의 성과는 국제대회에 메달로 이어지며 2010 밴쿠버동계올림픽에서 바이애슬론 종목에서만 5개의 메달(금 2, 은 2, 동 1)과 2012년 런던하계올림픽에서 카누(3개), 승마 · 조정(각 2개), 비치발리볼 · 하키(각 1개)에서 큰 성과를 거두었다. 한편, 독일 장애인스포츠 분야에서도 IAT의 기여는 두드러진다. 그동안 패럴림픽 육상, 사이클, 수영 종목에서 총 45개의 메달을 획득하였고, 휠체어 농구 등록 선수가 약 2천 명에 이를 만큼 생활스포츠 활성화에도 기여했다.

표 3-13. 독일 하계올림픽 및 하계패럴림픽 메달 현황

구 분		2004 아테네	2008 베이징	2012 런던	2016 리우	2020 도쿄	2024 파리
올림픽	금	13	16	11	17	10	12
	은	16	10	19	10	11	13
	동	20	15	14	15	16	8
	합계	49	41	44	42	37	33
패럴림픽	금	19	14	18	18	13	10
	은	28	25	26	25	12	14
	동	32	20	22	14	18	25
	합계	79	59	66	57	43	49

출처: Deutscher Bundestag(2023), https://portal.sports.or.kr/, https://www.koreanpc.kr/

2010년 밴쿠버패럴림픽 다관왕인 베레나 벤텔레Berena Bentele(스키, 바이애슬론)는 금메달 5개를, 게르트 쇤펠더Gerd Schönfelder(스키)는 금메달 4개와 은메달 1개를 획득하였다. 이들은 모두 IAT와 BISp의 프로젝트를 통해 지원받은 선수들로 알려져 더욱 주목을 받았다. 특히 게르트 쇤펠더는 은퇴 전까지 22개의 메달을 획득하여 2018년 독일스포츠명예 전당에 헌액된 최초의 장애인 선수이기도 하다.

한편, 팬데믹으로 국제대회가 줄줄이 취소되면서 IAT 연구소의 활동도 일시적으로 멈췄다. 하지만, IAT는 도리어 연구 개발의 시기로 발판 삼아 "코로나 바이러스와 스포츠 - 과학과 실천"이라는 프로젝트를 운영하여 감염 예방을 위한 환경을 구축하여(측정 스테이션 등), 전염병으로부터 선수 · 지도자를 보호했다는 좋은 평가를 받은 바 있다.

3) 스포츠장비개발연구소

스포츠장비개발연구소Institut für Forschung und Entwicklung von Sportgeräten(FES)는 "인간과 소재의 완벽한 조화"를 모토로 최상의 퍼포먼스를 위해 스포츠 장비와 용품을 연구하는 기관이다.[3] FES는 1963년 구舊 동독 국가스포츠위원회의 지원 아래 베를린 독일신체문화스포츠대학교(DHfK)에 설립된 '스포츠용품개발연구소'에 그 뿌리를 두고 있으며 선수 개개인에게 최적화된 장비 개발 및 지원에 목적이 있다. 1960년대 설립 초기만 해도 스포츠 장비를 개발하고, 생산하기 어려웠으나 유리 섬유 강화 플라스틱이라는 신소재로 조정, 카누, 요트와 같은 수상 장비 개발에 성공하게 되었다. 1970년대 냉전시대 국가 경쟁이 치열해지자, 스포츠에 대한 국민적 관심과 정부의 전폭적인 지원이 맞물려 테니스와 자전거와 같은 종목들이 크게 발전하였다. 본원은 베를린Berlin에 그리고 분원은 오버호프Oberhof에 있다.

---

3 http://www.fes-sport.de/chronik.htm

표 3-14. 스포츠장비개발연구소 연방 보조금 현황

연 도	2018	2019	2020	2021
예산(백만 유로)	9,19	7,04	7,28	7,28
한화(억 원)	약 152	약 116	약 120	약 120

출처: Deutscher Bundestag(2023)

2023년 독일의 자전거 보유 대수는 약 8,400만 대로, 인구수(약 8,470만 명)와 맞먹는다. '1인 1자전거'라 할 만큼 독일 국민에게 자전거는 필수품으로 이는 FES의 연구 개발과 밀접한 관련이 있다고 본다. 1984년부터 경량 프레임, 선수 유니폼, 공기 역학 모델 개발 등에 앞장서며 자전거와 관련된 세계적 기술력을 축적해 왔기 때문이다.

독일은 동계스포츠 강국으로 특히 봅슬레이와 스켈레톤 장비 기술이 상당히 월등하다. 1972년 삿포로 동계올림픽에서 썰매장비에 카본 소재를 활용하여 당시 동독 종합 2위, 서독 종합 5위를 차지한바 있다. 1990년대 이후 다섯 곳의 실험 연구소와 이백여명의 전문가를 갖추게 되면서 경기력 향상은 물론 레저스포츠 활성화에도 기여하며 오늘날 독일 스포츠산업의 근간이 된 것으로 판단된다.

BISp, IAT 그리고 FES, 세 개의 연구기관은 자신들의 고유 업무를 수행하는 것은 물론 오래전부터 유기적인 협력 체계를 이어왔다. 연구 개발을 총괄하는 독일연방스포츠연구소(BISp), 데이터를 기반으로 선수들의 과학적 훈련법을 최적화하는 응용트레이닝과학연구소(IAT), 그리고 최첨단 장비를 개발하는 스포츠장비개발연구소(FES). 이 세 기관은 스포츠과학을 중심으로 시너지를 창출하며 독일이 정상급의 경기력을 유지하는 핵심 동력이 되어왔다. 나아가 이들의 학문적 · 기술적 성과는 단순히 메달 획득을 넘어 독일의 스포츠 문화를 확산하는 동시에 스포츠 산업의 경제적 기반을 다지는 선순환 구조를 구축했다는 점에서 그 의의를 찾을 수 있다.

독일 사례를 통해 한국 스포츠과학의 현주소를 돌아보게 한다. 한국의 경우, 한국스포츠과학원에서 선수를 대상으로 체력, 심리, 기술 및 영상 분석 등 다방면에 걸친 지원을 제공한다. 그러나 스포츠 장비 및 용품 분야에서는 독일과 상당한 격차가 있다. 경기도 용인시에 국민체육진흥공단 스포츠용품시험소가 있으나 독일처럼 경기력 향상과 산업 발전을 동시에 이끄는 고차원적인 연구개발 역량은 아직 부족한 실정이다. 따라서 독일 사례를 통해 스포츠과학 연구가 선수의 경기력 향상을 넘어 국가의 산업 동력으로 이어질 수 있도록 전략적인 접근이 필요한 것이 아닌가 제안해 본다.

5. 메달 뒤에 숨겨진 시스템의 힘

1) 이중경력

경제학 교수 사샤 슈미트Sascha Schmidt는 "운동선수들은 기업 경영에 필수적인 역량을 갖추고 있지만, 사회는 아직도 최고의 운동선수들을 제대로 활용하지 못하고 있다"[4]고 지적한 바 있다. 그의 말처럼, 국제대회에서 메달을 획득하는 영광도 잠시 많은 선수들이 경기장 밖에서는 냉혹한 현실에 직면하곤 한다. 이는 비단 한 선수의 이야기가 아니라 전 세계 대부분의 운동선수들이 겪는 현실이다. 이에 독일은 이중경력Duale Karrier 제도를 도입함으로써 선수들의 고충을 해소하는 데에 노력하였다.

> 국제 수준의 엘리트스포츠 선수들은 학업과 직업 준비를 병행하기 어렵습니다. 쉴 틈 없는 훈련과 대회에 참가하여 세계 정상에 오르기까지 감내해야 하는 고통은 상당합니다. 따라서 이들의 헌신에 걸맞도록 안정적인 삶을 보장하고, 경기에 집중할 수 있도록 행 · 재정적 지원이 뒷받침되어야 합니다.
>
> \- Deutscher Bundestag(2023)

---

4 https://www.sportsinnovation.de/en/schmidt/

'이중경력'은 올림픽, 패럴림픽 등에 참가하는 선수들이 현역 시절 학업과 직업 교육을 병행할 수 있도록 마련한 제도이다. 2006년부터 독일올림픽체육회가 운영해 왔는데, 핵심은 운동과 학업 그리고 직업 활동의 조화이다. 예를 들어, 올덴부르크 대학교는 EWE AG(EWE Aktiengesellschaft, 에너지통신서비스회사)와 함께 선수를 위한 경영학 과정 Business Administration for Top Athletes을 운영하고 있으며, 졸업 후 스포츠계(행정가, 클럽매니저, 기획사 등), 시설 관리자 등의 분야로 진출시킨다. 2012 런던올림픽에 참가한 토비아스(요트)는 이 제도를 통해 석사 졸업 후 EWE에서 인턴으로 활동하는 등 이중경력의 대표적인 모델이 되었다. 독일 스포츠계 노력의 일환으로 2008년 독일연방의회에서는 선수 지원을 위한 법적, 정책적 지원을 발표했다(Deutscher Bundestag, 2008; 김경원, 2014). 이 정책의 핵심은 이중경력 제도가 선수들에게 실질적인 도움이 되도록 유관기관이 긴밀하게 협력하는 것으로 정부 및 연방정부, 지역 대학교 및 학교, 주체육회 및 종목단체, 스포츠엘리트학교, 독일스포츠지원재단, 올림픽지원센터 등이 그 대상이다. 그 중 올림픽지원센터는 전국 네트워크를 기반으로 각 지역에 진로상담사를 배치하여 선수들의 경력 계획을 지원한다. 특히 대학생 선수들에게 학점 및 출석 관리, 실습 기관 소개, 그리고 지역 노동부 직업상담사와의 연계를 제공하는 등 실질적인 도움을 줌으로써 그들이 운동에 집중할 수 있도록 돕고 있다.

그렇다면, 독일 선수들은 어떻게 이중경력을 활용하고 있는지 좀 더 자세히 알아보자. 우선, '학업' 지원은 선수 개인에 맞는 학교 선택부터 시작되는데 가령, 스포츠엘리트학교나 스포츠김나지움과 같은 지역별 학교 정보에 대해 상담해 준다. 학교에 입학 후 대회 및 훈련으로 인해 수업 결손 시 과외나 보충 수업을 받을 수 있도록 비용을 지원하는 등 학업 공백을 최소화한다. 이 때 독일스포츠지원재단은 선수들에게 장학금(대학 또는 방송통신대학 학비) 및 기숙사비 지원 그리고 훈련으로 인해 불가피하게 소득이 줄어들 경우 이를 보전해 주기도 한다. 최소 5년간 지원되는 "아마데우스 장학금"은 부모의 소득 수준에 따라 매달 최대 200유로(약 32만 원)까지 지급된다(김경원, 2014).

한편, 선수들을 위한 '직업' 지원은 더욱 실질적으로 보인다. 선수들을 직업 교육 기관에 등록시킨 후 일반 기업의 인턴십을 연계해 주거나, 상담을 통해 연방군, 연방경찰, 대형 스포츠클럽 등 스포츠 관련 취업 정보를 제공한다.

운동선수의 은퇴 후 진로는 전 세계적인 공통 과제이다. 이러한 맥락에서 독일의 이중경력 제도와 같은 국제올림픽위원회의 선수 경력 프로그램Athlete Career Programme, 유럽올림픽위원회의 선수를 기업으로(AToB)라는 프로그램이 있다. 한국 역시 대한체육회가 2011년부터 은퇴 선수들을 위한 경력 관리 프로그램을 운영하고 있는 것처럼, 이중경력 제도는 이미 유럽과 아시아에서 활발히 운영되고 있는 중요한 시스템이다.

표 3-15. 이중경력을 위한 10대 핵심 프로그램

	내 용
핵심 1	올림픽지원센터를 통한 전문 상담 제공
핵심 2	일반 학교와 엘리트스포츠 학교 간 파트너십
핵심 3	선수 개인에 맞춘 학업과 운동 스케줄 계획
핵심 4	훈련과 직업 훈련을 병행할 수 있는 모델 개발
핵심 5	각 연방주 체육회의 이중경력 프로그램 활성화
핵심 6	은퇴 후 선수경력 인정 및 사회 정착 지원
핵심 7	각 종목단체의 이중경력 프로그램 활성화
핵심 8	이중경력 인식 확산을 위한 홍보 강화
핵심 9	선수의 자기 계발 및 자기 주도적 역량 함양
핵심 10	DOSB 이중경력 전담팀 증대

출처: https://cdn.dosb.de/

2) 올림픽지원센터

올림픽지원센터Olympiastützpunkt(OSP)는 한국의 진천선수촌처럼 올림픽, 패럴림픽에 출전하는 선수들이 국제대회를 준비하는 전문훈련시설이자 교육 서비스를 제공하는 곳이다(김미숙, 2017). 1990년대 초, 지역의 우수한 선수들을 육성시키기 위해 훈련시설이 필요하다는 연방경기스포츠위원회의 제안에 따라 설립되었다.

5천 여명에 달하는 선수들의 훈련 환경, 처우, 복지, 보상을 보장하는 시스템이 필요하다. "선수 지원은 시장의 논리가 아닌, 국가의 책임"이라는 원칙으로 마땅히 정부와 유관 단체가 책임져야 할 몫이다. 이러한 정책적 결단으로 독일 전역에 22개의 올림픽 지원센터가 설립되었다.[5]

2018년부터 2021년까지 4년간 정부는 18개 OSP에 총 1억 8,400만 유로(한화 약 3,034억 원)를 지원했다.[6] OSP는 선수가 최고의 기량을 위해서 스포츠의학, 물리치료, 심리 상

표 3-16. 지역별 올림픽지원센터(OSP) 현황

	OSP		OSP
1	바이에른 OSP Bayern	10	라인란트-팔츠/자를란트 OSP Rheinland-Pfalz/Saarland
2	베를린 OSP Berlin	11	라인-네카르 OSP Rhein-Neckar
3	브란덴부르크 OSP Brandenburg	12	라인-루르 OSP Rhein-Ruhr
4	프라이부르-슈바르츠발트 OSP Freiburg-Schwarzwald	13	작센 OSP Sachsen
5	함부르크/슐레스비히-홀슈타인 OSP Hamburg/Schleswig-Holstein	14	작센-안할트 OSP Sachsen-Anhalt
6	헤센 OSP Hessen	15	슈투트가르트 OSP Stuttgart
7	메클렌부르크-포어폼메른 OSP Mecklenburg-Vorpommern	16	튀링겐 OSP Thüringen
8	니더작센 OSP Niedersachsen	17	베스트팔렌 OSP Westfalen
9	라인란트 OSP Rheinland	18	빈터베르크/빌링겐 OSP Winterberg/Willingen

5 https://www.dosb.de/medien-service/publikationen

6 https://www.dosb.de/leistungssport/olympiastuetzpunkte

담, 영양 관리, 과학적 훈련 등을 지원하며, 부상과 질병에 신속하게 대응해 선수가 빠르게 복귀하도록 돕는다. 그리고 안정적인 삶을 위해서 은퇴 후 삶을 준비할 수 있도록 '이중 경력'을 지원하고 있다.

3) 독일연방경찰, 독일연방군, 독일연방관세청

운동선수들은 훈련, 학업, 그리고 은퇴 후의 삶이라는 세 가지 벽에 부딪히곤 한다. 이러한 문제를 해결하기 위해 정부는 운동선수와 미래의 경찰 공무원이라는 두 가지 꿈을 동시에 이룰 수 있는 제도를 운영하고 있다. 선수들은 독일연방경찰에 정식 채용되어 급여를 받으며 국제대회 참가 및 훈련에 매진할 수 있다. 2020 도쿄 올림픽에서 연방경찰 소속 선수 20명 중 절반이 넘는 11명이 메달리스트로 알려져 있다. 2025년 기준 160여 명의 선수가 이 제도권에 있으며, 은퇴 후에는 약 85%가 경찰로 직업 전환이 되며 사회에 정착하고 있다.

연방경찰이 운영하는 종목 다수가 동계스포츠에 집중되어 있는데 독일이 동계올림픽에서 꾸준히 상위권을 차지하고 있는 요인이라 할 수 있다. 선수들은 공무원이라는 안정적인 직업을 보장받으며, 훈련과 국제대회 참가에 전념할 수 있는 동시에 올림픽 메달은 특별 포상금은 물론 경찰 경력에 반영되기도 한다. 이들은 독일연방경찰 선수들을 위한 전용시설인 바트 엔도르프Bad Endorf와 키엔바움Kienbaum에서 훈련을 한다.

매년 8월과 9월 동계종목과 하계종목 독일연방경찰 스포츠단을 선발하는데 모집인원은 약간씩 유동적이다. 다만, 선발 기준은 반드시 카더시스템에 등록되어 있어야 하고, 공식대회에서의 성적과 성장 잠재력이 증명되어야 한다.

표 3-17. 연방경찰 운영 종목 현황

생성 연도	종 목	생성 연도	종 목
1978[7]	노르딕복합, 바이애슬론, 스키점프, 알파인스키, 크로스컨트리스키	2005	스켈레톤
1991	스피드스케이팅	2007	사격, 양궁, 조정, 카누 레이싱, 카누 슬라럼
1996	쇼트트랙	2008	크로스컨트리
1998	루지, 봅슬레이, 스노보드	2017	체조
1999[8]	사이클, 유도, 육상	2021	가라테, 스포츠클라이밍, 스케이트보드

그림 3-7. 연방경찰스포츠학교 로고
출처: https://www.bundespolizei.de/

그림 3-8. 연방경찰스포츠학교 홍보 영상
출처: https://www.youtube.com/@BundespolizeiKarriereJetzt

독일연방군Bundeswehr은 군 복무와 운동이 병행 가능하다. 2018 평창 동계올림픽에서는 독일 전체 메달의 52%, 2020 도쿄 하계올림픽에서는 38%를 연방군 소속 선수들이 획득하는 진가를 발휘했다. 독일연방군은 바렌도르프Warendorf에 위치한 연방군 스포츠학교Sportschule der Bundeswehr에서 훈련을 받는데 이곳은 국제 규격의 다양한 훈련

7 당시 연방경찰의 전신인 연방국경수비대(BGS)였으며, 창립 멤버 종목이었다.
8 하계종목을 지원하는 첫 해이다.

시설, 전문 지도자를 갖춘 세계적 수준의 훈련 기지이다. 세계군인체육대회Military World Games를 개최하고 지역 스포츠클럽을 지원하는 등 대외적인 역할도 수행한다. 최근 연방군은 전문성을 갖춘 선수들이 은퇴 후 군대 내 '체력단련 전문 트레이너'로 활동할 수 있도록 직책을 신설하는 등 제2의 인생 설계를 위해 돕고 있다.

독일연방관세청Zoll 또한 관세청 직원이면서 동시에 운동이 가능하다. 관세청 스키팀Zoll Ski Team은 알파인 스키와 바이애슬론 등 설상 종목의 최상위 선수들로 구성되어 있고, 2017년부터 장애인 선수를 선발하였다. 독일 연방 경찰, 연방군, 그리고 연방 관세청은 국가대표 선수들을 지원함으로써 선수들이 경력 단절에 대한 걱정 없이 운동에 전념하게 돕고, 독일 엘리트 스포츠의 국제 경쟁력을 높이는 핵심적인 역할을 수행하고 있다.

그림 3-9. 독일연방군 스포츠학교 배지
출처: https://de.wikipedia.org/

그림 3-10. 바렌도르프(Warendorf)에 위치한 독일연방군스포츠학교 전경
출처: https://www.bundeswehr.de/

4) 독일스포츠지원재단

독일스포츠지원재단Stiftung Deutsche Sporthilfe은 1967년 5월, 베를린에 설립된 비영리 재단으로 체육인을 지원하는 전문 기관이다. 현재까지 민간 기금 약 5억 유로(한화 약

8천 억 원)를 모아 5만 4천여 명의 선수들을 후원하였고, 매년 평균 4천여 명의 선수들을 지원하고 있다.

독일스포츠지원재단은 설립부터 지금까지 '민간 주도'라는 확고한 원칙 아래 주로 기업 후원금과 국민 기부금, 행운의 나선GlücksSpirale 복권 수익금, 모금 행사 가령, 기념 우표 발행, 유럽 최대의 행사인 '발 데스 스포츠Ball des Sports' 개최하는 등을 통해 재원을 마련하고 있다. 2000년대 이후 메르세데스-벤츠Mercedes-Benz, 도이체 방크Deutsche Bank, 알리안츠Allianz와 같은 메르세데스-벤츠, 도이체 방크, 알리안츠와 같은 독일 기업들의 후원으로 재단의 재정적 기반이 강화되자 정부는 이러한 노력을 제도적으로 뒷받침하기 시작했다. 그 결과, 독일 연방의회는 재단을 정부의 공식 파트너로 인정하고, 선수를 위한 재정 지원과 학업 및 경력 개발을 돕는 기관으로 규정했다. 이와 함께 정부가 선수에게 직접 지급하던 상여금을 이제는 재단을 통해 전달하도록 하였다(Deutscher Bundestag, 2023).

표 3-18. 올림픽 상여금 현황

메달 및 순위	금액(한화)	메달 및 순위	금액(한화)
금메달	20,000유로(3천2백만 원)	5위	4,000유로(650만 원)
은메달	15,000유로(2천4백만 원)	6위	3,000유로(480만 원)
동메달	10,000유로(1천6백만 원)	7위	2,000유로(320만 원)
4위	5,000유로(810만 원)	8위	1,500유로(240만 원)

출처: https://www.sporthilfe.de/

재단은 선수들의 사회적 명예를 높이는 데에도 힘쓰고 있다. 스포츠계의 노벨상이라 불리는 '황금 스포츠 피라미드Golenden Sportpyramide'를 시상하고(첫 수상자: 승마선수 한스 귄터 빙클러Hans Günter Winkler), 선수들의 업적을 기리는 '독일 스포츠 명예의 전당Hall of Fame des deutschen Sports'을 운영하는 것이 바로 대표적인 예이다.

독일스포츠지원재단은 선수들이 학업과 직업 교육을 병행하고, 은퇴 후에도 사회의 일원으로 자리잡도록 '선수 생애' 전 과정을 유기적으로 지원한다. 이러한 통합 지원을 기반으로 '독일 스포츠 명예의 전당'이나 '황금 스포츠 피라미드' 시상과 같은 예우 사업을 주관하며, 선수들의 위상을 높이는 데 기여한다. 특히 이러한 활동이 기업 후원과 국민의 자발적인 기부로 이루어진다는 점은 주목할 만하다. 이는 선수에 대한 존경과 예우가 후원을 넘어 사회적 자부심으로 자리 잡았음을 보여준다.

독일스포츠지원재단의 사례는 현재 한국 스포츠계가 마주한 과제와 해결 방안에 중요한 시사점을 제공한다. 첫째, '성과에 대한 단기적 보상'에서 '선수 생애 전반의 동반자적 지원'으로의 전환이 필요하다. 은퇴 후 삶을 걱정하는 선수에게 현역 시절부터 자신의 경력을 스스로 설계시키며 '국가대표'라는 경험 자체가 소중한 사회적 자산이 될 수 있다는 인식을 확산시켜야 한다. 둘째, 대한체육회, 국민체육진흥공단 등 여러 기관에 분산된 지원 사업을 하나의 컨트롤 타워 아래 통합 · 재편할 필요가 있다. 이는 선수 생애 주기에 맞춰 체계적이고 지속적인 지원이 가능하기 때문이다.

결론적으로 '우리 사회의 영웅은 우리 스스로 예우한다'는 인식을 확산시키는 것이 중요하다. 독일 모델을 그대로 적용하기는 어렵겠지만, 투명하고 전문적인 민간 주도형 후원 시스템을 구축한다면 선수들의 장기적인 삶을 보장하고, 나아가 한국 스포츠의 수준까지 더욱 높일 수 있을 것이라 본다.

4

운동소양을 키우는 학교스포츠

주성순 · 장유경

제4장

운동소양을 키우는 학교스포츠

1. 독일 교육행정체제와 교육체제

1) 독일 교육행정체제

독일 교육을 총괄하는 연방기관은 교육연구부Bundesministerium für Bildung und Forschung (BMBF)이며 우리나라 교육부와 유사하다. 연방 정부의 본부인 제1청사는 본Bonn에 있으며, 제2청사는 베를린Berlin에 있다. 교육연구부는 독일 교육 · 연구의 비전 전략과 정책 관련 방향을 제시하고, 교육 · 연구 분야의 입법을 담당한다. 총 7개의 부처로 전략조정국, 교육 · 연구의 유럽 · 국제 협력국, 일반직업평생교육국, 대학과학국, 기술혁신연구국, 생명과학국, 미래지속가능연구국으로 구분되어 있다. 주로 국가 차원에서 추진되어야 하는 교육 · 연구 관련 정책, 교육 · 연구 국제 협력, 교육 및 훈련, 기술혁신 연구, 생명과학, 지속가능한 미래 연구 관련 업무를 담당하고 있다. 초 · 중 · 고 교육과 학교 관련 주요 업무는 일반직업평생교육국에서 담당하고 있다. 일반직업평생교육국은 세부적으로 직업교육 · 심화교육부, 일반교육부, 평생교육부로 나뉜다. 일반교육부가 초 · 중 · 고 교육, 유아교육, 교육 분야 연구와 평가(국내 교육성과 연구 및 평가,

국제비교연구 등), 학교 관리 및 시설 구축, 교외 영재 교육 등을 담당하고 있다(BMBF, 2024).

독일의 교육행정은 16개의 각 주에서 자치적으로 운영하고 있다. 주 교육부는 우리나라의 시도교육청과 유사하며, 주마다 명칭은 교육부, 문화부, 문화스포츠부 등 다양하다. 예를 들어 노르트라인-베스트팔렌주는 학교교육부Ministerium für Schule und Bildung, 바이에른주는 수업문화부Bayerische Staatsministerium für Unterricht und Kultus, 작센주는 문화부Ministerium für Kultus이다. 우리나라는 국가수준 교육과정이 있는 반면에, 독일은 주마다 자치적으로 학교법과 교육과정이 있다. 따라서 주마다 제시된 학교법에 근거해서 학교가 운영되기 때문에 학교체제, 교육과정, 대학입학시험 등이 상이하다.

교육행정체제는 주로 3단계 또는 2단계 체제로 이루어져 있으며, 주 차원의 학교관청만 있는 주도 있다. 3단계는 주 차원 - 광역행정 차원 - 권역 · 시 차원으로 나뉜다. 2단계는 주 차원-광역 또는 권역 · 시 차원으로 나뉜다. 3단계의 교육행정체제를 살펴보면, 주 차원의 최상급 교육관청은 최상급 학교감독관청Oberste Schulaufsichtsbehörde의 역할을 한다. 광역행정 차원의 교육관청은 상급 학교감독관청Obere Schulaufsichtsbehörde의 역할을 하며, 권역 · 시 차원의 교육관청은 하급 학교감독관청Untere Schulaufsichtsbehörde (Schulamt)의 역할을 수행한다. 학교감독관청은 우리나라의 시도교육청 및 교육지원청과 유사하며 학교와 교육 관련 실질적인 업무를 수행한다. 교육과정 개정, 아비투어Abitur, 수업 목표와 내용, 수업 형태, 학교조직 및 운영, 예비교사 양성 및 교사 직무교육 등 모든 업무를 담당하고 있다(정기섭, 2021).

노르트라인-베스트팔렌을 예로 살펴보면, 크게 3단계 교육행정체제로 운영된다. 우리나라의 시도교육청과 유사한 최상급 학교감독관청으로는 학교교육부Ministerium für Schule und Bildung가 있다. 상급 학교감독관청으로는 5개의 광역행정 교육관청이 있다. 5개 광역행정 교육관청은 주로 상급학교인 김나지움Gymnasium, 종합학교Gesamtschule, 직업학교Berufschule, 특수학교Sonderschule, 전문학교Fachschule 업무를 담당한다. 하급 학교감독관청으로는 53개의 권역 · 시 교육관청이 있으며, 초등학교Grundschule, 하웁트슐레Hauptschule, 특수교육Sonderpädagogoik, 유치원Kindergarten을 담당하고 있다.[1]

노르트라인-베스트팔렌 학교교육부(Ministerium für Schule und Bildung)

최상급 학교감독관청(Oberste Schulaufsichtsbehörde)

⬇

5개 광역행정 교육관청

상급 학교감독관청(Obere Schulaufsichtsbehörde):
김나지움, 종합학교, 직업학교, 특수학교, 전문교육 담당

⬇

53개 권역 · 시 교육관청

하급 학교감독관청(Untere Schulaufsichtsbehörde, Schulamt):
초등학교, 하웁트슐레, 특수교육, 유치원 담당

그림 4-1. 노르트라인-베스트팔렌주의 교육행정체제

노르트라인-베스트팔렌의 학교스포츠는 주 학교스포츠국Schulsport in NRW에서 총괄적으로 담당한다. NRW 학교스포츠국[2]은 주 행정부처인 학교교육부와 스포츠&봉사부의 학교스포츠 관련 업무를 수행하고 있다. 주 학교교육부의 업무 중에서는 학교스포츠 진흥 및 체육교사교육, 학교와 스포츠클럽 연계, 학생들의 스포츠 활동 진흥, 스포츠 활동 친화적 학교 조성, 'NRW에서 수영배우기' 캠페인, 'NRW 주는 수영할 수 있다', 학교수영 주간 등 학교스포츠의 전반적인 업무를 담당하고 있다. 주 스포츠부&봉사부의 업무 중에서는 학교스포츠대회Schulsportwettkämpfe인 "청소년올림픽훈련Jugend trainiert für Olympia" 관련 업무를 수행하고 있다.

---

1 Ministerium für Schule und Bildung des Landes Nordrhein-Westfalen(노르트라인-베스트팔렌 학교교육부), https://www.schulministerium.nrw.de
'학교스포츠' 장에서는 독일 학교스포츠의 전반적인 이해와 체계적인 고찰을 위해서 노르트라인-베스트팔렌주를 중점적으로 살펴보았다.

2 Landesstelle für den Schulsport in Nordrhein-Westfalen(노르트라인-베스트팔렌 학교스포츠국), https://www.schulsport-nrw.de

2) 독일 교육체제

독일 기본법Grundgesetz 제1장 1조[3]에는 국가가 인간의 존엄성을 존중하고 보호할 의무가 있음을 명시하고 있다. 이는 국가가 인간의 존엄과 가치를 존중하고 행복을 추구할 수 있도록 보장하는 것을 함의한다. 독일에서 교육은 한 개인이 인간으로서 성장하는 데 필요한 과정이며 기본 권리이다. 독일 교육은 개인의 고유한 재능과 잠재력을 최대한 계발하도록 도와주며 스스로 자립적인 삶을 살아가도록 도와준다. 독일은 사립학교도 있으나 대부분 공립학교이며 초 · 중 · 고 무상교육이다. 대학교는 운영비 및 교통비 명목으로 한 학기에 대략 300유로 정도이며, 주마다 차이는 있으나 거의 별도의 수업료는 없다. 공공 제도권 교육에 대하여 살펴보도록 하겠다.

독일은 총 12년 또는 13년의 초등 · 중등 · 고등 교육체제를 갖추고 있으며, 각 주마다 교육체제와 교육과정은 조금씩 다르다. 초등과정Primarstufe은 우리나라 초등학교 수준인 그룬트슐레Grundschule(1~4학년)로 4년이지만, 베를린과 브란덴부르크는 6년으로 구성되어 있다. 중등과정Sekundarstufe Ⅰ은 총 4가지 유형으로 구분되어 있으며, 5학년부터 9학년 또는 10학년으로 구성되어 있다. 우리나라 중학교와 유사한 중등과정의 학교는 김나지움Gymnasium(5~9학년), 레알슐레Realschule(5~10학년), 하웁트슐레Hauptschule(5~10학년) 그리고 이 세 유형의 과정이 모여있는 게잠트슐레Gesamtschule(5~10학년)로 나뉜다. 고등과정Sekundarstufe Ⅱ은 김나지움 10학년부터 12학년, 게잠트슐레 10학년부터 13학년으로 구성되어 있다. 김나지움은 인문계 고등학교로서 아비투어Abitur 시험을 보고 대학에 입학할 수 있다. 레알슐레와 하웁트슐레를 졸업하면, 일반 고등졸업을 수료하고 직업을 구하게 된다. 즉, 한국의 상업 · 농업 등 실업계 고등학교와 유사하다. 독일은 직업계 교육 시스템을 매우 잘 갖춘 국가이다. 게잠트슐레는 김나지움과 실

---

3 Grundgesetz 1장 1조, https://www.gesetze-im-internet.de/gg/BJNR000010949.html

업계 고등학교가 함께 있는 통합형 인문 · 실업 종합학교이다. 물론, 학생이 원하면 실업계 고등학교에서 김나지움으로 과정을 바꿀 수 있다(권이종, 2021; Schulgesetz für das Land Nordrhein-Westfalen).

표 4-1. 독일의 교육체제

<table>
<tr><th>과 정</th><th>학교 유형</th><th>학 년</th></tr>
<tr><td rowspan="4">고등과정
(Sekundarstufe Ⅱ)</td><td>김나지움(Gymnasium):
김나지움 심화과정(Gymnasiale Oberstufe),
직업심화 김나지움(berufliches Gymnasium)</td><td rowspan="4">11~13학년
(김나지움 10~12학년)</td></tr>
<tr><td>게잠트슐레(Gesamtschule)</td></tr>
<tr><td>전문상급학교(Fachoberschule),
전문김나지움(Fachgymnasium)</td></tr>
<tr><td>직업학교(Berufsaufbauschule),
직업전문학교(Berufsfachschule)</td></tr>
<tr><td rowspan="4">중등과정
(Sekundarstufe Ⅰ)</td><td>김나지움(Gymnasium)</td><td rowspan="4">5~10학년
(김나지움은
9학년까지)</td></tr>
<tr><td>게잠트슐레(Gesamtschule)</td></tr>
<tr><td>레알슐레(Realschule)</td></tr>
<tr><td>하웁트슐레(Hauptschule)</td></tr>
<tr><td>초등과정
(Primarstufe)</td><td>그룬트슐레(Grundschule)</td><td>1~4학년
또는 6학년</td></tr>
</table>

출처: Schulgesetz für das Land Nordrhein-Westfalen

초등과정인 그룬트슐레Grundschule는 6세에 입학하며, 4년제이다. 예외적으로 베를린Berlin과 브란덴부르크Brandenburg 주는 6년제이다. 독일 초등학교는 우리나라와는 달리 입학할 때 정해진 1학년 학급과 담임이 4학년 졸업할 때까지 동일하다. 담임이 한 학생을 4년 동안 담당하기 때문에 그 학생에 대하여 잘 이해하고 교육할 수 있는 장점이 있다. 담임교사는 학생의 학업 성적, 재능, 성격, 관심 진로, 가정환경 등에 대하여 잘 알고 있으며, 학생의 상급학교 진학에 중요한 역할을 한다. 그러나 담임의 주관적 평가가 개입될 수 있으며, 담임과 맞지 않는 경우 여러 어려움을 겪을 수 있는 단점도 있다. 초등학교 4학년 또는 중학교 저학년에는 진로를 정하기 전에 직업 세계 탐방의 기회가 주어진다. 학생은 등원하지 않고 하루 동안 관심 있는 분야의 직장을 체험하고 관찰할 수 있다.

중 · 고등학교는 초등학교를 마치면서 학생의 학업 역량 및 진로에 따라서 결정한다. 주로 4년 동안 함께 지도한 담임과의 상담을 통해서 진로가 정해진다. 학생이 스스로 진로를 결정하기에 이른 나이기 때문에 보통 선생님과 학부모의 의견에 따른다. 독일 교육계에서는 4학년을 마치고 진로를 정하는 것이 매우 이르다는 비판도 있으나, 획일적인 교육을 지양하고 여러 기회 및 가능성을 제공하는 장점도 있다. 대학 진학에 관심이 없는 학생은 일찍 자신의 진로를 찾아 전문 교육을 받을 수 있다. 물론 개인의 진로 변화에 따라서 학교를 전학 갈 수 있다. 독일은 개인의 선택을 존중하며, 다양한 가능성을 열어둔다.

김나지움Gymnasium은 5학년부터 12학년까지 있는 8년 과정의 인문계 중 · 고등학교이다. 대학에 진학할 학생은 반드시 김나지움을 다녀야 하며, 김나지움 마지막에 우리나라 수능과 유사한 아비투어 시험을 볼 수 있다. 졸업할 때 김나지움 11~12학년 내신 성적(60%)과 아비투어 시험(40%) 성적이 합산되어 아비투어 점수를 받게 된다. 김나지움은 5학년부터 12학년(총 8년)이며, 크게 제쿤다스투페Sekundarstufe(SEK) I와 II로 나뉜다. 주로 SEK I와 SEK II 라고도 불린다. SEK I는 5학년부터 9학년까지로 우리나라 중등과정과 유사하며 공통교육과정이다. SEK II는 10학년부터 12학년까지로 대학입학을 준비하는 상급과정으로서 아비투어 시험 과목을 위해서 심화과정을 이수한다.

레알슐레Realschule는 5학년부터 10학년까지 있는 6년 과정의 실업계 중학교이다. 김나지움과 하웁트슐레의 중간 수준 학교이며, 학업과 직업교육을 함께 받는 과정이다. 교육 목표는 상급 직업세계 진학을 위한 기초학력, 책임성, 인간관리 등을 함양한다. 레알슐레를 졸업하면, 전문상급학교Fachoberschule 또는 전문김나지움Fachgymnasium에 진학한다. 주로 관련 교육을 배운 후, 사무직, 행정직, 기술직에 종사할 수 있다. 대학에 진학하고 싶은 경우, 레알슐레를 졸업하고 김나지움 상급과정으로 편입하여 아비투어를 받을 수 있다.

하웁트슐레Hauptschule는 5학년부터 9학년까지 있는 5년 과정의 직업계 중학교이다. 레알슐레보다 조금 낮은 수준이며, 수공업 및 산업체에서 직업 생활을 할 수 있도록 구체적인 이론과 실무교육을 받는다. 교육 목표는 기초적인 직업 훈련을 받으며, 미래 종사할 직업과 연관된 역량을 함양하는 것이다. 학교는 학생들의 학습동기를 고무하고 여러 재능들을 발휘하도록 지도한다. 특히, 개인의 소질을 계발하고 직업 선택 능력을 함양하기 위해서 지역사회 현장 실습 참여 등 확장된 교육기회를 제공하고 있다. 하웁트슐레를 졸업하면, 주로 직업학교Berufsaufbauschule 또는 직업전문학교Berufsfachschule를 다닌다.

게잠트슐레Gesamtschule는 김나지움, 레알슐레, 하웁트슐레가 함께 있는 통합형 종합학교이다. 학생들이 비록 5학년에 접어들면서 진로를 정하지만, 개인의 진로를 전환할 수 있는 기회를 제공하는 학교이다. 공통과정은 인문계와 직업계 구분없이 수업을 이수하게 되며, 개인의 적성과 장점을 계발할 수 있다. 특히, 학업력이 낮고 직업계 학교로 진로를 정했더라도, 나중에 성적이 향상되고 대학 진학을 목표로 한다면 김나지움으로 옮길 수 있다.

2. 스포츠문화를 만드는 학교스포츠 활동

인간은 무한한 잠재력과 가능성을 가진 존재이다. 자신의 잠재력과 가능성을 스스로 깨닫기도 하고 타인과의 관계에서 발견하고 성장해 간다. 체험적인 이해의 과정은 인간과의 관계, 사물과의 관계, 자연과의 관계 등 필연적인 관계에서 가능하다. 인간은 성공적인 경험의 축적으로 자신의 잠재력과 가능성을 펼쳐나가며, 여기에 핵심적인 역할을 하는 것이 바로 교육이다. 독일 학교스포츠의 이해를 도모하고자 노르트라인-베스트팔렌의 사례에서는 어떤 가치를 지향하며 어떤 모습으로 진행되고 있는지

학교스포츠의 역할, 학교스포츠의 교육적 가치, 학교스포츠의 활동을 중점적으로 살펴보도록 하겠다.[4]

1) 학교스포츠의 역할

학교스포츠의 교육적 역할은 크게 두 가지로 움직임, 놀이, 스포츠를 통한 신체적·인지적·정의적 발달과 움직임문화, 놀이문화, 스포츠문화 형성에 기여하는 것이다. 독일의 학교스포츠Schulsport는 학교라는 교육기관에서 신체, 움직임, 놀이, 스포츠에 대한 교육적 역할을 담당하고 있으며, 신체적 운동수행능력 향상에 국한하지 않고 움직임문화, 놀이문화, 스포츠문화가 형성되도록 노력하고 있다. 특히, 움직임 활동에서 사회적 관계, 지성, 감성, 동기, 가치 정향을 고무하는 데 중점을 두고 있다.

첫째, 학교스포츠는 아동과 청소년들이 움직임, 놀이 스포츠를 통해서 신체적·인지적·정의적으로 성장하도록 교육적 역할을 수행한다. 학생 개개인의 선행조건 및 다양성을 고려해서 성장하도록 조성하고 있으며, 학생들이 다양한 신체 활동을 수행하면서 총체적으로 성장하도록 노력하고 있다. 예로, 여학생과 남학생의 스포츠에 대한 기대, 인종적 소속, 개인의 운동수행능력 등에 따른 특정적인 요구사항들을 파악해서 개개인의 발달 증진에 노력하고 있다. 체육수업은 교육적·방법론적으로 숙고해서 아동 및 청소년의 노력이 요구되도록 운영되고 있으며, 학생 개개인의 적극적인 노력, 성취, 극복, 공감 및 협업을 고무할 수 있도록 지도한다.

둘째, 학교스포츠는 움직임문화, 놀이문화, 스포츠문화를 형성하는 역할을 한다. 학생들이 스포츠 활동의 가치를 인식하고 다양한 스포츠 활동을 경험하면서 스스로 책임감 있게 삶을 설계해나가도록 도모하고 있다. 학교스포츠는 학생들이 스스로 선

---

4 Ministerium für Schule und Bildung des Landes Nordrhein-Westfalen(노르트라인-베스트팔렌 학교교육부), *Rahmenvorgaben für den Schulsport*(2019b).

택한 스포츠 활동에 대한 수행능력을 향상시키고 가치를 부여하도록 고무하고 있으며, 더 나아가서 자신의 삶에서 의식적으로 규칙적인 스포츠 활동을 향유하도록 노력하고 있다.

2) 학교스포츠의 교육적 가치

교과목들은 학교교육으로 편입되기 위해서 교육적 타당성을 지녀야 한다. 교내에서 실행되는 체육교과 및 다양한 스포츠 활동은 아동의 전인적 발달에 매우 중요한 영향을 미치는 활동이라고 할 수 있다. 학교스포츠는 특히 타 교과에서는 실행할 수 없으며 스포츠를 통해서만 청소년의 성장에 기여할 수 있는 교육적 특성을 내포하고 있다. 아래 서술된 각 교육적 가치는 스포츠가 우리 삶에 부여하는 의미 및 기여도와 연관되어 있으며 원칙적으로 모두 동일하게 중요하다. 따라서 학교스포츠는 한 가지 가치에 편중하기보다는 총체적인 관점에서 신체 활동의 가치를 내면화하고 우리 삶에 전이되도록 노력해야 한다. 학생들은 교내 다양한 신체활동을 하면서 스포츠가 우리 삶에 어떠한 영향을 끼치는지 의미를 부여하게 될 것이다. 특히 체육수업은 스포츠 활동에 의미를 부여하고 스포츠문화를 형성하도록 하며, 이는 아동과 청소년들이 자신의 삶을 향유하고 개척하는 데 긍정적으로 영향을 끼친다.

첫째, 학교스포츠는 학생의 신체적 경험을 확장하고 인지 능력 발달을 촉진시킨다. 신체 활동은 근력, 지구력, 순발력 등 건강 체력 강화 및 질병 예방에 긍정적으로 작용한다. 학생들은 다양한 움직임 및 스포츠 활동을 통해서 신체적 경험을 확장하며 일상생활에서 활발한 스포츠 활동을 유지하는 것을 배운다. 스포츠 활동에서 자신의 신체를 스스로 움직이고 조정할 수 있다는 긍정적 경험을 함으로써 스스로 단련하고 자신감을 가지는 데 기여한다. 인간의 인지적 능력은 다양한 감각자극에 의해서 발달한다. 오늘날 우리는 제한적이고 전형적인 환경에서 주로 시각과 청각에 의해 인지한다. 학교는 모든 교과와 학년에서 다양한 감각을 자극하여 학습 능력을 향상시키도록 노력한다. 스포츠 활동에서 주어지는 다양한 과제들은 다각적으로 인지 능력 발달을 촉진한다. 운동학습 과정은 운동감각적 인지 능력을 향상시키며, 더 나아가서 운동수행능력 향상에 기여한다. 인지 능력은 아동과 청소년들의 학습능력 및 지각발달을 자극한다. 학생들은 일련의 운동학습 과정 속에서 자신의 신체 움직임 및 주변 환경을 인지하고 학습해 간다(Zimmer, 2004). 예로, 학생들은 수중에서 다양한 신체 활동을 하면서 신체의 움직임 및 부력에 대하여 학습한다. 암벽등반을 통해 공간 감각을 익히고 달리기 및 스윙하면서 중력을 경험하고 배울 수 있다. 움직임을 통한 감각적 경험은 신체 활동에 대한 기쁨을 경험하게 된다.

둘째, 학교스포츠는 신체 표현과 움직임 표현 기술을 습득하게 한다. 신체 및 신체 움직임은 자신을 표현하는 기본적인 매개체이다. 특히, 청소년기에 자신에 대한 신체관은 자아관 형성에 큰 부분을 차지한다. 자신의 신체를 긍정적으로 인식하고 조화롭게 살아가는 능력을 배우는 것은 청소년기의 중요한 발달 과제 중에 하나이다. 신체 활동 및 스포츠는 타교과에 비하여 상대적으로 신체를 표현하고 수용하는 기회를 많이 제공한다. 자신의 움직임 표현은 항상 '나'를 표현하는 방식이며 정체성을 나타낸다(Neuber, 2000). 체육수업은 학생들이 움직임 놀이 및 신체 표현을 매개로 개개인의 생각과 느낌을 표현할 수 있는 다양성을 제공해야 한다. 예를 들어서, 학생들은 무용, 체조, 아크로바틱, 저글링과 같은 움직임 표현 활동을 통하여 움직임 표현 작품을 구성하고 표현하며 비평하는 것을 배운다. 움직임은 심미적 표현의 매개체로서 심미적 주제를 구성해서 표현하고 비평하는 능력을 확장시켜준다. 학우들과 함께 하는 움직임 표현 활동은 협업, 사회성 학습, 공동체 경험 등을 함께 습득하게 한다.

셋째, 학교스포츠는 무언가를 도전하고 책임감 있는 행동을 습득하는 환경을 제공한다. 무언가를 도전한다는 것은 무언가를 성취하기 위해서 자결적으로 노력한다는 것을 의미한다. 도전은 자신의 한계를 경험하게 하지만, 자신의 능력을 예측하고 기량을 향상시키고자 하는 촉진제 역할을 한다. 많은 아동과 청소년에게는 이런 신체적 · 정신적 단련과 용기의 기회가 필요하다. 수영, 잠수, 달리기, 체조, 암벽등반, 아크로바틱, 스케이트, 자전거 타기 등 다양한 신체 활동에서 도전적이고 진취적인 태도를 배울 수 있다.

물론, 개인적인 능력과 경험에 따라서 도전이 다르게 시작될 것이다. 도전은 두려움과도 연관이 있다. 학생들은 스포츠에서 두려움을 극복하고 자신의 한계에 도전하는 것을 배운다. 체육수업에서 도전이란 신체적 능력을 실질적으로 인식하고 적합한 난이도의 과제를 시도하며, 그 결과에 대하여 책임감 있게 행동하는 것을 의미한다. 학교스포츠는 학생들이 자신의 능력을 예측하고 시도해 볼 수 있도록 다양한 기회를 제공하며, 이와 더불어 안전교육도 함께 실행되고 있다. 학생들은 위험한 상황을 전면적으로 피하기보다는 위험을 인식하고 예측하며 적절한 행동으로 대처할 수 있는 능력을 함양한다.

넷째, 학교스포츠는 성취를 경험하고 이해하며 평가하는 능력을 길러준다. 모든 교과들의 기본적인 교육적 역할은 학습자의 학습 의지와 성취 의지를 고무하는 것이다. 아동들은 학습 과제에 집중하고 연습하는 것을 습득해야 한다. 스포츠 활동은 타 교과에 비해서 규칙과 성취기준이 쉽게 드러나므로 학생들의 성취감을 향상시키는 데 매우 효과적이다. 학생들은 자신의 수행 결과에 대하여 즉각적인 피드백을 받기 때문에 성취감과 자신감을 가질 수 있다. 스포츠에서 성취는 청소년들에게 사회적 인정과 자신감을 얻는데 크게 영향을 미친다. 그러나 반대로, 결과가 좋지 못하면 자존감이 떨어지며 부정적인 영향을 받을 수 있다. 그러므로 교사는 체육수업에서 과제를 항상 교육적이고 책임감 있는 내용과 난이도로 설정해서 학생들이 성취를 경험하도록 해야 한다. 또한 학생 개개인이 최대한의 성취 결과를 달성하여 자신의 기량을 증진할 수 있도록 해야 한다(Rheinberg, 2000). 체육수업에서 경험하는 개인적 '수행능력 향상'은 타 교과에 비하여 매우 교육적이다. 학생들은 노력, 연습, 트레이닝, 적합한 행동양식을 통해서 자신의 역량을 강화할 수 있음을 경험하고 자신감을 얻게 된다.

다섯째, 학교스포츠는 협업하고 시합하며 화해할 수 있는 행동들을 습득하게 하는 환경을 제공한다. 학교 과목 중에서 스포츠는 사회적 공존의 기본 형태와 문제를 모범적으로 경험할 수 있는 독특한 잠재력을 가지고 있다. 다른 어떤 과목과도 달리 스포츠는 실제적인 경험 및 성찰과 함께 사회적 기술을 함양할 수 있는 기회를 제공한다. 스포츠는 작은 사회와 같다. 스포츠 활동에서는 사람들이 서로 더 가까워지며 서로의 소통에 집중하는 것을 경험할 수 있다. 이는 특히 청소년들이 느끼는 스포츠의 매력 중 하나이다. 학교스포츠는 모둠 활동을 통해서 공동체를 경험할 수 있는 특별한 기회를 제공한다. 이질적 그룹이나 혼성 체육수업에서 더욱 소통에 대한 의지와 배려를 습득하게 된다. 이러한 관점에서 볼 때, 규칙에 따라 운영되는 게임은 특별한 도전 과제를 제공한다. 소규모 게임부터 스포츠 대회에 이르기까지 다양한 형태의 게임은 참가자들이 경쟁적인 상황에서 규칙을 따르고 적절한 행동을 습득하는 등 가치 있는 사회적 형태를 경험하게 한다. 학교스포츠는 페어플레이, 규칙에 대한 적절한 인식, 사회적 상호작용, 공정성에 대한 지향성 등을 촉진한다.

여섯째, 학교스포츠는 건강인식 및 건강증진에 기여한다. 건강은 개인적 · 사회적 가치가 매우 높다. 이를 보호하고 증진하는 것 또한 학교의 주요 과제이다. 보건교육의 내용들이 실질적인 행동과 실제 경험으로 연결되어야 하며, 이는 학교스포츠에서 특별한 방식으로 가능하다. 운동, 놀이, 스포츠는 건강하고 책임감 있는 방식으로 실천해야 하며, 신체적 능력과 정신적 · 신체적 회복력 향상에 기여한다(Bös & Brehm, 2006). 학생들은 스포츠 활동을 통해서 신체 반응을 인식하고 해석할 수 있으며, 정서적 안정감을 쌓고 사회적 통합을 경험할 수 있다. 이러한 경험은 초등학교 때부터 체육수업에서 다루어져야 할 중요한 주제이다. 학교스포츠에서의 건강교육 접근 방식은 청소년의 경험과 연결되고 학생들의 관심사 및 우려 사항과 연결될 때만 기회를 가질 수 있다. 평소 건강에 문제가 없던 청소년들도 훈련을 통해 체력을 향상시키고, 자신의 몸을 올바르게 관리하고 변화시키는 데 의미를 찾을 수 있도록 해야 한다.

앞에서 설명한 학교스포츠의 교육적 가치는 단순히 스포츠 활동을 함으로써 저절로 구현되는 것은 아니며, 적절한 내용 선택과 수업 설계를 통해 뒷받침되거나 강조되어야 비로소 실현될 수 있다. 이를 위해서는 운동, 놀이 및 스포츠문화 등 다양한 방식으로 주제를 선정하고 교육적으로 실행되어야 한다. 교육적 관점에서 볼 때 스포츠는 양면성을 가지고 있다. 학생들은 유희적 스포츠 활동을 즐기면서 성장의 기회를 놓치거나 위험에 처할 수도 있다. 이는 학교에서 스포츠를 교육적으로 책임감 있게 설계해야 한다는 것을 의미한다. 아동과 청소년은 스포츠에서 행동하는 방법, 독립성, 자기 책임감을 키우면서 자신의 몸을 다루는 방법을 배운다. 독일에서 학교스포츠는 이러한 교육적 가치로 정당성을 유지하면서 교내 입지를 확고히 하고 있다.

3) 교내 체육 활동

교내 체육 활동은 학교스포츠 활성화에 중요한 역할을 하고 있으며, 교외 스포츠 활동으로 전이되는데 기여한다. 독일의 학교스포츠는 지역 특성 및 교육 프로그램에 따라서 교외 스포츠클럽과 연계해서 다양한 교내 체육 활동을 진행하는 경우가 많으며, 방과 후 교외 스포츠 활동으로 이어지도록 징검다리 역할을 한다(주성순, 박상봉, 이병준, 서명천, 2017). 학생들은 정규 체육수업에서 배운 스포츠 종목을 좀 더 심화해서 전문적으로 배우고 싶을 경우, 지역 스포츠클럽에서 전문 트레이너에게 배운다. 독일의 교내 체육 활동은 크게 6가지로 체육교과 'Sport', '쉬는시간 스포츠 활동', '스포츠동아리활동', '학교스포츠 축제', '학교스포츠 대회', '학교스포츠의 날과 스포츠 여행'으로 제공되고 있다. 스포츠가 독일 학교에서는 어떤 형태로 실행되고 있는지 구체적으로 살펴보도록 하겠다.

(1) 체육교과 'Sport'

독일은 학교체육 및 체육교과를 라이베스에어치훙Leibeserziehung(신체교육), 라이베스위붕엔Leibesübungen(신체훈련), 투르넨-김나스틱Turnen · Gymnastik(체조)라는 용어를 사용하다가, 1970년도부터 정규 교과목으로 'Sport'라는 명칭을 사용하기 시작하였다. 독일은 주 정부 수준에서 학제, 교육과정 방향, 교육과정 개발 및 시행 등을 자치적으로 운영하고 있다. 그럼에도 대부분의 주 교육과정들은 대동소이하며, 'Sport'라는 교과목으로 체육수업을 진행하고 있다. 체육교과는 독일어, 수학과 더불어 매우 중요한 과목으로서 인식되고 있으며 체육전담교사가 지도한다. 또한 한국의 수능과 유사한 아비투어Abitur 시험에서 선택과목이기도 하다.

독일에서 'Sport'라는 용어는 우리 문화 속에 녹아있는 움직임, 놀이, 스포츠를 포함하여 광의적으로 이해된다. 전통적이고 제도적인 스포츠 활동뿐만 아니라 인간의 놀이, 여가 및 레크레이션 활동 등 비경쟁적 · 탈규칙적 · 비제도적 신체 활동 및 움직임 활동을 포함한다. 체육교과 'Sport'는 학교에서 의무적으로 진행되는 교과목의 하나로서 놀이, 움직임, 스포츠 활동 등을 중점적으로 다룬다. 체육수업은 학생의 신체적 · 정신적 · 인지적 · 사회적 성장을 도모하고 있으며, 신체 활동과 놀이의 즐거움을 경험하고 성취감 · 성공을 경험하도록 한다. 또한 신체기능을 향상시키고 평생스포츠 활동으로 이어지도록 자질을 함양하도록 한다.

독일 체육교과의 운영시간 편제를 보아도, 그 중요도가 반영되고 있음을 알 수 있다. 체육교과는 초등학교 1학년부터 12학년까지 필수로 진행되고 있다. 1차시 45분 수업이지만, 고학년으로 올라갈수록 체육수업 활동 및 여건에 따라서 연차시 수업으로 90분 진행되는 경우가 많다. 체육교과 수업의 주당 시수는 3시간이며, 고등과정에서는 심화과정으로 주당 4시간 진행되는 경우도 있다. 일부 김나지움에서는 체육심화과정으로서 다양한 체육수업이 제공되고 있어서, 학생들이 선택 이수할 수 있는 경우도 있다(주성순, 2017). 예로, 한 김나지움에서 체육교과로 구기종목, 라켓종목, 승마 등이 제공되면, 학생들이 한 학기 동안 심화 선택 이수할 수 있다.

체육수업은 체육과 연관된 능력, 기술, 지식을 교외 삶과 연관되어 지도하며, 사회적 · 정치적 과정에 참여하는 데 필요한 판단과 수행 역량을 습득하도록 한다. 체육수업은 움직임, 놀이, 스포츠를 통해서 개인 및 사회적으로 관련된 문제와 과제에 대한 접근 방법이 용이하며 교육적으로 기여도가 높다. 물론 주제에 따라서 타 교과와 긴밀하게 협력할 필요도 있다. 노르트라인-베스트팔렌 체육과 교육과정에 의하면, 체육수업은 교육적 역할을 성공적으로 수행하기 위해서 다음 아래와 같은 6가지 교육적 실행 원칙을 실현해야 한다.

첫째, 다각적 관점의 접근이다. 학교에서 스포츠에 대한 교육적 관점은 특정 방식으로 청소년의 발달을 촉진하고 다양한 관심을 불러일으킬 수 있는 스포츠 및 신체 활동 문화를 지향하는 것이다. 이러한 맥락에서 다각적 관점이란 체육수업이라는 틀 안에서 스포츠에 대한 모든 관점을 고려하는 것을 의미한다. 체육수업은 스포츠의 복잡한 현상을 이해하고 움직임, 놀이, 스포츠를 다룰 수 있는 다양한 가능성을 열어준다. 학생들은 다각적 관점을 통하여 스포츠 활동이 어떻게 다른 의미를 부여하고 변화할 수 있는지 경험하게 된다. 체육수업에서의 다각적 관점은 학생들이 스포츠 활동에 내재 된 양면성을 인식하고 반영하도록 안내한다. 건강과 관련된 부정적 · 긍정적 영향을 예로 들 수 있다. 그리고 무엇보다도 학생들이 스포츠 활동의 의미를 찾는 데 도움이 된다.

그림 4-2. 운동장 체육수업

둘째, 경험중심과 수행중심 실행이다. 학습은 자신 삶의 현실과 적극적으로 대면하는 과정으로 이루어진다. 경험은 무엇보다도 자신의 행동을 통해 얻을 수 있으며, 새로운 경험에 직면하고 대처하려는 의지는 적극적인 학습을 도모한다. 체육수업은 청소년들에게 움직임, 놀이, 스포츠에 대하여 의미를 부여할 수 있는 개인적 경험과 구체적인 생활 상황에 기반해서 진행되어야 한다. 학생이 학습 과정의 주체가 될 수 있을 때 학습에 대한 동기 부여와 의지가 촉진되기 때문이다. 학생들이 스스로 새로운 지식과 통찰력을 얻고자 하는 의지와 능력이 있으면, 스스로 새로운 지식과 통찰력을 얻고 뛰어난 방식으로 실현할 수 있을 것이다. 예로, 움직임, 놀이, 스포츠 활동에서 성별에 따라 접근 방식이 다를 수 있다는 것을 배울 수 있을 것이다.

셋째, 성찰하기이다. 경험과 행동이 인간 발달에 유익한 결실을 얻으려면 반드시 성찰이 수반되어야 한다. 성찰의 과정은 개인의 삶에 반영되며 이해의 지평과 연관성에 대한 인식을 확장 시킨다. 성찰은 자결성 형성을 위한 출발점이 되며, 사회적으로 책임감 있는 행동의 전제조건이기도 하다. 체육수업은 습득한 지식과 기술을 활용하고 성찰적 행동을 하도록 구성되어야 한다. 이는 다양한 삶의 맥락에서 책임감 있게 스포츠 활동에 참여할 수 있도록 기여한다. 혼성체육수업은 성찰의 기회를 제공하기에 적절하다. 남학생과 여학생을 단계적으로 분리하여 역할에 따른 문제 인식을 일깨우고 대안적인 행동 패턴을 연습할 수 있다.

넷째, 이해하기이다. 체육수업은 학생들이 자신의 삶을 위해 움직임, 놀이, 스포츠에 대해 스스로 책임감 있는 관계를 구축할 수 있도록 지원해야 한다. 이를 위해서 체육수업은 서로를 이해하고 배려하는 것을 습득하도록 설계된다. 교사가 수업의 계획, 실행, 평가에 학생을 점점 더 많이 참여시키는 것을 의미한다. 소통은 학생의 학습 방식에도 적용된다. 체육수업에서 학생들은 사회적 상호 작용의 문제와 갈등에 직면하게 되며, 이해 과정에서 갈등을 어떻게 해결할 수 있는지에 대해 경험하고 학습할 수 있다. 이는 특히 혼성체육수업 및 상호문화 움직임교육 수업에서 유용하게 적용될 수 있으며, 소통과 성공적인 협력을 배울 수 있다.

다섯째, 가치 지향이다. 체육수업에서 실행되는 수업 내용들은 가치 지향적이어야 한다. 움직임, 놀이, 스포츠문화에 의미 있는 참여를 유도하고 스포츠를 넘어 개인의 정체성 증진 및 인도주의적 스포츠의 이념을 지향해야 한다. 학생들은 체육수업에서 스포츠 활동의 긍정적인 잠재력을 스스로 발견하고, 이에 대한 자신의 행동을 측정하고 향상시키는 기회를 가진다. 서로를 공정하게 대하고 규칙을 준수하며 규칙이 바뀔 수 있다는 것을 깨닫는 것 역시 필요하다. 학생들은 체육수업에서 움직임과 신체적 회복력이 웰빙에 어떤 의미와 가치가 있는지에 대한 경험하고 배운다.

(2) 쉬는시간 스포츠 활동

파우젠스포츠Pausensport는 파우제Pause(휴식)와 스포츠Sport를 혼합하는 용어로 '쉬는시간 스포츠 활동'이라 할 수 있으며, 우리나라의 아침운동시간 및 중간놀이시간과 유사하다. 교내 쉬는시간은 장시간 교실 수업을 듣는 학생들에게 학습 및 생활 공간에서 중요한 리듬 요소이다. 쉬는시간 스포츠 활동은 신체 활동을 통한 휴식 및 이완을 모두 유도한다. 독일에서는 신체 활동과 휴식을 매우 중요시한다. 대부분의 학교들은 학교 시설 및 환경 여건에 따라서 학생들의 움직임 욕구를 충족하는 휴식 스포츠 개념을 개발하고 놀이 환경을 조성하려고 노력한다. 학교 운동장 및 학교 건물 내에는 운동 · 놀이 공간과 조용히 쉴 수 있는 휴식 공간을 마련하고 있다. 스포츠 휴식 공간은 어린 학생을 위해 예약할 수 있으며, 여학생 또는 남학생 전용 공간도 조성되는 경우도 있다. 특히 종일제 학교의 점심시간에는 체육관을 사용할 수 있도록 허락한다. 쉬는시간 동안 신체 활동을 위해 필요한 스포츠 용 · 기구는 학급에 보관되거나 체육관 중앙에 배치되어 학생들이 쉽게 접근하도록 유도한다. 독일 학교들은 대부분 쉬는시간에 다양한 스포츠 활동을 하면서 쉬도록 스포츠친화적 환경을 조성하는 경우가 많다.

도르트문트 소재 케테-콜비츠 김나지움Käthe-Kollwitz-Gymnasium[5]은 '쉬는시간 스포츠 활동'을 매우 활발하게 진행하는 학교이다. 이 학교는 쉬는시간 스포츠 활동을 체계적으로 운영하고 있으며 체육수업과 어느 정도 연계되도록 다양한 스포츠 활동을 제공하고 있다. 학교 여건과 학생들의 희망 활동들을 고려해서 일회성 이벤트보다는 지속적인 프로그램을 운영하고 있다. 특히 학교스포츠의 교육적 가능성을 확장하고 학교 전체에 가치 있는 기능을 수행하는 것을 목표로 하고 있다. 이 학교가 추구하는 쉬는시간 스포츠 활동의 네 가지 역할은 다음과 같다.

- 운동, 놀이, 스포츠를 통한 학생들의 스포츠 기능 확장
- 다양한 운동 기회 제공을 통한 건강증진 및 적절한 스포츠 관리 능력 강화
- 학급 내 역할 변화와 사회성 학습 및 의사소통 능력 강화
- 학교를 학습 공간뿐만 아니라 능동적으로 형성할 수 있는 생활 공간으로 경험

효율적인 운영을 위해서 스포츠도우미Sporthelfer의 협조가 특히 중요하다. 학교는 희망하는 학생들을 선발하고 스포츠도우미로서의 역할과 리더십을 교육한다. 스포츠도우미는 체육교사와 함께 전반적인 운영을 도와주며 아래와 같은 역할을 수행한다. 이는 능동적인 스포츠 활동 운영 및 학생들 간의 협력을 통해 책임감과 자립심을 촉진한다.

- 쉬는시간 스포츠 활동의 전반적인 운영
- 학생들의 요구 사항을 고려해서 흥미롭고 다양한 놀이/게임 개발 및 제공
- 쉬는시간 스포츠 활동 프로그램 개발 및 실행

학생들은 오전 쉬는시간에 노란색 또는 파란색 티셔츠를 입은 스포츠도우미에게 학생증을 맡기고 스포츠 용·기구를 빌릴 수 있다. 수업 시작 5분 전에 빌린 용·기구

---

5 케테-콜비츠 김나지움(Käthe-Kollwitz-Gymnasium)의 쉬는 시간 스포츠 활동에 대한 설명: https://kkg-do.de/index.php/schulleben/fachbereiche-online/sport/stunden-und-vertretungsplan-5?showall=1

를 반납하고 학생증을 돌려받는다. 학생들은 다양한 놀이, 게임, 스포츠 등을 자유롭게 즐길 수 있다. 우천 시에는 물론 체육관에서만 할 수 있다. 스포츠도우미는 축구, 농구, 탁구, 배드민턴 등 다양한 스포츠 종목의 토너먼트, 축구 기술 연습, 웨이브보드, 외발자전거, 댄스 등 다양한 프로그램을 제공하고 있다. 매년 실행되는 '쉬는시간 축구 토너먼트'는 1팀 6인조로 구성해서 7분간 진행되는 축구 시합이다. 우승팀에게는 트로피를 수여하고 경기 사진들을 학교 홈페이지에 공유해서 동기부여를 하고 있다. 또한 교내 여러 곳에 스포츠 체험 부스를 설치해서 학생들에게 자유롭게 체험하는 기회를 제공하고 있다.

그림 4-3. 쉬는시간에 축구하는 학생들

(3) 스포츠동아리활동

스포츠동아리활동Schulsportgemeinschaften(Sport AG)은 우리나라의 학교스포츠클럽, 스포츠동아리, 방과 후 스포츠 활동과 유사하며 학생들이 자율적으로 참여하는 스포츠 활동이다. 지역 특성, 학교의 스포츠시설 여건, 학생들의 선호도 등에 따라서 학교마다 제공하는 프로그램은 조금씩 다르다. 스포츠동아리활동은 새로운 종목을 배우거나, 한 종목에 대해 좀 더 심화해서 배우거나, 학교스포츠 대회(학교대항전)을 준비하는 데에 중요한 기반이 된다. 스포츠에 재능이 있는 학생은 트레이닝 그룹(재능 개발/재능 증진 그룹)을 통해 특별 훈련을 받을 수 있다. 특별한 운동심리 지원이 필요한 어린이와 청소년은 스포츠동아리활동(지원 및 피트니스 그룹)에서 특별 지도를 받을 수 있다. 교육적 및 조직적 관점에서, 스포츠동아리활동은 특정 연령대, 학년별, 성별, 교내 또는 학교 간 통합 등 여러 측면을 고려해서 제공되고 있다.

펠베르트 소재 니콜라우스-엘렌 김나지움Nikolaus-Ehlen-Gymnasium[6]은 댄스와 여자축구 스포츠동아리활동을 매우 활발하게 진행하고 있다. 댄스동아리는 음악에 맞춰 춤추는 것을 좋아하는 6학년 이상의 학생이면 누구나 가입할 수 있다. 힙합, 비디오 클립 댄스, 재즈 댄스, 현대 무용 등 모든 종류의 댄스 스타일을 경험하고 배울 수 있다. 모든 참가자는 직접 창의력을 발휘하여 좋아하는 노래에 맞춰 자신만의 작품을 완성하거나 함께 공동 안무를 개발하여 공식 행사에서 공연하기도 한다. 여자축구동아리는 지난 10년 동안 활발하게 운영되고 있다. 대부분 축구에 관심이 있는 5학년에서 8학년 사이의 여학생들로 구성되어 있다. 지역 여자축구대회에도 참가하면서 매우 적극적으로 운영되고 있다.

독일은 학교스포츠 활성화를 위해서 '학교와 스포츠클럽 연계'를 적극적으로 추진하고 있으며, 특히 스포츠동아리활동을 중점적으로 지원하고 있다. 스포츠동아리활동은 체육교과 수업을 보충해 주고 생활스포츠 및 전문스포츠로 연결해 주는 중간 다리 역할을 하기 때문에 정부 차원에서 관심을 가지고 있다. 바이에른 경우, 1991년부터 '오후 1시부터 스포츠Sport nach 1'라는 연계 사업을 추진하고 있다. 매년 70개 종목 이상의 생활스포츠와 전문스포츠 프로그램이 제공되고 있다.[7] 노르트라인-베스트팔

6 니콜라우스-엘렌 김나지움(Nikolaus-Ehlen-Gymnasium), https://www.neg-velbert.de/sport/

7 오후 1시부터 스포츠(Sport nach 1), https://www.sportnach1.de/

렌 역시 '학교와 스포츠클럽 연계' 정책 사업을 추진하면서 스포츠동아리활동을 지원하고 있다. 2023/24년도에는 2700개 이상의 스포츠동아리 프로그램이 진행되었으며, 이 중에 530개 정도 스포츠인재육성 프로그램으로 진행되었다.[8]

(4) 학교스포츠 축제

학교스포츠 축제Schulsportfeste는 우리나라의 운동회, 체육대회, 체육한마당과 유사하다. 학교스포츠 축제는 학교생활에 활기를 불어넣고 학생, 교사, 학부모, 교외 파트너 간의 협력과 커뮤니티를 촉진한다. 학교스포츠 축제는 학교 문화의 일부이며 종종 학교 문화의 하이라이트 역할을 한다. 본질적으로 축제적 성격을 가지고 모든 학생들에게 흥미롭고 도전적인 방식으로 진행된다. 독일의 학교스포츠 축제는 다양한 주제와 목표를 가지고 조직적으로 운영되며 학생, 교사, 학부모, 교외 파트너 간 공동 작업으로 진행된다.

그림 4-4. 학교스포츠 축제

8 https://www.schulsport-nrw.de/schule-und-sportverein/schulsportgemeinschaften.html

창의적으로 개발된 움직임과 놀이, 연방청소년대회Bundesjugendspiele, 정해진 규칙에 따르는 시합 등 흥미롭고 다양한 형태의 축제로 실행되고 있다. 학교스포츠 축제는 다른 과목 및 학습 영역과 협력한 연례 및 월간 행사, 시업식과 종업식, 교내 행사 등과 연계하여 개최되기도 한다.

(5) 학교스포츠 대회

학교스포츠 대회Schulsportwettkämpfe는 교내 및 학교 간 스포츠 대회이다. 모든 학생들이 참가할 수 있는 학교스포츠 대회는 축제 분위기 속에서 개인 경기부터 다종목 경기, 단체 경기까지 다양한 경기 형태로 진행된다. 학교스포츠 대회 역시 학생, 교사, 학부모, 교외 파트너 등 함께 협력해서 추진되며 교내 대회뿐만 아니라 학교 간 대회도 자주 열린다. 모든 수준의 학생들이 일회성 또는 정기적인 이벤트의 계획과 실행에 참여하고 있으며, 대회는 교내 대회 수준에서 지역 수준을 거쳐 주 수준의 대회에 이르기까지 연계성 있게 진행되고 있다. 학교 간 대회 및 리그전은 모든 학교 유형의 학생들이 참여할 수 있는 개방성을 가지고 있다. 다양한 스포츠 대회 행사는 학교생활을 더욱 풍성하게 만든다.

펠베르트 소재 니콜라우스-엘렌 김나지움Nikolaus-Ehlen-Gymnasium[9]은 정기적으로 지역 및 전국 스포츠 대회에 적극적으로 참가하는 학교이며, 최근 몇 년 동안 지역구 차원에서 많은 성공을 거두었다. 특히 테니스와 하키는 과거에 지역구 대회에서 우승하여 전국 대회에 출전할 수 있는 자격을 얻은 경력도 있다. 핸드볼, 축구, 농구, 수영에서도 지역구 대회에 참가하여 항상 좋은 성적을 거두었다. 이 학교는 매년 노르트라인-베스트팔렌(NRW) 길거리 농구(3×3) 투어에 참가하고 있다. 최종 토너먼트에 참가하기 위해서 에센, 도르트문트, 뒤셀도르프에서 예선전을 치른다. 길거리 농구는 평소와 마찬가

---

9 니콜라우스-엘렌 김나지움(Nikolaus-Ehlen-Gymnasium), https://www.neg-velbert.de/sport/

지로 심판 없이 팀당 3명의 선수로 구성된 '페어 플레이'를 모토로 진행된다. 학생들이 이러한 스포츠 대회에 참가할 수 있도록 하여 스포츠 경험뿐만 아니라 공동체 의식을 강화할 수 있도록 노력하고 있다.

아헨 소재 안네 프랑크 김나지움Anne-Frank-Gymnasium[10]의 경우, 교내 대회로서 5학년부터 10학년까지 학년별 배구 토너먼트 대회를 실행하였다. 19명의 스포츠도우미 학생들이 자원봉사자로 경기 운영을 지원한 가운데 매우 성공적으로 진행되었다.

그림 4-5. 학교스포츠 대회에 참가한 아이들

(6) 학교스포츠의 날과 스포츠 여행

학교스포츠의 날Schulsporttage과 스포츠 여행Schulfahrten mit sportlichem Schwerpunkten은 학생들에게 체육수업이나 다른 학교스포츠 활동에서 시간과 공간 등의 이유로 경험하

10 안네 프랑크 김나지움(Anne-Frank-Gymnasium)의 배구 토너먼트, https://www.anne-frank-gym nasium.de/?p=17162

지 못한 스포츠 종목을 배울 수 있는 기회를 제공한다. 학교스포츠의 날은 학급별, 학년별, 또는 학교 전체로 운영되며, 신체 활동 및 스포츠 관련 다양한 프로그램을 체험하는 날이다. 학교 특성 및 학생들의 흥미를 고려해서 다양한 주제로 실행될 수 있다. 예로, 다양한 스포츠 프로그램들이 여러 차시로 교실, 강당, 체육관에서 제공되고 학생들이 돌아가면서 수업을 듣도록 제공할 수 있다. 또한 다문화 가정 학생들이 많은 학교에서는 다문화교육과 스포츠를 주제로 학교스포츠의 날을 정하고 여러 프로그램을 제공할 수 있다(Giess-Stüber, 2005).

스포츠 여행은 어디론가 가서 숙박하면서 며칠 동안 지속되는 스포츠 캠프이다. 스키수업/스키캠프, 사이클, 캠핑, 트레킹 등 특정 스포츠 종목에 중점을 둔 맞춤형 활동 및 통합적 스포츠 활동으로 실행된다. 스포츠 여행은 일상적 학교생활 및 체육수업 시간과는 다른 스포츠 활동과 다른 형태의 사회적 상호작용의 기회를 제공하며, 책임감 있는 행동과 자기조직화를 가능하게 한다. 다양한 스포츠를 체험하거나, 자연을 체험 · 보존하고, 생태계에 대한 통찰력을 두루 배울 수 있는 기회로 활용되고 있다.

3. 모두가 행복한 체육수업

교육과정은 교육기관의 교육 목표 및 학생들이 경험하고 성취하는 총체적 교육프로그램으로 교육목표, 교육내용, 교수학습방법, 성취기준 등에 대하여 다루고 있다. 즉, 특정 목적과 목표를 달성하기 위해서 학생들이 실행해야 하는 일련의 과정과 성취기준을 명시하고 있다. 영구적인 교육과정은 없으며 크게 3가지 요인에 의해서 지속적으로 개정된다. 첫째, 국가의 교육목표에 따른 개정이다. 국가가 추구하는 인재 양성 및 교육 방향에 따라서 개정된다. 둘째, 사회적 요구 반영에 따른 개정이다. 사회적으로 요구하는 역량 및 소양을 강화하기 위해서 교육과정의 목표 및 내용 등이 개정된다. 셋째, 교과 내적 필요성에 따른 개정이다. 교과 내부의 자체적인 수정이 필요하거나 보완이 필요한 경우 개정된다(유정애, 2023; Rink, 2009). 따라서 국가의 교육과정을 살펴보면, 그 국가가 지향하는 인재상, 사회적 배경, 교과 특성 등을 이해할 수 있다. 독일의 체육교과 수업이 어떠한지 체육과 교육과정을 중심으로 살펴보도록 하겠다.

독일은 주마다 자치적으로 교육과정을 개발하고 운영한다. 교육은 백년지대계라는 말이 있듯이, 독일은 교육과정을 개정하는 데 매우 신중하다. 교육과정 개정 주기가 대략 7년~10년 정도이며, 문서 체제 및 내용적인 측면에서 크게 변하지 않는 편이다(주성순, 2017). 체육과 교육과정은 7개로 '학교스포츠 총론Rahmenvorgaben für Schulsport', '초등교육과정 체육', '김나지움 중등교육과정 체육(SEK Ⅰ)', ' 김나지움 고등교육과정 체육심화(SEK Ⅱ)', '레알슐레 교육과정 체육', '하웁트슐레 교육과정 체육', '특수학교 교육과정 체육'으로 구분되어 있다. 중학교 수준인 김나지움 SEK Ⅰ, 레알슐레, 하웁트슐레의 체육과 교육과정은 목표, 내용 체계, 성취 수준 측면에서 유사하게 서술되었으나, 김나지움 SEK I 은 조금 더 상세하게 명시되어 있다. 학교스포츠 총론, 초등학교, 김나지움(Sek Ⅰ과 Sek Ⅱ) 교육과정 분량을 계산해 보면, 대략 총 160쪽으로 매우 상세하게 서술되어 있다. 다음으로 노르트라인-베스트팔렌주 체육과 교육과정 '학교스포츠 총론', '초등교육과정 체육', '김나지움 중등교육과정 체육(SEK Ⅰ)'을 중심으로 살펴보도록 하겠다.[11] 초등학교와 중학교의 체육과 교육과정은 학교 유형에 따라서 다소 차이는 있지만 우리나라의 공통 체육교육과정(1~9학년)과 유사하다고 볼 수 있다.

---

11 Ministerium für Schule und Bildung des Landes Nordrhein-Westfalen(노르트라인-베스트팔렌 학교교육부), *Rahmenvorgaben für den Schulsport*(2019b).
Ministerium für Schule und Bildung des Landes Nordrhein-Westfalen(노르트라인-베스트팔렌 학교교육부), *Lehrplan für die Primarstufe in Nordrhein-Westfalen. Fach Sport*(2021).
Ministerium für Schule und Bildung des Landes Nordrhein-Westfalen(노르트라인-베스트팔렌 학교교육부), *Kernlehrplan für die Sekundarstufe I Gymnasium in Nordrhein-Westfalen. Fach Sport*(2019a).

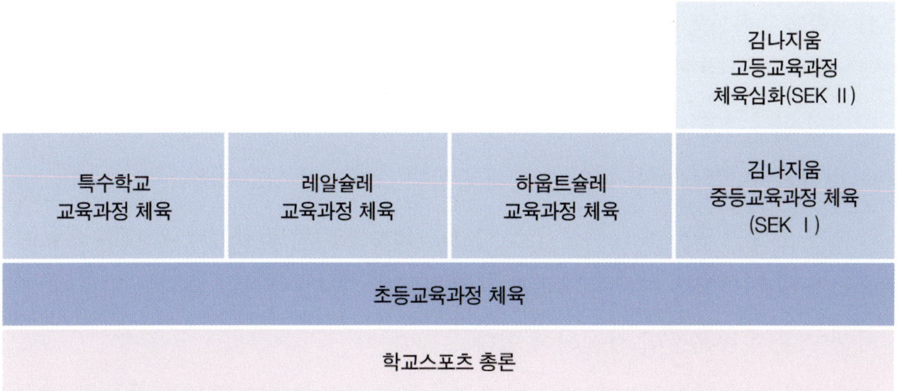

그림 4-6. 체육과 교육과정 종류

학교스포츠 총론은 학교스포츠의 교육적 가치와 역할, 학교스포츠의 내용 영역, 학교스포츠의 교육적 실행 원칙, 학교스포츠 프로그램 등 학교스포츠의 총체적 방향과 교육적 실행에 대하여 명시하고 하고 있다. 학교스포츠 총론은 교내 체육활동에 대한 이론적 근거를 마련해주며, 교내 체육활동이 어떻게 이루어져야 하는지 총괄적 내용을 다루고 있다.

교육과정 문서 체제는 체육교과의 역할과 목표, 내용 체계, 기대 역량,[12] 평가로 범주화되어 있다. 교과목 'Sport'를 통해서 학생들이 함양해야 할 역량을 서술하였다. 체육교과의 내용 체제는 영역별로 실질적이고 구체적으로 수업 내용들을 구성하였다. 특히, 각 내용 영역별로 기대 역량을 계열성 있게 명시하여 학년별로 학생들의 운동수행 능력을 쉽게 이해할 수 있다(주성순, 2017).

12 기대 역량(Kompetenzerwartung)은 우리나라 체육과 교육과정에서 명시된 성취기준과 유사하다. 학년별 또는 단계별 습득하여 갖춰야 할 역량을 서술하였다.

1) 체육과 교육과정 내용

앞에서 언급된 학교스포츠의 교육적 가치는 체육수업 시간에 엄선된 수업 내용을 통해 실현될 수 있다. 이를 다양한 신체 활동의 스펙트럼으로 이해할 수 있으며, 여기에는 신체 활동을 통해서 습득할 수 있는 지식과 통찰력도 포함된다. 아래에 서술되는 체육교과 내용 영역은 인간의 기초적 신체 활동을 기준으로 범주화되었으며, 이에 구현하는 스포츠 종목들이 서술되어 있다.

체육교과의 내용 영역은 인간의 신체 활동을 스펙트럼으로 해서 크게 10개 영역으로 범주화되어 있다. 내용 영역 1~2는 신체를 인식하고 움직임 역량을 강화하는 내용과 놀이 발견 및 놀이 공간 활용이 중심 내용이다. 이 영역은 움직임을 통하여 아동 발달 촉진에 기여하며, 내용 영역 3~9를 수행하기 위한 기본 단계라 할 수 있다. 내용 영역 3~9는 인간의 기초적인 신체 움직임을 기준으로 범주화하였다. 크게 두 부분으로 나뉠 수 있다. 첫 번째 부분은 전형적인 움직임 요소, 동작 구조, 경험적 콘텐츠, 사회적 관계 등을 특징으로 구성되었다. 두 번째 부분은 운동 분야에 속하는 신체 활동과 스포츠 유형으로 나열되어 있다. 교사는 교수법적인 측면에서 효율적으로 계획하고 실천해야 할 필요가 있다. 내용 영역 10은 학교스포츠에서 습득해야 할 필수 지식과 통찰력을 다루며, 앞의 1번부터 9번까지의 내용 영역과 밀접하게 연결되어 있다. 학생들의 유능한 스포츠 학습과 수행을 촉진시키며, 올바른 태도와 성장을 지원한다.

〈체육과 내용 영역〉

① 신체 인식하기와 움직임 역량 강화

② 놀이 발견 및 놀이 공간 활용

③ 달리기, 뛰어오르기, 던지기: 육상

④ 수중에서의 움직임: 수영

⑤ 기구에서의 움직임: 체조

⑥ 표현, 무용, 공연: 댄스, 무용, 움직임 예술

⑦ 규칙이 있는 놀이: 스포츠 경기

⑧ 활주하기, 타기, 구르기: 롤러 스포츠, 보트 스포츠, 동계 스포츠

⑨ 레슬링과 격투기: 격투 스포츠

⑩ 스포츠에 대한 지식 습득과 이해

'신체 인식하기와 움직임 역량 강화'는 자신의 신체에 대한 인식, 행동의 가능성과 한계, 그리고 어떻게 변화시킬 수 있는지에 대한 과제가 포함되어 있다. 특히 상황에 따른 신체 조정 능력, 긴장과 이완 사이의 변화를 다루는 과제들을 수업 내용으로 실행할 수 있다. 이 영역의 학습 과제는 움직임의 개별적인 수행에 초점을 맞추고 있으며, 움직임의 안전성과 자세 개발에 중점을 둔다. 다양한 신체 움직임 수행을 통해서 시행착오를 경험하고 관련 지식을 습득하게 된다. 일상생활에서의 신체 활동에 대한 통찰력과 올바른 습관 교육도 이 영역에서 다룰 수 있다. 이 영역은 자신의 신체와 소통하고 신체를 형성할 수 있는 다양한 기회를 제공한다. 학생들은 자신의 몸 특성과 변화 가능성을 이해하고 자신의 일부로서 책임감 있게 다루는 법을 배운다.

'놀이 발견 및 놀이 공간 활용'은 학생들이 게임 아이디어를 직접 개발하고 디자인하는 방법을 경험하고 이해하는 과제를 다룬다. 체육수업은 게임을 모방하고, 디자인하고, 재미있는 상황을 경험하고, 자신만의 게임을 발명하는 기회를 제공한다. 이 내용 영역에서는 무엇보다 학생들이 서로 긍정적으로 상호작용을 하면서 게임을 성공적으로 수행하고 성취하는 것을 경험하도록 한다. 게임의 과정은 통일성과 개방성, 규칙성과 비규칙성 사이에서 학생들에게 끊임없이 도전하도록 촉진한다. 학생들은 놀이 환경을 형성함으로써 자신과 타인을 이해하고, 창의력과 사회성에 대해 많은 것을 배우게 된다.

'달리기, 뛰어오르기, 던지기: 육상'은 인간 운동의 기초적인 형태인 동시에 많은 스포츠 활동의 기초이다. 빠르게 달리고, 높이 멀리 점프하고, 멀리 던지는 것은 이미 아

동과 청소년에게 자연스러운 신체 활동이며 다양한 경험과 도전 활동이다. 육상에서는 달리기, 점프, 던지기 기술 훈련에서 협응력이 요구된다. 육상의 교육적 중요성은 자신과 신체가 특별한 방식으로 수행의 중심이 된다는 점이다. 학생들은 적응/스트레스, 긴장/이완 또는 근력 수행과 같은 정신 · 물리적 차원에서 자신과 신체를 통합적으로 경험하게 된다. 교사는 학생들이 자기 발전을 위한 노력과 성공 및 실패에 대하여 적절히 수행하도록 기회를 제공한다.

'수중에서의 움직임: 수영'은 학습자에게 물이라는 요소를 움직임의 공간으로 제공한다. 수영을 할 수 있다는 것은 자존감 강화와 다양한 수상스포츠를 즐길 수 있도록 한다. 또한 노년기까지 자신의 건강을 유지 · 증진할 수 있도록 하며, 수상 안전 역량까지 갖추게 하므로 중요한 영역이다. 수업 내용으로는 수영, 다이빙, 인명 구조 수영 외에도 다양한 형태의 수중 놀이와 체조 등을 다룰 수 있다. 학생들은 내용 영역에서 신체적 경험을 넓히고, 건강과 체력을 유지하고 개선하는 것을 배운다. 특히, 수상에서 체력 및 수행 능력 향상을 직접 경험하는 기회를 제공한다. 이 영역의 교육적 중점은 물에서의 다양한 움직임을 발견하고, 수상스포츠 종목별 기술을 배우고, 운동수행 능력을 개선하고, 움직임을 창조하는 것이다.

'기구에서의 움직임: 체조'는 학생들에게 학교 밖에서는 거의 접할 수 없는 다양한 신체 활동과 경험을 제공한다. 여기에는 공간에서 신체 자세 취하기(매달리기, 물구나무서기, 구르기, 뒤집기 등), 중력과 균형을 이용한 놀이(균형 잡기, 곡예 등), 높이 경험하기(기어오르기, 암벽등반 등), 비행하기(그네 타기, 흔들기, 스윙하기, 점프하기 등)와 같은 다양한 활동들이 포함될 수 있다. 이러한 내용들은 학생들에게 운동 감각을 발견하고 확장할 수 있는 특별한 자극과 위험, 두려움 표현 및 극복, 움직임 기술 개발, 신체 조절 경험 등 다양한 활동과 경험의 기회를 제공한다. 이 영역의 교육적 중점은 체조 동작, 곡예, 모둠 활동(예: 함께 체조하기, 돕기, 고정하기, 수정하기) 등 움직임 수행 능력 및 창의적 수행을 향상시키는 데 있다.

'표현, 무용, 공연: 댄스, 무용, 움직임 예술'은 창의적인 움직임 활동을 위한 특별한 기회를 제공한다. 이 내용 영역은 리듬, 공간 및 동적 변형에 대한 다양한 탐색적 접근에서 시작하여 차별화된 수행 방식으로 도전할 수 있도록 한다. 서로 춤을 추거나 모둠 창작을 함께 수행하는 것도 비경쟁 영역에서 함께 행동하고 소통하는 경험을 열어줄 수 있다. 이 영역은 동작 수행뿐만 아니라 동작 형태와 그 연관성을 학습하고 상상력을 발휘하는 것을 다룬다. 예로, 저글링이나 줄넘기와 같은 동작 기술을 배우고 상상력을 발휘하여 동작을 변형하고 움직임의 수행 능력을 향상시키는 것이다. 움직임과 리듬/음악, '자신을 표현하기'와 연주는 물론, 움직임 속에서 즉흥적으로 작곡하고 구성하는 것까지 고난이도의 숙달과 창작발표까지 가능하다. 이 영역에서 다루는 창의적 움직임은 특정 성별에 제한 두지 않고, 남녀 모두 평등하게 발달의 장을 제공한다.

'규칙이 있는 놀이: 스포츠 경기'는 일반적으로 상대 선수와의 경기 및 팀경기를 다루는 영역이다. 라켓종목, 필드종목, 구기종목 등 스포츠 경기 형태는 특정 장비, 정의된 게임 아이디어, 역사적으로 진화해 온 일련의 규칙으로 정의된다. 스포츠 경기의 복잡한 경기 상황을 이해하기 위해서는 게임과 관련된 지각, 적절한 행동 패턴과 의사 결정, 기술 및 전술적 기본 사항 등을 습득하는 것이 필수적이다. 스포츠 경기의 다양한 목표, 규칙, 전술, 경기 조건 및 상황 변화, 전략 등을 다루는 것도 이 영역에서 중요한 주제이다. 스포츠 경기 수행은 차별화된 규칙, 독창적 전략, 운동수행 능력이 요구된다. 이러한 요구 사항은 동작의 예측 가능성과 안정성을 목표로 하며, 유연하고 창의적인 플레이를 통해서만 달성할 수 있다. 스포츠 경기는 학생들에게 다양한 도전 과제를 제시하며, 참가자들 간의 갈등을 최소화하고 성공적 의사소통을 배울 수 있는 교육적 장을 마련해 준다.

'활주하기, 타기, 구르기: 롤러 스포츠, 보트 스포츠, 동계 스포츠'는 특별한 방식의 운동 균형에 중점을 두는 영역이다. 균형 감각은 스포츠의 여러 분야에서 기본이 되는 기술이다. 활주하기, 타기, 구르기 등은 다양한 움직임의 가능성을 열어주며, 동시에 동적 균형과 움직임 제어를 동시에 요구한다. 이 영역은 특히 묘기뿐만 아니라 대담한 움직임을 경험하고 디자인하는 것을 제공한다. 인라인 스케이트, 스케이트보드, 스노보드, 스키, 사이클링, 조정 등을 다룰 수 있으며, 지구력 향상을 위한 스포츠로도 적합하다. 시행착오를 경험하며 학습하고 다양한 지형 · 환경 조건에서 독립적으로 움직임을 변화시킬 수 있는 기회를 제공함으로써 여러 감각의 상호작용을 통한 지각 능력 습득을 촉진한다. 무엇보다도 동료와의 관계 및 스포츠 용품을 안전하고 다루고 책임감 있게 행동하는 교육이 중요하다.

'레슬링과 격투기: 격투 스포츠'는 힘을 측정하는 동시에 공정성을 경험하고 타인에 대해 책임감 있게 행동하는 것을 배운다. 직접적인 신체 접촉과 서로를 만지고 느끼는 것은 서로가 함께 하는 중요한 경험을 가능하게 하며 특별한 친밀감을 형성할 수 있다. 다양한 신체적 조건과 기술뿐만 아니라, 감정 조절(자기 훈련, 공격성 조절)과 파트너의 신체적 안전성도 함께 고려하는 것이 중요하다. 따라서 이 영역의 스펙트럼은 학교스포츠에서 일부 표준화된 형태의 격투 스포츠(예: 합기도, 유도, 펜싱, 태권도)로 제한되며, 학생의 심리적 성향도 고려돼야 한다. 교육적인 측면에서, 때리고 밀고 차는 위협적인 상황이나 고의로 사람을 다치게 하는 내용은 피해야 하며, 복싱은 학교스포츠에 포함되지 않는다. 학생들은 공격과 속임수에 신속하게 반응하고 적응할 수 있는 능력, 보완적인 방어 및 피하기, 타격 및 타격 방지 등을 습득할 수 있다.

'스포츠에 대한 지식 습득과 이해'는 신체 활동에 대한 지식과 가치를 함양하는 영역이다. 학교에서 움직임, 놀이, 스포츠에 대한 경험과 체험은 궁극적으로 학습자가 자신이 무엇을 하고 있는지, 왜 이런 방식으로 작업하고 있는지에 대한 적절한 지식을 함양하도록 한다. 다양한 신체 활동은 이러한 교육적 잠재력을 충분히 발휘할 수 있게 한다. 스포츠에서의 학습과 수행은 정의적이어야 하며, 연령과 개인 성향에 적합해야 한다. 체육수업은 움직임, 놀이, 스포츠에 대한 경험을 다각도로 전달하고, 학생들이 긍정적으로 인식하고 자신의 삶에 포함시키도록 유도한다. 이 영역의 학습 내용으로는 학교 스포츠와 관련된 광범위한 스포츠 관련 지식을 다룰 수 있다. 스포츠 규칙, 게임 아이디어, 동작 구조 및 학습에 대한 지식은 신체 활동 및 스포츠 경기에 대하여 더 나은 이해와 성공으로 이어진다. 스포츠 동작의 구성, 절차 · 과정, 운동수행에 대한 심층적 상관관계를 이해하는 것은 연습, 트레이닝, 응용, 소통에 기본이 되며 전문 지식 함양에 도움이 된다. 체육수업 시간에 다양한 내용을 학습하고 경험하며 성찰하는 것은 자신의 스포츠 활동과 삶에 주는 가치를 이해하는 데 기여한다.

2) 학생 성취도 평가와 수업 평가

평가는 학생들의 학업 성과에 대한 평가와 수업에 대한 평가로 구분된다. 학생 학업 성취도 평가와 수업 평가는 체육수업의 목표, 내용, 실행, 평가에 대하여 수정 · 보완할 수 있는 정보를 제공한다. 학생들의 학업 성취도는 교육과정에 명시된 목표, 내용 체계, 기대 역량을 바탕으로 평가되며, 다양한 방법으로 평가하여 개인의 성장에 긍정적으로 기여하도록 해야 한다(Bräutigam, 2003; Grössing, 2001; Scheid, 2012; Sherler, 2000).

독일의 교육과정에는 평가에 대하여 간략하게 서술되어 있으며, 주로 내용 체계를 중심으로 세부 영역별 기대 역량을 기반으로 성취도를 평가한다. 각 과목별 평가는 주마다 교육부 및 관련 부처에서 운영하는 홈페이지에 상세하게 탑재되어 있다. 특히, 체육교과 관련해서는 별도의 학교스포츠 홈페이지 포털[13]이 운영되기 때문에, 교사는 여기서 다양한 수업 내용, 교수 · 학습 방법, 평가 등에 대한 정보를 다운로드 받을 수 있다.

노르트라인-베스트팔렌의 학생 학업 평가는 학교법(§ 48 SchulG), 초등 교육 및 시험 규정(§ 5 AO GS), 중등 SEK Ⅰ 교육 및 시험 규정(§ 6 APO-SI)에 의거한다.[14] 학생 평가의 방향은 학생들의 역량 함양에 대한 종합적 평가이며, 과정중심의 수행평가이다. 학생 수행평가는 수업과 관련하여 습득한 역량을 의미한다. 성공적인 학습은 누적되기 때문에 학생들이 다양한 상황에서 반복적으로 자신의 역량을 발휘할 수 있도록 교수 · 학습과

---

13 https://www.schulsport-nrw.de

14 Schulgesetz für das Land Nordrhein-Westfalen(노르트라인-베스트팔렌주 학교법), https://www. schulministerium.nrw/schulgesetz-fuer-das-land-nordrhein-westfalen

정과 평가가 계열성 있게 설계되어야 한다. 수행평가는 학교법(§ 70 Abs. 4 SchulG)에 따라 적합한 방식으로 이루어진다. 수행평가 기준은 학생에게 투명하고 개별 피드백을 통해 학습 발달에 대한 지식을 얻을 수 있도록 설정된다. 여기에는 자신의 강점, 과제 수행 및 실수에 대처하는 적절한 방법 수립, 체계적인 학습 전략 등에 대한 피드백도 포함된다. 교육과정에 나열된 모든 기대 역량은 수행평가에서 적절하게 반영된다. 평가는 학업 성취를 검증하거나 역량에 대한 기대치를 확인하는 것을 목적으로 실행되며, 구두, 필기, 실기 시험 형태로 실행된다.

초등과정은 학생 개개인의 발달 증진을 위해서 개인의 학습 요구 사항들을 고려해서 지도해야 하는 교육적 의무가 있다. 따라서 체육수업은 학습자의 신체조건, 운동수행능력, 흥미 등 개별 전제조건에 기반하여 진행되어야 하며 수행 능력을 평가해야 한다. 이는 학생들이 자신의 수행 능력을 체험하고 더욱 성장할 수 있는 기회를 제공한다. 학습 성과는 특정 시점의 학습 결과로만 평가되기보다는 학업 역량 및 기대 역량(성취기준)의 성취도와 더불어 결과를 이끌어낸 노력과 학습 과정도 함께 평가에 포함된다. 필수 학습 요건과 기대 역량 함양은 중등학교로의 진학을 위한 초등수준의 결정적인 척도이기 때문에 학생들이 성취하도록 지도한다.

중등과정은 학생들이 변화하는 상황에서도 자신의 역량을 발휘할 수 있도록 수업과 평가를 설계해야 한다. 교사의 평가 결과는 수업의 목표, 내용, 교수 · 학습 방법 등에 반영된다. 학생의 경우, 학습 과정에 수반되는 피드백과 달성한 학습 수준에 대한 피드백은 자기 평가에 도움이 될 뿐만 아니라 추가 학습을 위한 격려로 작용해야 한다. 수행평가는 기본적으로 달성한 학습 수준의 진단 및 개별 학습 진도 표시와도 연계된다. 평가 내용은 체육과 교육과정에 명시된 내용 체계 및 기대 역량을 기반으로 설정되며, 구두 시험, 필기 시험, 실기 시험 등 다양한 형태로 실행된다. 독일은 우리나라와 달리 학생 평가에서 구두 시험을 실시하는 경우가 많다. 채점 기준은 학생에게 투명하게 미리 공개하며, 평가 결과에 대한 피드백은 학습자에게 개별 학습 발달에 대한 통찰력을 제공한다. 여기에는 개별적 성과, 자신의 강점, 학업 발달 요구 사항, 실패 원인 등을 다루어 적절한 학습 방법을 스스로 설정할 수 있도록 고무한다. 개별적인 성취를 약속하는 학습 전략에 대한 정보도 역시 제시된다. 중등과정에서는 학업 성취도에 대한 평가가 더욱 복잡해지고 심화된다. 학생들은 다음에 이어지는 상급학교의 체육수업에 대한 준비과정으로 생각하고 전공 역량을 함양하도록 노력해야 한다.

학생들은 자신의 성과에 대하여 현실적인 평가를 받게 된다. 여기에는 성과를 요구하고 검토하는 것뿐만 아니라 자신의 성과를 인정하는 것도 포함된다. 학생들은 노력이 가치 있고 긍정적인 성과로 이어진다는 것을 경험한다. 혼자 또는 다른 사람과 함께 성취할 수 있는 경험은 자존감과 자신감 강화에 긍정적으로 기여한다. 평가는 학생들에게 학습의 성공을 되돌아보고 자신의 성취를 정확하게 분석하는 기회이다. 교사의 관찰 결과는 수업의 목표와 방법을 검토하고 수정할 수 있는 근거가 된다. 교사는 교육목표와 방법을 검토하고 필요한 경우 수정하며, 계획된 학습을 바탕으로 모든 학생을 개별적으로 지원한다.

교사는 체육수업 내용에 따라서 정성 및 정량 평가를 정해야 하며, 적합한 평가 기준을 설정해야 한다. 평가 기준은 학생의 다음 수행에 영향을 미치기 때문에 매우 중요한 요소이다. 브로이티감Bräutigam(2003, 206-207)은 학생 수행평가에 있어서 크게 3가지 평가 기준을 제시하고 있다. 평가 기준 유형은 학생의 수행 결과를 어떤 잣대로 평가할 것인지에 따라서 크게 상대평가, 개인발달평가, 절대평가로 나뉜다.

상대평가soziale Bezugsnorm는 학생의 수행 결과를 학생이 속하는 그룹(그룹, 학급, 학년)의 성취도를 기준으로 평가하는 유형이다. 즉, 학생이 어느 그룹에 속하느냐에 따라서 평가 결과 및 등급이 달라진다. 교사는 학생들의 수행 결과를 가지고 그룹 내에서 서열을 정하며 평균을 도출한다. 대부분 교사는 평균을 기준으로 상위권 학생과 하위권 학생을 판단한다. 학생 간의 변별력 및 학생 개인의 그룹 내 성취도를 파악할 수 있다. 또한 서로의 비교는 적절한 경쟁과 동기를 유발하는 장점도 있다. 그러나 지나친 상대와의 경쟁은 동기 유발보다는 오히려 좌절감을 느끼게 할 수 있다.

개인발달평가individuelle Bezugsnorm는 학생의 수행 결과를 자신의 지난 수행 결과와 비교해서 평가하는 유형이다. 상대평가는 그룹 내에서의 개인 성취도를 평가하는 것에 반하여, 개인발달평가는 개인의 학업 성장도에 중점을 둔다. 비록 그룹(학급/학년) 내 석차는 그대로 일지라도 학생의 도전과 노력으로 인한 학업 성장을 평가하는 것이다. 이는 교육적 관점에서 개인의 잠재력을 발휘하고 성장할 수 있도록 한다는 점에서 가치가 있다. 특히, 개인발달평가는 체육수업에서 운동수행 능력이 저조한 학생들에게 성취동기와 성장의 기회를 제공한다. 체육수업 시간에 경험하는 개인의 학업 성장과 성취는 다음 학습 활동에서의 도전과 노력을 고무한다. 그러나 이 기준은 교사의 주관적인 평가 및 그룹 내 학생의 수준을 파악하는 데는 한계가 있다. 그럼에도 불구하고, 체육수업에서는 학생의 운동학습능력 및 운동수행능력의 차이가 현저히 있기 때문에 절대적으로 반영되어야 하는 평가 기준이다.

절대평가kriteriumsorientierte Bezugsnorm는 학생의 수행 결과를 체육수업의 목표와 내용을 기준으로 평가하는 것이다. 학생은 타 학생과 비교해서 자신의 결과를 평가하기보다는 수업 목표를 어느 정도 달성했느냐를 평가한다. 체육수업은 명확한 학습 목표와 수행 절차를 제시하며, 이때 수업 주제는 개인의 노력 여부에 따라서 성공과 실패를 경험할 수 있는 기준을 제공하도록 구성된다. 이러한 평가는 학생들의 학업 성취도뿐만 아니라 수업 성과를 평가하는 데도 활용된다. 절대평가는 학생들의 성취동기를 유발하고 개인의 목표 달성 여부를 파악하는 데 유용하다. 그러나 체육 교사의 낮은 기대 및 낮은 학습 목표로 인해서 학습자의 학업 성장률이 저조할 수 있으며, 집단 간의 비교에도 유용하지 못하다는 단점이 있다.

실질적인 체육수업에서는 체육수업 주제 및 교사의 주관적인 교육관에 따라서 평가 기준이 다르게 설정된다. 체육 교사는 앞에서 언급된 3가지 유형을 고루 적절하게 선정해서 수행평가를 실시해야 한다. 각각의 평가 기준 적용에 있어서 스스로 비판적으로 검증하고 변형해서 적용하는 것이 좋다. 무엇보다 중요한 점은 적합한 평가 기준을 설정하고 학생 개인의 잠재력을 발휘하여 성장할 수 있는 계기를 마련하는 것이다.

체육수업 계획, 실행, 평가는 서로 연관되어 있다. 수업을 계획할 때 실행과 평가를 함께 고민하고 설정해야 하며, 수업 성과 평가 역시 미래 수업계획에 반영된다. 체육수업 평가의 유형과 과정은 수업 목표와 내용의 명확한 설정에 따라서 달라진다. 발츠Balz(2007)에 의하면, 체육수업을 평가하는 데 있어서 4가지를 고려해야 한다. 첫째, 누가 체육수업을 평가하는가? 일차적으로 체육수업을 계획하고 실행하는 교사 스스로 수업을 평가하는 것이다. 부수적으로 학급 학생, 동료 교사, 장학사 등이 수업 평가에 참여할 수 있다. 둘째, 무엇을 평가할 것인가? 체육수업 전체를 평가하는 것은 불가능하다. 크게 3가지 '수업계획에 활용하는 학생, 환경, 교수 · 학습 평가', '수업 진행과정 평가', '수업 결과 평가'로 범주화해서 실시할 수 있다. 셋째, 왜 평가하는가? 각 단원 마무리 단계에서는 학생들의 학업 성취도를 평가한다. 단원 평가보다는 학습 과정에서 단계적으로 수행 능력을 평가하는 것이 좋다. 단계별 수행평가는 학생들의 성취동기 유발과 함께 다음 수업 계획과 진행에 피드백을 주기 때문에 필요하다. 넷째, 어떻게 평가할 것인가? 체육수업 평가는 학술적인 양적 · 질적 연구로 진행될 수 있다. 체육수업 평가는 다각적인 측면에서 평가될 수 있으므로 교사가 일화적 서술로 평가하기보다는 학술적이고 과학적인 절차로 실행되는 것이 효율적이다.

발츠Balz(2007)는 체육교사가 체육수업에 대하여 평가하고 성찰할 수 있는 6가지 실질적인 방안을 제시하고 있다. 첫째, 학생들과 체육수업에 대하여 대화를 나눈다. 정리운동을 마치고 학생들과 그날 수업에 대하여 대화를 나누는 것이 좋다. 갈등 및 운동 수행에 대한 문제점 등을 자유롭게 대화하면서 해결 방안을 찾아보는 것도 좋다. 둘째, 수업 중에 또는 수업을 마치고 관찰 노트에 그날 수업에 대한 특이 사항 및 아이디어를 기록한다. 이러한 기록들은 차후 수업계획에 많은 도움을 준다. 셋째, 학생들이 학습 목표를 달성했는지 학습 단계별로 심동적 · 인지적 · 사회적 측면에서 평가한다. 넷째, 학예회 및 공연에서 체육수업에 완성한 작품들을 발표한다. 창작한 무용 작품, 놀이, 스포츠용 기구, 사진 및 문예 작품 등을 발표함으로써 학생들의 수행 및 수업 결과를 평가할 수 있다. 다섯째, 동료 교사, 장학사, 전문인 등을 초대해서 수업을 관찰하고 평가할 수 있다. 동료 교사 및 전문가 관점에서 체육수업을 평가하는 것은 특정 주제 및 교수 · 학습 과정을 평가하는 데 유용하다. 여섯째, 특정 체육수업 내용 및 운영에 대하여 시범 체육수업을 실시하고 보고서를 작성하고 평가할 수 있다.

4. 학교스포츠 정책 사례

독일에서 스포츠 활동은 삶의 일부분이며 매우 중요시되고 있다. 학교에서 역시 청소년들의 건강 증진 및 활동적인 생활 유지를 위해서 신체 활동을 강조하고 있다. 청소년들의 건강 증진과 스포츠 활동 활성화를 위해서 다양한 학교스포츠 정책들이 시행되고 있다. 학교스포츠 정책들은 학생들의 기초 운동 수행능력 측정, 수영교육 정책, 학교와 스포츠클럽 연계 사업 지원 등이 있다. 본 장에서는 연방청소년대회와 수영교육 정책에 대하여 살펴보고자 한다. 독일에서 기초 종목인 체조, 육상, 수영이 얼마나 중요하게 인식되며 학교 현장에서 실행되고 있는지 보여주는 학교스포츠 운영 사례이다.

1) 연방청소년대회

연방청소년대회Bundesjugendspiele[15]는 매년 국내 · 외 독일 학교에서 초 · 중 · 고등학교 학생들을 대상으로 개최되는 체력측정대회이다. 우리나라 학생건강체력평가제도 Physical Activity Promotion System(PAPS)와 유사하지만, 내용과 분위기는 조금 다르다. 다양

---

15 Bundes 또는 Deutsche라는 용어가 앞에 명시되면 독일 연방 차원에서 실행되는 것을 의미한다. Bundesjugendspiele는 독일청소년체력장을 의미하며 연방유소년대회(최주현, 2023)로 번역되기도 한다. 출처: Bundesministerium für Familie, Senioren, Frauen und Jugend (BMFSFJ), Ständige Konferenz der Kultusminister der Länder in der Bundesrepublik Deutschland (KMK), Deutsche Sportjugend im Deutschen Olympischen Sportbund e.V. (DOSB)(공저), *Handbuch Bundesjugendspiele* (2021). www.bundesjugendspiele.de

한 종목들을 학생들이 선택할 수 있으며, 결과에 따라서 상장을 수여 받는다. 이 대회는 1년에 하루 교내 및 인근 스포츠클럽에서 축제처럼 개최된다.

연방청소년대회는 1920년 칼 딤Carl Diem에 의해 처음 실행되었다. 칼 딤은 독일 스포츠 발전에 중추적인 역할을 했으나, 당시 사회국가주의자National Socialist로 활약했기 때문에 그의 스포츠 업적에도 불구하고 비판을 받고 있다(김미숙, 2015). 연방청소년대회는 1920년 당시 스포츠를 사회주의 선동에 활용하였다는 정치적 이유로 중지되었다.

그러나 1951년 연방 내무부와 청소년가족건강부에 의해서 다시 도입되었으며, 지금까지 8세부터 19세를 대상으로 매년 실행되고 있다. 2001년부터 좀 더 발전하여 개인종목인 체조, 육상, 수영 중심으로 실행되고 있다. 2009/2010학년부터는 장애학생 참가도 가능해졌다. 연방청소년대회가 매년 개최될 수 있었던 몇 가지 요인이 있다.

첫째, 유관기관 간의 협력이다. 이 스포츠 정책 사업은 연방가족노인여성청소년부(BMFSFJ), 연방문교부위원회(KMK), 독일올림픽체육회Deutscher Olympischer Sportbund/독일청소년체육회Deutsche Sportjugend, 독일장애인체육회Deutscher Behindertensportverband(DBS)/독일장애인청소년체육회Deutsche Behindertensportjugend, 독일육상연맹Deutscher Leichtathletik Verband(DLV), 독일체조연맹Deutscher Turner-Bund(DTB), 독일수영연맹Deutscher Schwimm-Verband(DSV) 등 유관들이 협력해서 실행하고 있다.

둘째, 비장애학생과 장애학생 모두 참여가 가능하다. 이 대회는 장애학생을 포함한 모든 학생들이 다양한 동기를 가지고 신체 활동 및 스포츠 활동에 참여하는 계기를 마련하고 있다.

셋째, 기초종목 중심이다. 체조, 육상, 수영을 통해 학생들은 기초체력을 키운다. 이렇게 학생들은 연방청소년대회를 계기로 자신의 기초체력 및 운동수행 능력을 파악할 수 있으며, 또한 자신의 기록 갱신을 위해 열심히 훈련하는 시간을 가지게 된다. 이 대회는 독일 청소년들의 건강한 체력 증진과 스포츠 활동에 참여할 수 있는 기본 형성에 중요한 역할을 하고 있다.

(1) 참가 종목

연방청소년대회는 기초종목인 체조, 육상, 수영으로 구성되며, 세부적으로 상세하게 측정 종목들이 나뉜다. 대부분 체육수업에서 다뤘던 내용들이며 체육수업 시간에 연방청소년대회를 위해서 연습하기도 한다. 학생들은 모든 세부 측정 종목에 참여할 필요는 없다. 우선 학교관계자, 교사, 스포츠강사, 학부모, 학생이 민주적으로 어떤 종목들을 실행할 것인지 정하며, 학생들은 구체적으로 어떤 종목에 참여할지 스스로 결정한다. 기본적으로 교내에서 실행하지만, 여건과 종목에 따라서 인근 스포츠클럽 및 청소년 관련 기관에서 대회를 연다.

대회 종목은 크게 체조, 육상, 수영으로 구분되며, 대회 유형은 기본체력장Wettbewerb, 종목별 체력장Wettkampf, 종합체력장Mehrkampf으로 나뉜다. 기본체력장은 기초체력측정으로 우리나라 PAPS와 유사하다. <표 4-2>에 제시한 바와 같이, 초등학교 1학년부터 10학년까지 참여할 수 있으며 체조, 육상, 수영 영역 중에 하나를 정해서 개인의 기록을 측정한다.

육상을 예로 살펴보면, 달리기, 점프, 던지기, 오래달리기로 나뉜다. 각 학년별 측정 기준이 제시되어 있기 때문에, 기본체력장을 통해서 본인의 기초체력이 어느 정도이며 어느 부분을 좀 더 단련해야 하는지 알 수 있다. 종목별 체력장은 체력장의 중간 수준으로서 다른 학생과 경쟁하여 순위를 정하는 대회라 할 수 있다. 희망하는 하나의 종목을 선택하여 참가하며 초등학교 4학년까지는 체조 종목에만 참가할 수 있다. 종합체력장은 상급 수준의 대회로서 한 학생이 체조, 육상, 수영 종목 모두 참가하는 3종경기라 할 수 있다.

다만, 각 종목별 2가지를 측정하는데 가령, 체조는 버티기/매달리기/균형잡기와 체조 동작 정확성/민첩성, 육상은 달리기와 멀리 던지기, 수영은 기술/영법과 지구력을 측정하여 종합 점수를 계산한다.

표 4-2. 연방청소년대회 종목

<table>
<tr><th colspan="2">학 년</th><th>연 령</th><th>기본체력장
(Wettbewerb)</th><th>종목별 체력장
(Wettkampf)</th><th>종합체력장
(Mehrkampf)</th></tr>
<tr><td rowspan="4">초등
학생</td><td>1</td><td>6~7세</td><td rowspan="10">체조, 육상, 수영
중 1개 종목
시행</td><td rowspan="4">체조
(육상과 수영 미시행)</td><td rowspan="13">체조, 육상, 수영
모두 시행하는
종합 대회</td></tr>
<tr><td>2</td><td>7~8세</td></tr>
<tr><td>3</td><td>8~9세</td></tr>
<tr><td>4</td><td>9~10세</td></tr>
<tr><td rowspan="9">중 ·
고등
학생</td><td>5</td><td>10~11세</td><td rowspan="9">체조, 육상, 수영
각 종목별 대회</td></tr>
<tr><td>6</td><td>11~12세</td></tr>
<tr><td>7</td><td>12~13세</td></tr>
<tr><td>8</td><td>13~14세</td></tr>
<tr><td>9</td><td>14~15세</td></tr>
<tr><td>10</td><td>15~16세</td></tr>
<tr><td>11</td><td>16~17세</td><td rowspan="3">미시행</td></tr>
<tr><td>12</td><td>17~18세</td></tr>
<tr><td>13</td><td>18~19세</td></tr>
</table>

출처: www.bundesjugendspiele.de, 최주현(2023)

(2) 참여 증서

독일은 학생들이 스포츠 정책 사업에 참여하거나 어떤 프로그램에 참여하면 항상 수료증, 자격증, 급증 등 상장을 수여한다. 이는 학생들의 운동수행능력을 파악할 수 있는 객관적인 검증 자료임과 동시에, 학생들이 자신의 수준을 파악하고 다음 이어지는 단계에서 훈련할 수 있도록 계열성과 동기를 제공한다. 연방청소년대회 역시 측정을 마치고 개인 점수를 합산하여 수준에 맞는 상장을 수여한다. 기본체력장Wettbewerb, 종목별 체력장Wettkampf, 종합체력장Mehrkampf 유형별 명예상, 우수상, 참가상을 수여한다. 일반적으로 기록에 부여된 점수를 합산하고, 상대평가하여 순위를 정한다. 점수에 따라서 상위 20%까지는 명예상Ehrenurkunde, 21~70%(중간 50%)까지는 우수상Siegerurkunde, 나머지 30%는 참가상Teilnahmeurkunde을 수여한다.

이와 같은 평가제도는 학생 자신의 체력 상태와 운동 참여에 동기를 부여하는 데에 목적이 있다. 명예상과 우수상을 받은 학생들은 자신의 운동 수행 능력에 대한 인정과 함께 자신감을 느낄 수 있다. 참가상을 받은 학생들은 자신의 부족한 부분을 인지하고 좀 더 도전하고 노력하는 계기를 가질 수 있다. 모든 학생들이 공정하게 대회에 참여하고 자신의 체력 정도를 파악할 수 있는 좋은 기회이다. 독일 지상파 방송국 '프로 지벤Pro Sieben'의 갈릴레오 레포트 팀이 직접 연방청소년대회에 참여해서 함께 기록을 측정해 보았다.[16] 행사는 전체적으로 축제 분위기지만, 학생들은 나름 진지하고 최선을 다해서 참여했다. 성인인 레포터들은 성취 기준이 예상보다 매우 높아서 좋은 점수를 받기는 어려웠다고 언급했다. 연방청소년대회는 학생들의 연령과 운동 발달에 적절한 평가 기준을 제시하고 있지만, 그럼에도 성취 기준은 매우 높다고 할 수 있다.

연방청소년대회는 한때 정치적 논쟁으로 인해서 일시적으로 폐지된 적도 있었다. 또한 교육적 역할을 제대로 수행하는지에 대한 긍정론과 비판론을 주장하며 활발한 논쟁을 펼치고 있다.[17] 세계 최대 캠패인 플랫폼인 change.org[18]에 2015년부터 폐지 청원과 유지 청원이 올라오면서 지속적인 논쟁이 이어지고 있다. 대회 유지를 위한 청원의 주요 지지 의견은 아동의 인지적 · 정의적 · 신체적 발달에 긍정적인 영향을 미친다는 점이다. 기초 운동인 체조와 육상은 아동기에 습득해야 할 기초적인 신체 능력이라는 점이다. 또한 신체 활동 및 움직임 활동은 아동의 인지발달에 긍정적으로 영향을 미친다는 장점도 있다. 학생들은 이 대회를 통해서 경험과 실패를 긍정적으로 극복하는 것을 배우며, 자신의 결과를 타인과 비교하고 성장하는 계기가 되기 때문에 이 대회는 필요하다는 주장이다. 학생들은 적절한 경쟁 속에서 성장하기 때문에 아동 발달과 성장에 긍정적으로 영향을 미친다는 의견이다.

---

16 Bundesjugendspiele: Schüler vs. Galileo-Reporter | Galileo | ProSieben(갈릴레오 레포트팀 참여), https://www.youtube.com/watch?v=BAsOHnpHb3Q

17 Hessischer Rundfunk(2022.07.04.). Bundesjugendspiele - Fairer Wettkampf oder öffentliche Blamage?, https://www.youtube.com/watch?v=BCqUeBNE0C0

18 Bundesjugendspiele, https://www.change.org/search?q=Bundesjugendspiele&offset=0

이와 반대로 폐지 의견은 이 대회가 신체적 능력이 부족한 학생들에게 전혀 동기 부여가 되지 못하며 오히려 좌절감을 느끼게 한다는 것이다. 문서화된 점수는 자신의 신체 능력이 부족하다는 것을 인식하고 오히려 스포츠 활동에 참여하지 않게 만들 가능성이 높다는 주장이다. 또한 연방청소년대회의 의무적인 참여는 운동 수행 능력이 낮은 학생들에게는 매우 강압적이며 체력 소모가 심하다는 비판이다.

2) 모든 학생에게 필수인 수영교육

기초 종목인 육상, 체조, 수영은 체육교과 수업에서 중요 내용으로 다뤄지고 있다. 수영은 수중에서 자신을 지킬 수 있는 생존능력으로서 학교에서 길러져야 할 능력 중의 하나로 강조되고 있다. 학생들은 초 · 중등학교에서 체육수업 시간에 수영을 배우며 교외 수영 스포츠클럽에 다니기 때문에, 고등학교를 졸업할 때쯤이면 대부분 수영을 할 수 있을 정도이다. 그럼에도 스포츠교육 및 정책 분야에서는 최근 청소년들의 수영 능력이 과거에 비해서 현저히 떨어졌다고 우려하며 청소년들의 수영능력 향상을 주요 현안으로 다루고 있다. 국가 차원에서 독일올림픽체육회, 독일수영협회, 독일인명구조협회, 수상안전협회, 수영 스포츠클럽 등 유관 기관들이 협업하여 수영교육 정책들을 실행하고 있다.

독일의 수영교육 정책 방향은 두 가지 측면에서 볼 수 있다. 첫째, 수영에 대한 인식 고취이다. 수영 능력은 생존과 직결되며 누구나 갖춰야 할 생활 기술임을 인식하는 것이다. 둘째, 초등학교에서부터 체계적인 수영교육을 통한 청소년들의 수영능력 함양과 수상 안전 확보이다. 학교스포츠에서는 수영교육이 어떻게 실행되고 있는지 노르트라인-베스트팔렌주에서 실행되고 있는 수영교육을 구체적으로 살펴보도록 하겠다(www.schulsport-nrw.de; 주성순, 2023).

(1) 체육교과에서의 수영교육

앞에서 언급하였듯이, 수영은 체육교과 내용 중의 하나로서 중학교 9학년까지 진행된다. 학교 여건에 따라 다르지만, 수영장을 갖추고 있는 학교도 있으며 고등학교를 졸업할 때까지 수영 수업을 진행하는 학교도 있다. 독일 모든 주 체육과 교육과정의 내용 요소에는 '수중에서의 신체 활동'이 포함되어 있으며 대동소이하다. 노르트라인-베스트팔렌주 체육과 교육과정의 내용 요소 '수중에서의 움직임: 수영'을 살펴보면, 학생들이 수영 능력을 길러서 수중에서 자신을 보호할 수 있을 뿐만 아니라 여가 스포츠로서 향유 할 수 있는 역량을 함양하도록 구성되어 있다.

노르트라인-베스트팔렌주는 수영 수업을 깊은 물에서 두려움 없이 목적지까지 안전하게 수영할 수 있는 능력을 갖추는 것, 수영 능력을 길러서 수중에서 자신을 보호할 수 있을 것, 여가 스포츠로서 역량을 함양하는 데에 목표를 두고 있다. 수업은 수영, 다이빙, 점프 및 인명 구조 수영, 싱크로나이즈 등 수중에서 할 수 있는 다양한 신체 활동들로 구성되어 있다.

(2) 학교수영 주간

학교수영 주간Schulschwimmwoche[19]은 체육교과 수업과는 별도로 학생들의 수영 실력 향상을 위해서 일주일간 집중적으로 운영하는 수영 프로그램이다. 우리나라 초등학교 3~4학년을 대상으로 하는 생존수영교육과 유사하다. 처음에는 2019년 에센Essen 시에서 시범 운영되었으며, 2021년부터 전체 시로 확산 되었다. 노르트라인-베스트팔렌주는 학교수영 주간을 위해 학교스포츠국의 학교스포츠위원회, 학교, 지역위원회, 지역수영장, 버스운송업체, 수영 스포츠클럽 등이 함께 협력 체계를 맺고 있다. 학교수영 주간은 학교 수영교육 강화, 학생의 수영능력 증진, 학교에서의 신체 활동 강화

---

19 Landesstelle für den Schulsport in NRW (노르트라인-베스트팔렌주 학교스포츠국), *Durchführungsrichtlinien des Landesprogrammes "Woche des Schulschwimmens" im Jahr 2023*(2023).

및 건강증진을 목표로 추진되고 있다. 학교수영 주간에 참여하려면 계획-운영-결과보고 단계를 거쳐야 한다. 이에 대한 자세한 내용은 다음과 같다.

먼저 계획 단계이다. 모든 유형의 학교들이 참여하고 지원받을 수 있다. 최소 2주 전에 학교스포츠국에 신청서를 제출해야 한다. 학교는 학교 수영교육 날짜, 지역 수영 스포츠클럽, 학생 교통수단 등 학교수영 주간 실행을 위한 운영적인 사항들을 자체적으로 정해서 실행한다.

다음으로 운영 단계이다. 학교수영 주간 프로그램은 1일 1차시(45분)씩 5일 연속으로(예: 월~금) 실행되어야 한다. 이는 학생들이 일주일간 집중적으로 수영교육을 받으며 체육 교과수업에서의 수영을 지원하기 위함이다. 지원금은 학급 및 학생 수에 따라 지원한다. 20명 학생이 참여하는 학급당 각 120유로(대략 180,000원)를 지원하는데, 이는 대략 1인당 6유로(대략 8,800원)이다. 프로그램은 학생들에게 무료로 제공되며, 지원금은 수영수업 강사비, 수영장 이용료, 교통비 등 전반적인 운영비로 사용된다. 수영 수업은 체육교사의 인솔과 지도로 진행되며, 여건에 따라서 수영 스포츠클럽 강사와 수영보조강사가 함께 가르친다.

끝으로 결과보고 단계이다. 학교는 수영교육 주간 실행 후에 관련 자료들을 관할 부처에 제출해야 한다. 수업 경과 후 최소 4주 이내에 참여 학생 수, 학급 수, 학생들의 수영 단계 등 관련 증명 자료들을 제출해야 한다. 학교는 수영교육에 대한 전반적인 운영 내용, 참여 학생의 경험, 수영교육 성과 등을 간략하게 서술하여 '수영교육 주간 결과보고서'를 제출해야 한다.

(3) 수영 방학프로그램

노르트라인-베스트팔렌주는 학생들의 수영 실력 향상을 위해서 '노르트라인-베스트팔렌은 수영할 수 있다NRW kann schwimmen - 수영 방학프로그램Schwimmen lernen in den Ferien und in der Freizeit'을 추진하고 있다. 수영 방학프로그램은 지역 학생들의 수영 실력 증진 및 방학 기간 스포츠 활동 활성화를 위해서 추진되는 스포츠정책 사업이다. 이

사업은 NRW 스포츠&봉사부, NRW 안전사고공제회, AOK 보험회사 라인란드/함부르크 지점과 북서부지점, NRW 체육회 등의 후원으로 진행되며, 2024년부터 2028년까지 후원하기로 계약연장을 체결하였다.

참가 대상은 기본적으로 초등학생 1학년부터 6학년이지만, 2024년도부터는 필요에 따라서 12세 이상도 참여할 수 있다. 학교수영 주간은 학교에 의해서 진행되는 반면에, 이 사업은 지역 수영 스포츠클럽에 의해 실행된다. 지역 수영 스포츠클럽은 관련 부서에 신청서를 제출하고 프로그램을 제공하며, 실행 후에는 관련 서류 및 결과보고서를 NRW 학교스포츠국에 제출해야 한다. 권역 · 시 학교관청은 프로그램 참여 학생들을 홍보 · 모집하는 등 사업에 적극적으로 협력해야 한다. 프로그램은 방학 기간에 1일 1차시(45분)씩 총 10차시(10일) 제공해야 하며, 2주 동안 연속으로 실행해야 한다. 방학 기간이 짧은 경우, 예외적으로 60분씩 8회 제공할 수 있다. 수업 참여자 수는 8명에서 12명으로 제한하여 최대한 집중적으로 지도할 수 있도록 한다.

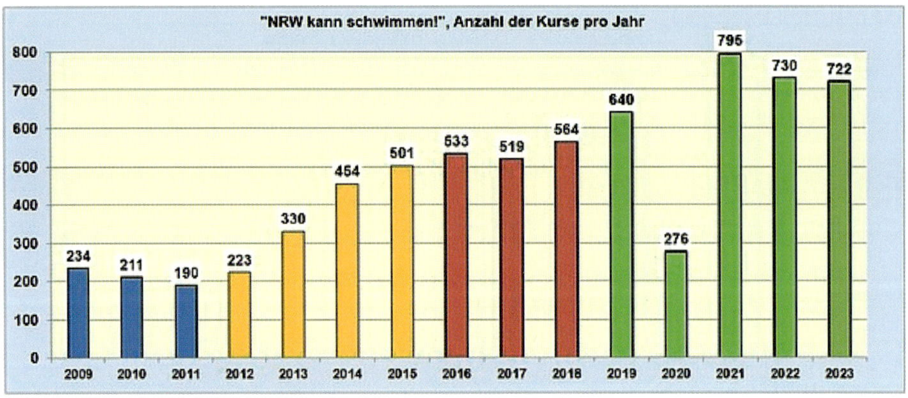

그림 4-7. 노르트라인-베스트팔렌주 연도별 수영 방학프로그램 수
출처: https://www.schulsport-nrw.de/

2009~2011년 시범사업으로 추진된 수영 방학프로그램은 점차적으로 증가하였으며, 2022년도에는 43개 도시에서 실행되었다. 2021년에는 코로나 19 창궐에도 불구하고 795개 프로그램이 제공되었으며, 2023년에는 722개 프로그램이 실행되었다. 프로그램 지원금은 지난 2023년에 프로그램당 350유로를 지원했으나, 이와 같은 사업 성과로 인해서 2024년부터는 450유로로 상승 지원한다. 참여 학생은 1차시당 1유로로 총 10유로 수업료를 지불한다. 학생들은 저렴한 가격으로 수영 방학프로그램에 참여하여 자신의 수영 능력을 향상시킬 수 있으며, 마지막에는 수료증을 받는다.

(4) 학교수영자격증

청소년들의 수영 능력을 향상시키기 위해서 다각적인 노력이 이루어지고 있다. NRW 학교스포츠부는 학생들의 수영실력 향상을 위해서 크게 4단계 수준별 수업을 유도하고 있으며 학교수영자격증Schulschwimmpass 제도를 추진하고 있다. 4단계별 성취기준이 명확하게 명시되어 있으며, 이를 바탕으로 수영수업이 실행된다. 1단계는 물에 적응하는 단계로서 수중에서 자신의 몸을 움직일 수 있고 물의 원리를 파악하는 단계이다. 2단계는 기본 기술을 습득하는 단계로서 수중에서 호흡하기, 눈뜨기, 이동

01	물에 적응하기	물에 적응하기, 수중에서 서기-걷기-뜨기, 수영도구 없이 이동하기, 물의 저항에 잘 움직이기, 수중에서의 신체활동 즐기기
02	기본 기술	물 안팎에서 호흡하기, 눈뜨고 잠수하기, 깊은 물에 띄어들기, 팔 벌리고 앞돌기, 옆으로 돌리기, 벽치고 앞으로 전진하기, 팔과 다리를 이용해서 앞으로 전진하기
03	기본 수영	깊은 물에 입수하여 100m 수영하기(시간제한 없음, 영법 변경 가능), 도움 없이 물 밖으로 나오기
04	안전하게 수영하기 (2가지 중 선택 가능)	① 깊은 물에 뛰어 입수하여 15분 수영하기, 희망하는 하나의 영법으로 최소 200m 수영하기 ② 깊은 물에 머리로 입수하여 한 가지 영법으로 100m를 3분 30초 이내로 수영하기(중학교 9학년부터 남학생 2분 30초 이내, 여학생 2분 45초 이내), 다른 영법으로 시간제한 없이 100m 수영하기

그림 4-8. 학교수영자격증 수준별 4단계
출처: 주성순(2023)

하기 등을 습득한다. 3단계는 수영 기본 기술을 습득하여 깊은 물에서 100m 이상 수영할 수 있으며 스스로 물밖으로 나올 수 있어야 한다. 4단계는 깊은 물에서 스스로 안전하게 수영할 수 있으며 생존 능력이 있어야 한다. 깊은 물에 입수하여 15분 이상 수영할 수 있거나 정해진 시간 내에 100m를 수영할 수 있어야 한다. 학생들은 이러한 단계별 수영 수업에 참여함으로써 자신의 수영 실력을 정확하게 파악하고 수영 실력을 향상시킬 수 있다.

5. 다문화 환경에서의 학교스포츠

1) 다문화사회와 상호문화교육

글로벌사회, 국제화, 다문화사회에서 국가 간의 여행 및 이주 역시 증가하고 있으며, 다수의 국가들은 이미 다문화사회를 형성하고 있거나 다문화사회로 급변하고 있다. 여기에 한국도 예외는 아니다. 우리는 정치, 경제, 사회, 문화, 교육, 지역 차원에서 다양성을 경험하며 동시에 이질성을 실감하면서 살아간다. 특히, 문화적 다양성과 이질성은 우리 일상생활의 일부분이 되고 있다. 우리는 이런 일상에 어떻게 수용하고 상호작용을 하느냐가 중요하다. 이민으로 인한 다문화 현상에 대하여 영미권은 다문화주의를, 유럽은 상호문화주의를 수용하고 있다.

한국의 경우, 영미권의 다문화교육multicultural education 이론을 적극적으로 수용하고 있으며, 미국의 뱅크스J. A. Banks, 베네트C. I. Bennett, 글래이저N. Glazer와 같은 학자들의 학술 연구와 저술을 적극적으로 인용하고 있다(Banks, 2006). 그러다 보니 국내 학술 및 교육 분야에서는 자연스럽게 다문화교육이라는 용어가 통용되고 있다. 미국은 건국 당시부터 다문화사회를 형성했으며 다문화주의 및 공동체주의를 바탕으로 다문화교육을 활발하게 실행하고 있다. 다문화교육은 각기 다른 문화, 인종, 성, 언어 등 다양한 문화적 · 사회적 배경을 가진 사람들이 공정한 교육 기회를 가지고 다문화사회에서 갖추어야 할 긍정적인 태도, 인식, 행동 등을 함양하도록 하는 교육이다. 광의적 측면에서, 다문화교육은 이주배경을 가진 학생들만을 대상으로 하는 교육이라기보다는 다문화사회에 살고 있는 모든 사회구성원을 대상으로 긍정적 지식, 가치, 태도, 기능 등을 함양하게 하는 교육이다.

우리는 다문화사회 형성 배경과 사회 환경이 다른 미국의 이론을 편중적 시각으로 받아들이기보다는 다문화사회 형성 배경이 유사한 독일의 상호문화교육에 대하여 고찰할 필요가 있다. 독일은 2차 세계대전 이후 노동력 확보를 위해서 이주노동자를 받아들이기 시작했다. 처음에는 계약기간이 만료되면 본국으로 돌아가는 계획이었으나, 점차적으로 직업 변경 및 다양한 방법으로 독일에 머물렀으며 이들의 일가친척들까지 독일로 이주하기 시작하였다. 한국에서는 광부와 간호사로 독일에 파견되었다. 2023년 6월 30일 독일연방통계청[20]의 자료에 의하면, 독일 총 인구(84,482,267명)의 15%인 12,590,915명이 외국인이다. 또한 독일 인구의 28.7%가 이주 배경을 가지고 있거나 국제결혼 배경을 가진 다문화가정이다. 2021년 대비 2022년도 외국인은 1,400,000명 증가하였으나, 독일인은 309,000명 감소하였다. 독일인 수는 감소하고 외국인 수는 증가하는 추세로 독일은 이미 다문화국가로 변모하였다.

2차 세계대전 이후 다수의 이주노동자를 받아들인 독일은 초기에 이주노동자들의 독일 적응을 도모하고자 독일어교육, 행정적 업무 대행, 이주노동자 자녀 교육 등을 지원하는 "외국인교육Ausländerpädagogik"을 실행하였다. 초기에는 동화주의 관점에서 소수민족(이주노동자)이 자민족(내국인/독일인) 문화를 습득하여 독일 생활 적응하기에 중점을 두었다. 그러나 독일 내 이주노동자 증가, 이주노동자의 2세 증가, 독일 국적 취득한 외국인 증가, 재외 독일인의 귀화 등으로 인해서 이주민의 수가 급격히 증가하였으며,

20 Statistisches Bundesamt(독일연방통계청), www.destatis.de

외국인에 대한 적대감, 서로 간의 충돌, 다문화사회에서의 대응능력 부족 등 문제점들이 발생하기 시작하였다. 독일이 다문화사회로 변모하면서, 외국인들에게 독일 적응만을 강조할 수 없는 상황이 되었다. 다문화사회에서 소수민족에게 독일 문화에 적응하기를 강조하기보다는 서로의 문화를 존중하고 인정하자는 인식변화가 일어났다. 특히, 교육 분야에서는 외국인교육이란 용어보다는 "상호문화교육interkulturelle erziehung" 이라는 용어를 사용하면서 학술적 · 교육적으로 문화 간의 수용과 정체성에 중점을 두기 시작했다(허윤선, Elflein, 김경숙, 2012; Auernheimer, 2010).

독일과 프랑스 등 유럽권에서 사용되는 상호문화교육이란 문화 간의 상호교류를 강조하며 개인의 정체성, 자율성, 소통 능력, 문제해결 능력 등을 함양시키는 교육이다. 주로, 이주배경 학생들을 중심으로 교육 및 정책이 실행되고 있지만, 대상 및 프로그램에 따라서 이주배경 국민과 자국민을 대상으로 한다(Abdallah-Pretceille, 1999; Auernheimer, 2002; 2010). 이주배경을 가진 자녀들의 교육적 역량에 대한 여러 문제점이 대두되면서 교육 및 스포츠교육 분야에서 상호문화교육에 대해 진지하게 관심을 가지고 연구 및 정책을 실행하게 되었다. 스포츠교육 분야에서도 상호문화교육을 위한 스포츠교육 및 사회통합에 대한 연구가 활발하게 이루어지고 있다. 상호문화교육과 움직임교육, 스포츠를 통한 사회통합, 정체성 등에 대하여 활발하게 논의되었다(허윤선, Elflein, 김경숙, 2012; Blecking & Giess-Stüber, 2006; Erdmann, 1999; Giess-Stüber, 2005).

2) 학교스포츠에서의 상호문화교육 개념과 목표

독일은 다문화사회로 인해 파생되는 여러 문제점을 해결하기 위해서 1970년대부터 외국인교육 및 상호문화교육에 대한 연구가 활발하게 진행되었다. 특히, 1990년도 중반부터는 학교스포츠 분야에서 상호문화교육에 대한 관심을 가지고 연구가 실행되었다. 움직임 및 스포츠가 외국인에 대한 적대감 및 공격적인 행동을 감소하는 데 긍정적인 영향을 줄 것으로 보고 다각적으로 해결 방안을 모색하는 연구가 실행되었다

(Erdmann, 1999; Cabrera-Rivas 외 2001). 브뢰스캄프Bröskamp(1994; 2006)는 문화사회학과 이민사회학에서 신체적인 부분의 교육적 가치가 미약하게 다루어졌음을 지적하면서 '신체적 낯설음Körperliche Fremdheit'을 중점적으로 연구하였다. 움직임, 놀이, 스포츠 활동에서 경험하는 신체적 · 문화적 차이 및 이해가 다를 수 있으며 교육적 활동을 통해서 효과적으로 상호문화교육이 이루어질 것임을 강조하였다. 에르드만Erdmann(1999, 64) 역시 '움직임Bewegung'을 통해서 상호문화교육이 더욱 효과적으로 실행될 수 있음을 크게 3가지 측면에서 주장하였다. 첫째, 체육수업과 같은 움직임 활동에서는 상호문화교육을 위해서 수업 목표, 내용 등을 유동적으로 쉽게 운영하며 실행할 수 있는 장점이 있다는 것이다. 학습자의 문화적 배경을 고려해서 다양한 학습 내용(신체 활동)을 선정하고 교육활동을 효과적으로 실행할 수 있다. 둘째, 움직임 활동은 나와 타인 사이에 발생하는 환경 변화에 대한 인식과 경험을 가능케 한다. 신체 활동은 다양한 주제로 서로 간의 차이 및 변화를 인식하고 대응하는 기회를 제공할 수 있다. 셋째, 움직임 활동은 높은 언어적 능력을 요구하지 않으며, 계획된 움직임 학습 과정에서 학습자 간의 상호작용을 활발하게 실행할 수 있다. 자신 또는 타인의 행동에 대한 즉각적인 피드백을 주고받을 수 있기 때문에 교육적 활동을 수행하는 데 매우 효율적이다.

학교스포츠 및 스포츠교육 분야에서 상호문화교육을 실현하기 위해 다양한 논의가 전개되고 있다. 주로 전통적인 스포츠 종목에만 치우친 경기중심의 교육을 벗어나 움직임Bewegung과 놀이Spiel를 다루는 '상호문화 움직임교육Interkulturelle Bewegungserziehung'이란 용어를 사용하거나(허윤선, Elflein, 김경숙, 2012; Cabrera-Rivas, 외 2001; Erdmann, 1999), 스포츠를 좀 더 포괄적으로 이해하고 스포츠 현장에서 실행되는 상호문화교육의 가능성을 넓히기 위해 '스포츠를 통한 또는 스포츠에서의 상호문화교육Interkulturelle Erziehung im und durch Sport'란 용어를 사용하고 있다(Giess-Stüber, 2005; Blecking & Giess-Stüber, 2006). 여기서 스포츠는 단지 스포츠경기 종목뿐만 아니라 놀이, 게임 등 모든 신체 활동을 의미한다. 다문화 관련 스포츠교육은 외국인만을 대상으로 진행되는 프로그램을 의미하는 것이 아니라 내국인을 대상으로도 실행될 수 있는 교육이므로 내국인과 외국인을 대상으로 함께 진행될 수도 있다. 학교스포츠에서의 상호문화교육은 놀이, 게임, 경기 등 모든 학교스포츠 활동에서 상호작용하면서 다문화사회에서 요구되는 긍정적인 지식, 태도, 기능을 함양하도록 하는 교육이라고 이해할 수 있다.

학교스포츠에서의 상호문화교육의 목적은 다양한 문화, 인종, 성, 언어, 사회적 계층의 학생들이 움직임, 놀이, 게임, 경기 등 학교스포츠 활동 속에서 상호작용을 하면서 긍정적인 지식, 태도, 능력을 길러서 다문화사회에서 발생하는 갈등을 긍정적으로 해결하고 공동체 의식을 가지고 함께 건전한 사회를 가꾸도록 돕는 것이다. 이러한 목적을 달성하기 위한 학교스포츠의 상호문화교육 목표는 크게 차이 인정 및 정체성 형성, 서로 간의 이해 및 공동체 의식 함양, 다문화 역량 함양으로 설정할 수 있다. 물론 세부 목표는 교육 환경, 대상, 목적 등에 따라서 조정되며 세분화될 수 있다.

첫째, 차이 인정 및 정체성 형성이다. 학교스포츠에서 상호문화교육은 스포츠 활동을 통하여 학생들이 서로 간의 차이를 인정하고 정체성을 형성하는 것을 목표로 한다 (Cabrera-Rivas 외, 2001; Erdmann, 2005, 48-59; 2006, 141-150; Blecking & Giess-Stüber, 2006). 서로 간의 차이를 인지하고 인정하는 방법에 따라서 갈등이나 화합이 생겨날 수 있으며, 자아 또는 문화적 정체성을 형성할 수 있다. 스포츠 활동에서 단지 타문화의 스포츠 놀이 및 민속놀이를 경험하고 배운다고 해서 상호문화교육의 궁극적인 목표를 달성할 수는 없다. 차이의 인정은 다수문화의 시각에서 시작되어야 한다. 소수민족에게 단지 다수민족의 문화를 배워서 동화를 강조하기보다는 이들의 문화적 차이를 인정하는 것을 시발점으로 해야 한다. 자아 정체성과 문화적 정체성은 나와 타인의 차이 또는 우리 문화와 타문화의 차이를 인식하면서 형성해 간다. 참여자들은 다양한 스포츠 활동을 통하여 자신과 타인의 차이를 인정하고 자아정체성과 문화적 정체성을 형성하게 된다.

둘째, 서로 간의 이해 및 공동체 의식 함양이다. 스포츠 활동을 통해서 편견 및 갈등 해소로 인하여 서로 간의 이해를 돕고 공동체 의식을 형성하는 것은 상호문화교육의 중요한 목표라고 할 수 있다. 학생들은 다양한 유형으로 진행되는 학교스포츠 활동을 통하여 소외감과 소속감을 경험하게 되며 서로 긍정적으로 이해하는 것을 배울 수 있을 것이다. 학생들은 스포츠 활동에서 공동 작업을 하면서 그룹 내에서의 소속감 형성과 함께 자신의 역할이 중요하다는 것을 배울 수 있다. 특히 팀 경기 및 공동 작업을 통해 공동 목표를 달성하면서 함께 이루었다는 자부심과 공동체 의식을 배우게 된다. 이는 다문화사회에서 더불어 사는 긍정적인 태도를 함양하게 되는 것을 의미한다(Blecking & Giess-Stüber, 2006).

셋째, 다문화 역량 함양이다. 다문화 역량은 다문화사회에서 요구되는 역량으로서 낯선 문화 및 환경에 적응하고 유능하게 대응하는 지식, 태도, 인성 등 전반적인 능력이다(주성순, 임현주, 2018). 아우언하이머Auernheimer(2002)는 상호문화 간의 의사소통 능력을 강조하고 있다. 그는 주류문화에 속하는 사람들이 낯선 문화 및 사람(이주민)을 접했을 때 선입견과 적대감을 가질 수 있으며, 이로 인해서 공격성, 불신, 배척과 같은 행동을 보일 수 있다는 의견이다. 세계화 사회에서는 낯선 상황에 접하는 경우가 많으며 이에 따른 적합한 대응능력이 요구되므로, 이는 현대사회에 필요한 전제 조건이기도 하다. 에르드만Erdmann(2005)에 의하면, 오늘과 같은 세계화 시대에서 서로 간의 차이를 극복하고 긍정적으로 대응하는 능력을 길러주는 것이 중요하다. 다양한 스포츠 활동은 참여자들이 낯설음을 경험하고 이에 적합한 대응능력을 향상시킬 수 있는 기회를 제공하기 때문에 효과적인 교육활동이라 볼 수 있다.

3) 상호문화 움직임교육

상호문화 움직임교육interkulturelle Bewegungserziehung은 다문화사회화로 인해서 발생하는 독일 사회문제 해결에 새로운 방향을 제시하였으며, 스포츠교육학적으로 크게 관심을 받았다. 상호문화 움직임교육은 학습자를 행위의 주체자로 인식하며 교수학습방법에 중점을 두고 있다. 다양한 문화적 배경을 가진 학습자들이 체육수업에서 다문화사회에서 갖춰야 할 태도 및 역량을 함양하는 데 초점을 두고 있으며, 이주배경 학생뿐만 아니라 자국 학생을 대상으로 한다. 독일 스포츠교육 분야에서는 크게 4가지 관점에서 상호문화 움직임교육을 실행하고 있다.

(1) 낯설음에 대한 태도

상호문화 움직임교육에서 '낯설음에 대한 태도Umgang mit Fremdheit'는 방법론적인 측면을 강조하고 있다. 낯설다는 것은 무지, 불확실, 호기심에서 인지되는 느낌으로서 어색하거나 익숙하지 않은 상황에 대한 무지를 의미한다. 낯설음은 타인 또는 타문화와의 사회적 · 문화적 · 신체적 경계를 경험하면서 느끼게 된다. 내국인은 자신과 외국인 간의 차이로 인해서 자신과 다른 낯설음을 경험하게 된다. 내국인 시각에서 외국인은 이질적이고 경계의 대상일 수 있다. 이는 외국인 시각에서 역시 내국인이 낯설게 느껴지는 것은 마찬가지다.

낯설음은 개인의 살아온 경험들과 생활환경을 바탕으로 형성된다. 타문화를 자주 접한 사람은 낯선 문화를 접했을 경우, 경계하기보다는 우호적이며 적절히 대응한다. 타문화에 대한 경계는 낯설음에 대한 불확실성으로 인해 방어 반응을 보이며 배타적이고 공격적인 행동으로 나타나기도 한다. 이에 타문화에 대한 낯설음의 경계와 자신의 불확실성을 극복하거나 낯선 문화 또는 사람을 중립적인 시각으로 서로 이해하며 긍정적인 관계를 형성할 필요가 있다. 특히, 다문화사회에서 타문화 및 외국인에 대한 낯설음을 어떻게 받아들이고 대응하느냐가 매우 중요한 능력으로 작용한다. 낯설음을 적극적이고 개방적으로 대하는 태도는 체육수업에서 충분히 학습될 수 있다(Cabrera-Rivas 외, 2001; Giess-Stüber, 1999, 43-60; 2003; Neuber, 1999, 112-129; Nöthlichs, 2005, 76-81).

기쓰-스튜버Giess-Stüber(2003; 2005), 카브레라-리바스Cabrera-Rivas와 공동연구진(2001)은 체육수업을 통해서 낯설음에 대한 긍정적 태도를 효과적으로 학습할 수 있다고 보고 크게 7단계로 지도 단계를 제시하였다.

표 4-3. 낯설음에 대한 단계별 태도 형성

단 계	주 제
1 단계	낯선 문화와의 만남: 낯선 놀이문화 및 스포츠 접하기
2 단계	타문화를 통한 자문화 인식: 자신을 객관적으로 바라보기
3 단계	자문화 객관적 인식: 낯선 대상과 자신의 차이점을 인식하기
4 단계	상호간의 인정과 존중: 차이를 인정하기
5 단계	소속감 인식: 공동체 의식을 경험하기
6 단계	문제해결능력: 그룹과제 수행 및 갈등 해결하기
7 단계	새롭고 낯선 것을 적극적으로 경험하려는 태도 형성

1단계와 2단계는 체육수업에서 낯설음(외국인, 타문화, 다른 가치 등)을 접하고, 자신 및 자신의 문화를 객관적으로 바라보는 시각을 기르는 단계이다. 3단계와 4단계는 객관적인 시각으로 자신을 바라보고 서로의 차이점을 인식하는 단계이다. 다양한 주제를 다루는 신체 활동을 통해서 서로의 차이를 인정하는 태도를 습득하게 된다. 5단계와 6단계에선 다문화사회에서 요구되는 공동체 의식을 경험하고 발생하는 갈등을 해결하는 능력을 습득하는 단계이다. 마지막 7단계에서는 낯설음에 대하여 긍정적이고 적극적으로 대하는 태도를 형성하게 된다. 학생들은 7단계의 학습 과정을 통해서 타문화에 대한 낯설음을 유연하게 극복하고 새로운 것을 도전하는 자세를 갖추게 된다.

(2) 차이 인정

독일 학교스포츠에서 종종 발생하는 쟁점 중의 하나가 히잡hijab이다. 주류문화 시각에서 운동할 때 히잡은 불편해 보이지만, 무슬림 여학생에게 히잡은 당연한 복장이다. 만약에, 주류문화에 속하는 체육교사가 무슬림 여학생에게 히잡 벗기를 강요한다면 서로 간의 갈등이 발생하게 될 것이며, 이 여학생의 문화적 · 종교적 정체성에 위협을 받게 될 것이다. 이러한 문화적 차이를 어떻게 대처할 것인가? 또는 어디까지 인정하고 받아들여야 하는가?는 다문화사회에서 자주 등장하는 쟁점이다.

'차이difference 인정'은 다문화사회에서 핵심어로 이주민과 자국민 모두 똑같은 존재라는 보편적 가치와 존중을 일깨우는 교육을 의미한다. 서로의 피부색, 언어, 문화가 다르다고 해서 차별하기보다는 서로 동등한 인격체로서 존중하고 인정하자는 주장이다. 상호문화 움직임교육이 궁극적으로 지향하는 목표는 '차이 인정'을 통해서 한 개인 또는 문화가 다수 중의 하나라는 것을 배우고 평등성을 보장하는 것이다. 다수문화와 소수문화 간의 또는 자국민과 외국인 간의 우월을 가리기보다는 서로 고유의 문화 가치를 인정하고 존중하는 것을 의미한다. 체육수업에서는 서로의 차이를 인정하고 존중하는 것을 배우고 차이를 다루는 방법을 습득하게 된다(Erdmann, 1999).

(3) 정체성 형성

다문화사회에서 자주 발생하는 외국인적대감과 인종차별주의는 공격적이고 배타적인 행동으로 나타나는데, 이는 주로 불안정한 자아와 정체성 때문이다. 에르드만 Erdmann(1999), 기쓰-스튜버Giess-Stüber(2003; 2005), 노이버Neuber(1999; 2000) 등 학자들은 이런 문제점의 해결 방안으로 정체성 형성을 강조하고 있다. 정체성은 사회적 환경에서 타인과의 교류를 통해 형성해 가는 결과물이며, 크게 자아관, 자아가치관, 자아효능감으로 구분된다. 긍정적인 자아관 및 자아가치관을 가진 사람은 낯설음에 대한 회피 또는 공격보다는 적극적인 태도로 대응할 것이다. 학습자는 상호문화 움직임교육을 통해서 타인과의 차이를 인지하고 자신의 고유성을 형성하게 된다.

에르드만Erdmann(1999; 2005; 2006)은 상호문화 움직임교육을 위해서 정체성 과정과 낯선 환경에 중점을 두고 연구하였다. 특히, 동기이론을 바탕으로 정체성 형성에 기여하는 요소들을 논의하였다. 구체적으로 자아 능력에 대한 실질적인 평가, 확실함과 불확실함에 대한 인지, 중간 수준의 과제 난이도와 성취 등이 체육수업에서 제공되어야 한다. 노이버Neuber(1999; 2000)는 정체성 형성을 위해서 창의적 움직임교육에 중점을 두었으며, 특히 적절한 과제 설정, 참여자 개인의 주체적 놀이 과정과 형성 과정을 강조하였다. 그는 정체성 형성을 위해서 움직임연극Bewegungstheater이라는 교육 내용을 제시하였다. 다양한 문화적 배경을 가진 학습자들은 높은 언어 능력을 요구하지 않는 신체언어, 얼굴표정, 몸짓 등 다양한 신체적 행위를 하면서 수업에 참여할 수 있다. 기쓰-스튜버Giess-Stüber(1999; 2003; 2005)는 문화적 정체성 형성에 중점을 두고 다양한 연구와 프로젝트를 실행하였다. 문화적 정체성은 문화적 관습을 통해서 받아들여지는 행위 및 행동방식을 의미한다. 다양한 문화적 환경 속에서 자신의 문화와 타문화와의 경계 및 차이점을 인식하고 자신의 정체성을 형성할 가능성이 높다는 주장이다. 학습자들은 다른 국가의 스포츠 종목들과 민속놀이를 경험하면서 문화적 다양성과 자신의 고유성을 습득할 수 있다.

(4) 상호문화학습

다양한 문화적 배경을 가진 사람들이 함께 스포츠 활동을 한다고 해서 상호문화교육이 저절로 실행되는 것은 아니다. 물론 이들이 함께 스포츠 활동을 하면서 친목도모를 형성하고 공동체 의식을 가질 수 있으나, 다문화사회에서 발생하는 여러 문제점들을 해결하거나 다문화 역량 함양을 보장할 수 없다. 따라서 학교에서 실행되는 움직임교육은 특정 목적과 목표 하에 마련된 적합한 교수 · 학습방법으로 접근해야 교육적 성과를 거둘 수 있다. 베커스Beckers(1993)에 의하면, 체육수업에서의 상호문화학습은 상호 간의 존중, 협동, 페어플레이 등 정의적인 측면을 강조하며 개인의 자율성과 자립심에 중점을 두고 있다. 학습자는 체육수업에서 타문화의 놀이 및 스포츠를 단순히 경험하기보다는 문화의 상대성과 보편성을 학습한다. 체육수업은 사회문화적 맥락과 고유한 문화적 가치체계를 이해하는 데 중점을 둔다. 스포츠 종목은 서로 간의 경쟁과 운동수행 능력에 중점을 두어서 자칫 차별, 소외, 공격성을 초래할 수 있다. 다양한 신체 활동 및 움직임을 통한 상호문화학습은 타문화의 놀이 및 신체 활동을 이해하고 협동, 배려, 페어플레이 등을 학습하는 데 유용하다고 볼 수 있다. 교사는 학습 목표와 내용에 적합한 교수 · 학습방법으로 수업을 실행해야 한다.

티발트Tiwald(1997)와 아이힐러Eichler(1997) 역시 문화적 공통점과 보편성을 강조하고 있다. 상호문화학습을 주제로 다루는 체육수업은 학생들이 다양한 스포츠문화적 공통점과 차이점을 이해하고 실천하는 내용을 다룬다. 놀이는 인간의 본능적 욕구이며 세계언어Weltsprache로서 상호작용의 도구이기 때문에 상호문화 움직임교육의 중요한 교육 내용으로 다뤄질 수 있다. 각국의 놀이들은 기본 방식이 유사할 수 있으나, 각국의 문화적 · 지리적 배경에 따라 다른 형태로 실행되는 경우가 많다. 체육수업에서의 상호문화학습은 서로 다른 문화적 배경을 가진 놀이의 기원, 형태, 공통점 등을 경험하고 놀이의 보편성과 차이성을 학습하는 데 중점을 둔다. 상호문화학습은 다양한 스포츠 문화들을 단편적으로 경험하기보다는 각국의 스포츠/놀이 문화들의 현상을 이해하고 공통점을 찾아가도록 총체적 접근으로 실행된다.

용어정리

순번	독일어	한국어
1	Allgemeiner Deutscher Hochschulsportverband	독일대학스포츠연맹
2	Allgemeines Gleichbehandlungsgesetz	일반평등대우법
3	American Football Verband Deutschland e. V.	독일미식축구연맹
4	Arbeitsgemeinschaft Deutscher Sport(ADS)	독일스포츠단체
5	Arbeitsgemeinschaft Deutscher Versehrtensport(ADV)	독일상이군인스포츠연맹
6	Ausschuss für der Schulsport	학교스포츠위원회
7	Auswärtiges Amt(AA)	외교부
8	Baden–Württemberg	바덴– 뷔르템베르크주
9	Bayerischer Landes–Sportverband e.V.	바이에른 주체육회
10	Behinderten–& Rehabilitation Sportband	장애인재활스포츠연맹
11	Berufsgenossenschaft für Gesundheitsdienst und Wohlfahrtspflege	건강복지서비스 직업안전기금
12	Bob– und Schlittenverband für Deutschland	독일봅슬레이 · 썰매연맹
13	Bund Deutscher Radfahrer	독일사이클연맹
14	Bundesarbeitsgemeinschaft für Rehabilitation	장애인고용연맹
15	Bundesfachverband für Kickboxen	독일킥복싱연맹
16	Bundesinstitut für Sportwissenschaft(BISp)	독일연방스포츠연구소

순번	독일어	한국어
17	Bundesjugendspiele	연방청소년대회
18	Bundesministerium der Finanzen(BMF)	재무부
19	Bundesministerium der Justiz(BMJ)	법무부
20	Bundesministerium der Verteidigung(BMVg)	국방부
21	Bundesministerium des Innern und für Heimat(BMI)	내무향토부
22	Bundesministerium für Arbeit und Soziales(BMAS)	노동사회부
23	Bundesministerium für Bildung und Forschung(BMBF)	교육연구부
24	Bundesministerium für Digitales und Verkehr(BMDV)	디지털교통부
25	Bundesministerium für Ernährung und Landwirtschaft(BMEL)	식품농업부
26	Bundesministerium für Familie, Senioren, Frauen und Jugend(BMFSFJ)	가족노인여성청소년부
27	Bundesministerium für Gesundheit(BMG)	보건부
28	Bundesministerium für Umwelt, Naturschutz, nukleare Sicherheit und Verbraucherschutz(BMUV)	환경자연보호원자력안전소비자보호부
29	Bundesministerium für Wirtschaft und Klimaschutz(BMWK)	경제기후보호부
30	Bundesministerium für Wohnen, Stadtentwicklung und Bauwesen(BMWSB)	경제협력개발부
31	Bundesverband Deutscher Gewichtheber	독일역도연맹
32	Bundesverband Deutscher Kraftdreikämpfer	독일파워리프팅연맹
33	Bundesverband staatl. anerk. Berufsfachschulen für Gymnastik und Sport	체조・스포츠전문학교협회
34	Cerebral Palsy International Sports and Recreation Association	국제뇌성마비인스포츠-레크레이션협회
35	Cheerleading und Cheerdance Verband Deutschland	독일치어리딩・치어댄스연맹
36	Deutscher Bilden-und Sehbehinderten-Schachbund	독일시각장애인체스연맹
37	Deutsche Billard-Union	독일빌리어드연합
38	Deutsche Cricket Bund	독일크리켓연맹
39	Deutsche Eislauf-Union	독일스케이트연맹
40	Deutsche Eisschnelllauf-und Shorttrack-Gemeinschaft	독일스피드스케이팅・쇼트트랙협회
41	Deutsche Gesellschaft für Sportmedizin und Prävention (Deutscher Sportärztebund)	독일스포츠의학・예방협회

순번	독일어	한국어
42	Deutsche Gesetzliche Unfallversicherung	독일법정사고보험사
43	Deutsche Lacrosse Verband	독일라크로스연맹
44	Deutsche Lebens-Rettungs-Gesellschaft	독일인명구조협회
45	Deutsche Olympische Akademie Willi Daume	빌리 다움 독일올림픽아카데미
46	Deutsche Olympische Ausschuß(DOA)	독일제국상임올림픽위원회
47	Deutsche Reiterliche Vereinigung	독일승마협회
48	Deutsche Schulsportstiftung	독일학교스포츠재단
49	Deutsche Sport Marketing GmbH	독일스포츠마케팅법인
50	Deutsche Sport Bund(DSB)	독일체육회
51	Deutsche Sporthochschule Köln	독일쾰른체육대학교
52	Deutsche Sportjugend	독일청소년체육회
53	Deutsche Taekwondo Union	독일태권도협회
54	Deutsche Triathlon Union	독일트라이애슬론연맹
55	Deutsche Turnerschaft	독일체조협회
56	Deutsche Vereinigung für Sportwissenschaft	독일체육학회
57	Deutschen Reichsbundes für Leibesübungen(DRL)	독일제국스포츠위원회
58	Deutschen Sportbundes, DSB	독일체육회
59	Deutscher Aero Club	독일항공클럽
60	Deutscher Aikido-Bund	독일합기도연맹
61	Deutscher Alpenverein	독일알프스클럽
62	Deutscher Badminton-Verband	독일배드민턴연맹
63	Deutscher Baseball und Softball Verband	독일야구・소프트볼연맹
64	Deutscher Basketball Bund	독일농구연맹
65	Deutscher Behindertensportjugend	독일장애인청소년체육회
66	Deutscher Behindertensportverband	독일장애인스포츠협회
67	Deutscher Betriebssportverband	독일기업스포츠연맹
68	Deutscher Boccia-, Boule- und Pétanque-Verband	독일볼링・페탕크연맹
69	Deutscher Boxsport-Verband	독일복싱연맹
70	Deutscher Curling-Verband	독일컬링연맹

순번	독일어	한국어
71	Deutscher Dart-Verband	독일다트연맹
72	Deutscher Eishockey-Bund	독일아이스하키연맹
73	Deutscher Eisstock-Verband	독일아이스스톡연맹
74	Deutscher Fechter-Bund	독일펜싱연맹
75	Deutscher Fußball- und Rugby-Bund	독일축구・럭비연맹
76	Deutscher Fußball-Bund	독일축구연맹
77	Deutscher Gehörlosen Sportverband	독일청각장애인스포츠연맹
78	Deutscher Golf Verband	독일골프연맹
79	Deutscher Handball-Bund	독일핸드볼연맹
80	Deutscher Hockey-Bund	독일하키연맹
81	Deutscher Judo-Bund	독일유도연맹
82	Deutscher Ju-Jutsu-Verband	독일주짓수연맹
83	Deutscher Kanu-Verband	독일카누연맹
84	Deutscher Karate Verband	독일공수도연맹
85	Deutscher Kegler- und Bowlingbund	독일볼링연맹
86	Deutscher Leichtathletik-Verband	독일육상연맹
87	Deutscher Minigolfsport Verband	독일미니골프스포츠연맹
88	Deutscher Motor Sport Bund	독일모터스포츠연맹
89	Deutscher Motoryachtverband	독일모터보트연맹
90	Deutscher Olympischer Sportbund(DOSB)	독일올림픽체육회
91	Deutscher Rasenkraftsport- und Tauzieh-Verband	독일잔디스포츠・줄다리기연맹
92	Deutscher Ringer-Bund	독일레슬링연맹
93	Deutscher Rollsport und Inline-Verband	독일롤러스포츠・인라인연맹
94	Deutscher Rollstuhlsportverband	독일휠체어스포츠연맹
95	Deutscher Ruderverband	독일조정연맹
96	Deutscher Rugby-Verband e.V. (DRV)	독일럭비연맹
97	Deutscher Schachbund	독일체스연맹
98	Deutscher Schützenbund	독일사격연맹
99	Deutscher Schwimm-Verband	독일수영협회

순번	독일어	한국어
100	Deutscher Schwimm-Verband	독일수영연맹
101	Deutscher Segler-Verband	독일요트연맹
102	Deutscher Skibob Verband	독일스키밥연맹
103	Deutscher Skiverband	독일스키연맹
104	Deutscher Sport Ausschuss(DSA)	독일스포츠위원회
105	Deutscher Sportakrobatik-Bund	독일스포츠아크로바틱연맹
106	Deutscher Sportlehrerverband	독일체육교사협회
107	Deutscher Squash Verband	독일스쿼시연맹
108	Deutscher Tanzsportverband	독일댄스스포츠연맹
109	Deutscher Tennis Bund	독일테니스연맹
110	Deutscher Tischtennis-Bund	독일탁구연맹
111	Deutscher Turn- und Sportbund(DTSB)	독일체조스포츠협회
112	Deutscher Turner-Bund	독일체조연맹
113	Deutscher Verband für Freikörperkultur	독일자연주의스포츠연맹
114	Deutscher Verband für Modernen Fünfkampf	독일근대5종연맹
115	Deutscher Verband für Versehrtensport(DVfV)	상이군인스포츠독일협회(동독)
116	Deutscher Versehrtensportverband	독일상이군인스포츠협회
117	Deutscher Volleyball-Verband	독일배구연맹
118	Deutscher Wasserski- und Wakeboardverband	독일수상스키・웨이크보드연맹
119	Deutscher Wellenreitverband	독일서핑연맹
120	Deutsches Polizeisportkuratorium	독일경찰스포츠위원회
121	Deutsches Sport & Olympia Museum	독일스포츠・올림픽박물관
122	Deutsches Sportabzeichen	독일스포츠배지
123	DJK-Sportverband	독일청소년파워스포츠협회
124	DSA Deutsche Sportausweis GmbH	독일스포츠학회유한회사
125	Floorball-Verband Deutschland	독일플로어볼연맹
126	Führungs-Akademie des DOSB	DOSB 경영아카데미
127	Gesetz zur Förderung des Behindertensports	장애인스포츠지원법률
128	Institut für Angewandte Trainingswissenschaft(IAT)	응용트레이닝과학연구소

순번	독일어	한국어
129	Institut für Forschung und Entwicklung von Sportgeräten	스포츠장비개발연구소
130	International Blind Sports Federation	국제시각장애인스포츠협회
131	International Committee of Sports for the Deaf	국제청각장애인스포츠위원회
132	International des Sports Silensieux	국제침묵스포츠위원회
133	International Sports Oranization for the Disabled	국제장애인스포츠협회
134	International Stoke Mandevil Wheelchair Sports Federations	국제스토크맨빌휠체어스포츠협회
135	International Wheelchair and Amputee Sports Federation	국제휠체어절단장애스포츠협회
136	Internationale Sportangelegenheiten	국제스포츠부
137	Jugend Trainiert Für Olympia	청소년올림픽훈련
138	Jugend Trainiert Für Paralympics	청소년패럴림픽훈련
139	Landessportbund(LSB)	주체육회
140	Nationale Anti Doping Atentur Deutschland	독일반도핑기구
141	Nationalen Olympischen Komitees	국가올림픽위원회
142	Nationales Olympisches Komitee der Bundesrepublik Deutschland	서독올림픽위원회
143	Nationales Olympisches Komitee fur Ostdeutschland	동독올림픽위원회
144	Nationalsozialistischer Reichsbund für Leibesübungen	독일국가사회주의신체활동연합회
145	Olympiastützpunkt	올림픽지원센터
146	Rad-und Kraftfahrerbund (RKB) "Solidarität" Deutschland 1896	자전거 · 자동차연맹 "솔리다리테트" 독일1896
147	Rechtsträger der Olympiastützpunkte	올림픽지원센터법적주체
148	Snowboard Verband Deutschland	독일스노보드연맹
149	Sportministerkonferenz	스포츠장관회의
150	Sportschule der Bundeswehr	독일연방군인스포츠학교
151	Stiftung Deutsche Sporthilfe (DSH)	독일스포츠지원재단
152	Stiftung Sicherheit im Skisport	스키스포츠안전재단
153	Trainerakademie Köln des DOSB	DOSB쾰른트레이너아카데미
154	UN-Behintertenrechtkonvention	유엔장애인인권협약
155	Verband Deutscher Eisenbahner-Sportvereine e. V. (VDES)	독일철도직원스포츠협회

순번	독일어	한국어
156	Verband Deutscher Sporttaucher	독일스포츠다이빙연맹
157	Verbände mit besonderen Aufgaben, VmbA	특별임무협회
158	Verbund- systems Schule und Leistungssport	학교・전문스포츠네트워크
159	Versorgungsamt	부양사무소
160	Versorgungsmedizin –Verordnung, VersMedV	원호의료 시행령
161	Weltmeisterschaft (WM)	세계선수권대회

참고문헌

제1장 독일의 스포츠 행정과 조직

기획재정부, 「2023년 예산, 국회 의결확정」, 2022.

대한체육회, 「Sports 1」 Vol. 79, 2023.

유정희, 『사진과 그림으로 보는 케임브리지 독일사』, 시공사, 2001.

정희나, 「독일 지방자치제도와 지방재정」, 『대한민국 시도지사협의회』, 대한민국 시도지사협의회, 2018.

통계청, 「지방자치단체 재정자립도」, 2023.

한국법제연구원, 「주요국 정부 조직 관련 법제 분석: 독일」, 2017.

한국행정연구원, 「선진각국의 정부 조직 관리체계 연구」, 2017.

Bundesamt Für Justiz, *Grundgesetz für die Bundesrepublik Deutschland Art 30*, Bundesamt Für Justiz, 2023.

Bundesministerium der Finanzen, *Finanzbericht 2023*, 2023.

Bundesministerium des Innern und für Heimat, *Organigramm des Bundesministeriums des Innern und für Heimat*, 2023.

Destatis, *Verwaltungsgliederung in Deutschland am 31.03.2023 (1. Quartal)*, 2023.

Deutsche Sporthochschule Köln, *"Safe Sport" Schutz von Kindern und Jugendlichen im organisierten Sport in Deutschland: Erste Ergebnisse des Forschungsprojektes zur Analyse von*

Häufigkeiten, Formen, Präventions- und Interventionsmaßnahmen bei sexualisierter Gewalt, 2016.

Deutscher Bundestag, 『13. Sportbericht der Bundesregierung』, Bundesregierung, 2014.

__________________, 『15. Sportbericht der Bundesregierung』, Bundesregierung, 2023.

Deutscher Olympischer Sportbund, *Satzung des DOSB,* 2019.

______________________________, *Stufenmodell vor Sexualisierter Gewalt Verabschiedet,* Deutsche Olympische Sportbund, 2020.

______________________________, *Bestandserhebung 2021*, 2021.

______________________________, *Das ist der DOSB, Deutsche Olympische Sportbund*, 2023a.

______________________________, *Organigramm der DOSB-Geschäftsstelle,* 2023b.

______________________________, *DOSB-Wirtschaftsplan 2023,* 2023c.

EnergieRegion NRW, *Energieeffiziente Sportstatten Fallbeispiele aus Nordrhein-Westfalen kennenlernen,* 2019.

Eßig, N., Lindner, S., & Magdolen, S., *Leitfaden Nachhaltiger Sportstättenbau,* 2017.

EU, *Germany-Fiscal Powers,* European Committee of the Regions, 2020.

Hallmann, K., & Petry, K., "Germany", *Comparative sport development,* Springer, 2013.

IOC, *Mr Thomas Bach*, International Olympic Committee, 2021.

Krähe, C., "Struktur und Verwaltung der Sportverbandsorganisation in Deutschland (DOSB)", *12th International Conference of the Korean Association of Sports & Entertainment Law,* 2015.

Krüger, M., "The History of German Sports Clubs: Between Integration and Emigration", *International Journal of the History of Sport(Vol. 30, Issue 14)*, Taylor & Francis, 2013.

Landessportbund NRW, *In Zukunft gemeinsam aktiv. 14 mal Handeln für den Sport in NRW!,* 2022.

____________________, *Förderportfolio des Landessportbundes NRW*, 2023a.

____________________, *Wirtschaftsplan 2023*, 2023b.

Naul, R., & Hardman, K., "Sport and physical education in Germany", *Sport and Physical Education in Germany*, 2002.

Tokarski, W., *Sport Policy. Presentation at NIFISA 3rd Seminar, Kanoya/Japan, 9th March 2016,*

2016.
WDR, *10. Dezember 1950 - Deutscher Sportbund wird gegründet,* WDR, 2015.

제2장 모두가 즐기는 생활스포츠

김경원, 「독일 스포츠클럽의 생활체육발전전략에 대한 고찰」, 『체육과학연구』, 국민체육진흥공단 한국스포츠과학원, 2000.
박상욱, 「'투르넨'에서 축구로: 1900년대 전후 독일 축구의 정착과 발전」, 『역사와 경계』, 부산경남사학회, 2017.
박종철, 「독일의 스포츠를 통한 사회통합 사례에 따른 한국 스포츠의 방향성 모색」, 『한국체육정책학회지』, 한국체육정책학회, 2022.
송형석 · 이홍구, 「독일의 여가정책: 생활체육과 스포츠클럽에 대한 현대적 성찰」, 『한국체육학회지』, 한국체육학회, 2009.
「스포츠클럽법」, 법률 제19094호, 2022. 10. 18. 시행.
문화체육관광부, 「2022 국민생활체육조사」, 『2022 국민생활체육조사』, 문화체육관광부, 2022.
한국스포츠개발원, 「도시개발 제도 개선을 통한 체육시설 확충 방안 연구」, 『도시개발 제도 개선을 통한 체육시설 확충 방안 연구』, 한국스포츠개발원, 2017.

Breuer, C., Feiler, S., Wicker, P., "Sport clubs in Germany", *Sport clubs in Europe: A cross-national comparative perspective*, Springer International Publishing, 2015.
Breuer, C., Feiler, S., Hallmann, K., "Determinants of institutional choice in mass sport", *19th conference of the European Association for Sport Management (EASM)*, 2011.
Breuer, C., Feiler, S., Rossi, L., "Sports clubs in Germany: more than just exercise", 2020.
Breuer, C., Feiler, S., "Sport development report 2015/2016", *Analysis of the situation of sports clubs in Germany*, Sportverlag Strauß, 2017.
________________, "Sports club memberships in Germany–Types, commitment and social correlates", 2022.
Coates, D., Wicker, P., Feiler, S., Breuer, C., "A bivariate probit examination of financial and

volunteer problems of non-profit sport clubs", *International Journal of Sport Finance, Fitness Information Technology*, 2014.

Deutscher Bundestag, "14. Sportbericht der Bundesregierung", Bundesregierung, 2019.

Deutscher Olympischer Sportbund, "BESTANDS-ERHEBUNG 2020", 2020.

______________________________, "Nachwuchsleistungssportkonzept 2020", 2013.

Eisenberg, C., "Charismatic Nationalist Leader: Turnvater Jahn", European Heroes, Routledge, 2013.

Gesetzbuch, B. B., "Bürgerliches Gesetzbuch. Erstes Buch", 2014.

Guttmann, A., "Sports: The first five millennia", *University of Massachusetts Press*, 2004.

Hallmann, K., Petry, K., "Comparative sport development", *Springer Nature*, 2013.

Hartmann-Tews, I., "Sport for All: system and policy", *Sport and physical education in Germany*, Routledge, 2005.

Krüger, M., Bausinger, H., "Introduction to the history of physical education and sport: Part 1: From the beginning to the 18th century", *German Journal of Exercise and Sport Research*, 2005.

Mevert, F., "Golden Plan and Second Way: 50 years ago, the course was set for sport for everyone in Germany", *Olympic Flame*, DOG, 2009.

Naul, R., Hardman, K. (Eds.), "Sport and physical education in Germany", *Psychology Press*, 2002

Woeltz, R. A., Voeltz, R. A., "Sport, culture, and society in Late Imperial and Weimar Germany: Some suggestions for future research", 1977.

https://www.joongang.co.kr/article/23587180#home, 2019.

제3장 정상을 향한 전문스포츠

국민체육진흥공단, 『독일연방공화국의 체육』, 국민체육진흥공단, 1999.

김경원, 「운동선수의 경력개발과 진로전환을 위한 정책 방안: 독일의 이중 경력 지원제도를 중심으로」, 『아시아 운동학 학술지』, 2014.

김미숙, 「독일의 스포츠정책 및 현황」, 『스포츠과학』 Vol. 119, 2012.
_____, 「여섯 키워드로 본 독일 엘리트스포츠 시스템에 대한 사적 고찰」, 『체육과학연구』 28(3), 2017.
_____, 『전문선수 육성체계 개선 및 운영 선진화 방안 연구』, 『한국스포츠과학원 연구보고서 2019-기본06』, 2020.
박해육, 「통일 이후 구동독의 행정이행과 인력통합을 위한 인사정책: 남북한 통일에 대비한 인력 통합의 모색」, 『한국행정연구』 11권 4호, 2002.
이용식, 『우수선수 선발육성 방안 연구』, 국민체육진흥공단 체육과학연구원, 2001.
_____, 『우수선수 양성시스템 연계 발전방안 연구』, 국민체육진흥공단 체육과학연구원, 2010.
정진욱, 『엘리트선수 양성시스템 개선방안 연구』, 문화체육관광부 · 한국스포츠개발원, 2017.
체육부, 『서독의 체육정책(I) Der Goldene Plan』, 체육부, 1985.
_____, 『서독의 체육정책(II) Trimmung 130』, 체육부, 1985.
최규정, 『국가대표선수 경기력 향상을 위한 스포츠과학 지원시스템 개선 연구』, 한국스포츠개발원, 2014.
최주현, 「체력측정과 운동회의 만남, 독일의 독특한 체력장」, 한국스포츠과학원, 2023.

Deutscher Bundestag, 『10. Sportbericht der Bundesregierung』, Bundesregierung, 2002.
_________________, 『12. Sportbericht der Bundesregierung』, Bundesregierung, 2010.
_________________, 『13. Sportbericht der Bundesregierung』, Bundesregierung, 2014.
_________________, 『14. Sportbericht der Bundesregierung』, Bundesregierung, 2019.
_________________, 『15. Sportbericht der Bundesregierung』, Bundesregierung, 2023.
Deutscher Olympischer Sportbund, 『Nationales Spitzensport-Konzept』, DOSB, 1997.
____________________________, 『Nachwuchsleistungssport-Konzept 2012』, DOSB, 2006.
____________________________, 『KADER System Deutschland』, DOSB, 2010.
____________________________, 『Nachwichsleistungssportkonzept 2020』, DOSB, 2013.
Deutscher Schwimm-Verband e.V., 『Rahmenrichtlinien für die Qualifizierung im Bereich des Deutschen Schwimm-Verbades e.V.』, 2022.
Houlihan, B & Green, M., Comparative Elite Sport Development, London: Routledge, 2007.

https://cdn.dosb.de/user_upload/Duale_Karriere/Kurzversion_10_Punkte_Programm_des_DOSB_zur_Dualen_Karriere_2021-2028.pdf

https://cdn.dosb.de/user_upload/www.dosb.de/Leistungssport/Physiotherapie_Downloads/ZuKon2024_IAT_FES_final.pdf

https://de.wikipedia.org/wiki/Sportschule_der_Bundeswehr

https://eliteschulen.dosb.de/

https://portal.sports.or.kr/main.do

https://www.bisp.de/DE/Projektfoerderung/Bisp_gefoerderte_Projekte/bisp_gefoerderte_projekte_node.html

https://www.bundespolizei.de/Web/DE/05Die-Bundespolizei/10Spitzensport/05Bad-Endorf/Bad-Endorf_node.html

https://www.bundeswehr.de/de/organisation/streitkraeftebasis/organisation/streitkraefteamt/sportschule-der-bundeswehr

https://www.koreanpc.kr

https://www.manager-magazin.de/unternehmen/karriere/a-876067.html

https://uol.de/en/course-of-study/business-administration-for-top-athletes-subject-bachelor-104

https://www.dosb.de/medien-service/publikationen

https://www.sportgymnasium.de/

https://www.sporthilfe.de/ueber-uns/medien/pressemitteilungen/sportbriefmarken-2024

https://www.sporthilfe.de/uns-unterstuetzen/einmalig-spenden-sporthilfe

https://www.youtube.com/watch?app=desktop&v=WZnQrrmF-34

https://www.welt.de/print-welt/article628901/Das-Doping-Problem-Digel-fordert-mehr-Staat-von-Richthofen-Autonomie.html

제4장 운동소양을 키우는 학교스포츠

권이종, 『독일생활과 교육제도』, 파주: 교육과학사, 2021.

김미숙, 「독일 스포츠아버지 칼딤(Carl Diem)의 재고찰」, 『체육과학연구』 26(2), 2015.

유정애, 『체육교육과정 총론(4판)』, 서울: 대한미디어, 2023.

정기섭, 『독일의 학교교육』, 서울: 살림터, 2021.

주성순, 「한국과 독일의 체육교육과정 비교 연구」, 『한국체육학회지』 56(5), 2017.

______, 「독일의 수영교육 사례 탐방」, 『스포츠 현안과 진단』 제131호(230706), 한국스포츠과학, 2023. https://www.sports.re.kr

주성순 · 박상봉 · 이병준 · 서명천, 「독일의 승마교육 분석을 통한 우리나라의 승마교육 방향 탐색」, 『학습자중심교과교육연구』 17(23), 2017.

주성순 · 임현주, 「다문화 역량 함양을 위한 학교체육 실천 탐색」, 『학습자중심교과교육연구』 18(9), 2018.

허윤선 · Elflein, P. · 김경숙, 「독일 상호문화교육의 역사적 배경과 스포츠교육학적 접근방식에 대한 고찰」, 『스포츠교육학회지』 19(2), 2012.

최주현, 「체력측정과 운동회의 만남, 독일의 독특한 체력장」, 『스포츠 현안과 진단』 제146호(231026), 한국스포츠과학원, 2023. https://www.sports.re.kr

Abdallah-Pretceille, M., *L'éducation interculturelle,* 1999, 장한업 역, 『유럽의 상호문화교육』, 파주: 한울, 2010.

Auernheimer, G., Interkulturelle Kompetenz – ein neues Element pädagogischer Professionalität?, in G. Auerheimer(Ed.) *interkulturelle Kompetenz und pädagogischer Professionalität*, Opladen: Leske+Budrich, 2002.

______________, *Interkulturelle Kompetenz und pädagogische Professionalität*(3. Ed.), Wiesbaden: VB Verlag, 2010.

Balz, E., "Wie wird Sportunterricht ausgewertet?", in Bielefelder Sportpädagogen(Eds.), *Methoden im Sportunterricht*(5. ed), Schorndorf: Hofmann, 2007.

Banks, J. A., *Cultural Diversity and Education: Foundations, Curriculum and Teaching*(5th ed.). Boston: Allyn and Bacon, 2006.

Beckers, E., "Interkulturelle Erziehung im Schulsport? Anmerkungen zu einem ungeschriebenen Beitrag", in H. Allmer, & N. Schulz (Eds.), *Schulsport heute*, Sankt Augustin: Academia-Verl, 1993.

Blecking, D. & Giess-Stüber, P., *Sport bewegt Europa,* Baltmannsweiler: Schneider, 2006.

Bräutigam, M., *Sportdidaktik. Ein Lehrbuch in 12 Lektionen*, Aachen: Meter & Meter Verlag, 2003.

Bröskamp, B., *Körperliche Fremdheit. Zum Probem der interkuturellen Begegnung im Sport*, Sant Augustin: Academia, 1994.

__________, "Glokalisierte Körper - Sport, Habitus und transnationale soziale Räume", in D. Blecking & P. Giess-Stüber(Eds.), *Sport bewegt Europa*(pp. 116-140), Baltmannsweiler: Schneider, 2006.

Bundesministerium für Familie, Senioren, Frauen und Jugend (BMFSFJ), Ständige Konferenz der Kultusminister der Länder in der Bundesrepublik Deutschland (KMK), Deutsche Sportjugend im Deutschen Olympischen Sportbund e. V. (DOSB) (Eds.), "Handbuch Bundesjugendspiele", 2021.

Bös, K. & Brehm, W. (Eds.), *Handbuch Gesundheitssport*, 2. Ed., Schorndorf: Hofmann, 2006.

Cabrera-Rivas, C., Erdmann, R., Giess-Stüber, P. & Neuber, N., "Interkulturelle Bewegungserziehung", in H. Altenberger, St. Hecht, V. Österhelt, M. Scholz, M. Weitl (Eds.), *Im Sport lernen-mit dem Sport leben*, Ausburg: ZIEL, 2001.

Eichler, G., "Das Fremde erspielen. Anregungen zur Gestaltung interkulturellen Lernens im Sportunterricht", *Bewegungserziehung*, 51(5), 1997.

Erdmann, R.(Ed.), *Interkulturelle Bewegungserziehung*, Sankt Augustin: Academia-Verl., 1999.

Erdmann R., "Erkenne den Unterschied-zum Umgang mit der Unsicherheit, die Identitätsarbeit und interkulturelle Erziehung", in P. Giess-Stüber(Ed.), *Interkulturelle Erziehung im und durch Sport*, Münster: LIT Verl., 2005.

__________, "Schätze die Differenz- Gedanken zur Unsicherheit und Indentitätsentwicklung", in D. Blecking & P. Giess-Stüber (Eds.), *Sport bewegt Europa*, Schneider, 2006.

Giess-Stüber, P., "Der Umgang mit Fremdheit - Interkulturelle Bewegungserziehung jenseits von Ausgrenzung oder Vereinnahmung", in Erdmann, R.(Ed.), *Interkulturelle Bewegungserziehung*, Sankt Augustin: Academia-Verl., 1999.

__________, "Fremde und Fremdes erleben", *Sportpädagogik*, 27 (6), 2003.

Giess-Stüber, P. (Ed.), *Interkulturelle Erziehung im und durch Sport*, Münster: LIT Verl., 2005.

Grössing, S., *Einführung in die Sportdidaktik*(8. ed), Wiebelsheim: Limpert Verlag GmbH, 2001.

Landesstelle für den Schulsport in Nordrhein-Westfalen, *Durchführungsrichtlinien des Landesprogrammes "Woche des Schulschwimmens" im Jahr 2023*, 2023. https://www.schulsport-nrw.de/schwimmfoerderung/woche-des-schulschwimmens.html

Ministerium für Schule und Bildung des Landes Nordrhein-Westfalen, *Kernlehrplan für die Sekundarstufe I Gymnasium in Nordrhein-Westfalen. Fach Sport*, 2019a.

Ministerium für Schule und Bildung des Landes Nordrhein-Westfalen, *Rahmenvorgaben für den Schulsport*, 2019b.

Ministerium für Schule und Bildung des Landes Nordrhein-Westfalen, *Lehrplan für die Primarstufe in Nordrhein-Westfalen. Fach Sport*, 2021.

Neuber, N., "Vom Gewohnten zum Ungewöhnlichen - Ansatzpunkte für eine Praxis der interkulturellen Bewegungserziehung", in R. Erdmann(Ed.), *Interkulturelle Bewegungserziehung*, Sankt Augustin: Academia-Verlag, 1999.

_________, *Kreativität und Bewegung*. Schriften der Deutschen Sporthochschulen, Bd. 45, Sant Augustin: Academia Verlag, 2000.

Nöthlichs, M., "Judo, ein konstruktiver Weg im Umgang mit Fremdheit", in P. Giess-Stüber(Eds.), *Interkulturelle Erziehung im und durch Sport*, Münster: LIT Verl., 2005.

Rheinberg, F., *Motivation*, 3. Ed, Stuttgart: Kohlhammer, 2000.

Rink, J., *Designing the Physical Education Curriculum*, 2009, 손천택 · 김무영 · 김선희 · 홍석호 · 조남용 역, 『활발한 신체 활동을 위한 체육교육과정설계』, 레인보우북스, 2011.

Scheid, V., "Erziehenden Sporunterricht planen und auswerten", in V. Scheid & R. Prohl(Eds.), *Sportdidaktik. Grundlagen – Vermittlungsformen – Bewegungsfelder*, Wiebelsheim: Limpert Verlag, 2012.

Sherler, K., "Messen und Bewerten", in H. Wolters, H. Ehni, J. Kretschmer, K. Scherler, W. Weichert(Eds.), *Didaktik des Schulsports*, Schorndorf: Verlag Karl Hofmann, 2000.

Tiwald, H., "Über die transkulturelle dimension der interkulturelle Begegnung", *Bewegungserziehung*, 51(5), 1997.

Zimmer, R., *Handbuch Bewegungserziehung: Grundlagen für Ausbildung und pädagogische Praxis*, Breisgau: Herder, 2004, 김경숙 · 주성순 · 김도연 · 최지현 역, 『움직임교육의 이해』,

서울: 대한미디어, 2010.

Anne-Frank-Gymnasium(안네 프랑크 김나지움) 배구 토너먼트
https://www.anne-frank-gymnasium.de/?p=17162
Bundesjugendspiele https://www.bundesjugendspiele.de
Bundesjugendspiele: Schüler vs. Galileo-Reporter | Galileo | ProSieben(갈릴레오 레포트팀 참여)
https://www.youtube.com/watch?v=BAsOHnpHb3Q
Bundesministerium für Bildung und Forschung(BMBF) www.bmbf.de
Bundesministerium für Bildung und Forschung(BMBF), "Organisationsplan", 2024.
https://www.bmbf.de/bmbf/de/ueber-uns/aufgaben-und-aufbau/die-organisation-des-hauses/die-organisation-des-hauses.html
Change.org(세계 최대 캠페인 플랫폼) Bundesjugendspiele에 대한 폐지 또는 유지 청원 내용
https://www.change.org/search?q=Bundesjugendspiele&offset=0
Hessischer Rundfunk(2022.07.04.). "Bundesjugendspiele – Fairer Wettkampf oder öffentliche Blamage?" https://www.youtube.com/watch?v=BCqUeBNE0C0
https://www.bundesjugendspiele.de
https://www.schulsport-nrw.de/schulsportpraxis-und-fortbildung/rechtsgrundlagen/rahmenvorgaben.html
Käthe-Kollwitz-Gymnasium(케테-콜비츠 김나지움). "Pausensport".
https://kkg-do.de/index.php/schulleben/fachbereiche-online/sport/stunden-und-vertretungsplan-5?showall=1 에서 2024년 4월 20일 발췌.
Landesstelle für den Schulsport in Nordrhein-Westfalen https://www.schulsport-nrw.de
Ministerium für Schule und Bildung des Landes Nordrhein-Westfalen
www.schulministerium.nrw.de
Nikolaus-Ehlen-Gymnasium (니콜라우스-엘렌 김나지움) https://www.neg-velbert.de/sport/
Schulgesetz für das Land Nordrhein-Westfalen.
https://www.schulministerium.nrw/schulgesetz-fuer-das-land-nordrhein-westfalen
Sport nach 1(오후 1시부터 스포츠) https://www.sportnach1.de/
Statistisches Bundesamt www.destatis.de

찾아보기

가

나

다

라

바

사

아

자

차

카

타

파

하

E

독일 스포츠 디스커버리

초판1쇄 발행 2026년 3월 10일

지은이 김미숙 · 임호연 · 장유경 · 주성순 · 최주현

주간 조승연
편집 · 디자인 오경희 · 조정화 · 오성현 · 신나래 · 정성희
관리 박정대

펴낸이 홍종화
펴낸곳 민속원
창업 홍기원
출판등록 제1990-000045호
주소 서울 마포구 토정로 25길 41(대흥동 337-25)
전화 02) 804-3320, 805-3320, 806-3320(代)
팩스 02) 802-3346
이메일 minsokwon@naver.com
홈페이지 www.minsokwon.com

ISBN 978-89-285-2037-4 93690